高等职业教育旅游类“十三五”规划教材

# 中国旅游文化

ZHONGGUO LüYOU WENHUA

张文瑞◎主编

郑州大学出版社
郑州

**图书在版编目(CIP)数据**

中国旅游文化/张文瑞主编.—郑州:郑州大学出版社,2019.2
ISBN 978-7-5645-5960-1

Ⅰ.①中… Ⅱ.①张… Ⅲ.①旅游文化-中国-高等职业教育-教材 Ⅳ.①F592

中国版本图书馆CIP数据核字（2019）第019781号

郑州大学出版社出版发行
郑州市大学路40号　　邮政编码:450052
出版人:张功员　　发行部电话:0371-66966070
全国新华书店经销
北京虎彩文化传播有限公司印制
开本:787 mm×1 092 mm　1/16
印张:12.25
字数:324千字
版次:2019年2月第1版　　印次:2019年2月第1次印刷

---

书号:ISBN 978-7-5645-5960-1　　定价:39.00元

# 作者名单


**主　编**　张文瑞

**副主编**　刘亚飞

**编　委**　（以姓氏笔画为序）

冯　迎　刘　芳　刘亚飞

张文瑞　姚　红

# 前言

中国传统文化博大精深，包罗万象，涵盖政治、经济、科学、历史、宗教、民俗、文学、艺术等诸多方面，其中大部分都与人类的旅游活动息息相关。旅游管理专业学生是未来旅游从业人员的中坚力量，今后所从事的导游、景区管理、饭店服务、旅游规划等工作，要求其知识体系应该广博，因此，高校旅游管理专业广泛开设了中国旅游文化课程。这是一门涉及多学科的综合学科，兼具历史性、时代性、社会性和民族性，在培养具有良好素质的旅游人才，以及提高在校大学生的文化素养中发挥着积极的作用。通过本课程的学习，可使学生具有较高的旅游文化素养，为理解、认识、介绍、欣赏、开发文化景观资源，以及理解、分析、认识各种旅游文化现象打下坚实的知识基础；同时通过本课程的学习，还有助于提高学生人文素养，完成学生文化人格的塑造。

基于现代旅游业快速发展的现状和旅游人才培养的需求，2014 年，多位具有丰富旅游文化教学经验和较高科研水平的高等院校旅游管理专业一线教师，共同编写了《中国旅游文化》教材，由郑州大学出版社出版。该书主要包括旅游文化概论、旅游文学、建筑文化、园林文化、宗教文化、民俗文化、饮食文化、艺术文化、制度文化、服饰文化 10 个方面的专题内容，既可作为本科及高职院校旅游专业教材，也可作为旅游企业一线从业人员培训用书，以及传统文化爱好者的科普读物。时代在进步，对我们旅游管理专业的教学工作者也提出了更高的要求。快速发展的旅游业对导游人员，尤其是优秀导游人才的要求，突出对应用型导游人才的培养，我们拟对《中国旅游文化》一书进行修订再版，查漏补缺，对内容有所增删，另外添加了二维码资源以丰富课本内容，每章最后增加了实训案例。

本书由郑州工程技术学院张文瑞副教授任主编，负责全书的框架设计、大纲制订和统稿工作；刘亚飞任副主编，参与了部分章节的审稿工作。具体分工如下：

郑州工程技术学院刘亚飞编写第 1、8 章，张文瑞编写第 2、10 章；郑州工程技术学院姚红编写第 3、4 章；郑州成功财经学院冯迎编写第5、6章；郑州航空工业管理学院刘芳编写第7、9章。

本书得到郑州大学出版社的大力支持，在编定的过程中广泛吸收了前人的研究成果，在此一并衷心感谢！

由于水平有限，本书在内容和体例编排方面尚有诸多不足之处，敬请前辈、同行批评指正。

编者

2018年11月

# 目　录

# 第一章

# 总　论

**学习目标**

**知识目标**

- 了解文化的概念，掌握旅游文化的概念。
- 了解文化的分类，掌握旅游文化的结构。
- 了解旅游与文化的关系，掌握旅游文化的特征。

**能力目标**

- 熟悉旅游文化的基本功能。
- 能应用旅游文化的基本理论，理解和解释相关的旅游文化现象。
- 理解学习旅游文化的意义。

同旅游学的其他分支学科一样，旅游文化也是一个新兴的、综合性很强的学科。这个学科主要研究旅游和文化的辩证关系，研究如何提高旅游资源和旅游服务的文化品位，以促进旅游业的健康持续发展。中国旅游文化伴随着旅游活动的产生而产生，它以华夏文化为母体，是中国文化与旅游相结合、相融会的产物，其内涵十分丰富、外延极其宽广。要深入了解和掌握中国旅游文化，首先要明确旅游文化学科中的一些基本概念和理论。

## 第一节　中国旅游文化的概念

### 一、文化的定义

旅游文化是人类文化中的一种特殊形式，它以一般文化的内在价值因素为研究依据，同时又与旅游活动密切相关。由于当前世界各国学者对“文化”这一概念的理解存在很大分歧，导致了对“旅游文化”也形成了众多不同的认识和解释，至今理论界对旅游文化的概念还没有形成较为一致的看法。因此，要明确“旅游文化”的定义，首先应理解“文化”的概念。

### 1. 文化溯源及其含义

文化这个词是中国语言系统中古已有之的词汇。

“文”的本义是指各色交错的纹理,《易・系辞下》曰,“物相杂,故曰文”,《说文解字》曰,“文,错画也,象交文”,均指此义。在这个基础上,“文”延伸出三层含义:第一层含义包括语言文字在内的各种象征符号,进而具体化为文物典籍、礼乐制度。《尚书・序》记载伏羲画八卦,造书契,“由是文籍生焉”。第二层含义由纹理之意引导出来的彩画、装饰,人的修养的意思。指人的修养时,与“质”这个词相对,质可以理解为人的本性、自然之性。《论语・雍也》曰:“质胜文则野,文胜质则史,文质彬彬,然后君子。”第三层含义则是在前两层含义的基础上,进一步升华为善、美,文德教化。

“化”的本义是改变、生成、造化、化育的意思。《庄子・逍遥游》:“北冥有鱼,其名为鲲,……化而为鸟,其名为鹏。”《老子》:“我无为而民自化。”后被引申为教化。《说文解字》释为“教行也”,即改变人类原始蒙昧状态以及在此之后的教化活动。归纳起来,化的含义是,两物相接,其中一方或者两者改变形态、性质,由此引申出教行、迁善之义,通俗的意思是使其步入正轨、符合规范,往善的方面转化。

“文化”作为紧密联系的词语使用,最早出现在战国末年儒生编辑的《易・贲卦・象传》:“观乎天文,以察时变;观乎人文,以化成天下。”这里的“文”字就使用了纹理的引申含义。天文,指的是天道自然规律,天上的日月星辰交替往来,交错出现在天空,故称天文。通过观察这些现象可以认识时令的变化规律,引申为自然规律。同样,人文指的是人伦社会规律,具体指社会生活中人与人之间的各种纵横交织的关系,比如君臣、父子、夫妇、兄弟,构成了复杂的关系网络,通过观察人类社会的这种现象,就能使天下人都能遵从文明礼仪,使他们的行为走上正途。

在这里,人文与化成天下紧密相连,已经逼近“以文教化”的表述方式。而这个以文教化(以人伦秩序教化世人,使他们自觉按规范行动)就是中国传统的“文化”一词的基本含义。

“文化”二字正式合为一词,出现在西汉末年刘向所著的《说苑・指武》:“凡武之兴,为不服也,文化不改,然后加诛。”这里文化的含义便是用体现道德人伦秩序的诗书礼仪来教化世人,与武力征服相对应。

总之,中国古代“文化”的概念,基本上属于精神文明的范畴(当今的狭义文化概念),指的是文治教化,用道德人伦秩序教化世人,这个文化的概念可以说专指人类社会,与自然相对应、与无教化的质朴和野蛮相对应。

在英语中,文化“culture”一词是来源于拉丁文“Colere”,意思是耕作土地,栽培、种植的意思。在现代英文中,农业(agriculture)、园艺学(horticulture)等与农业、种植业有关的词汇中,仍保留着该词的原始含义。后来引申为对人类心灵、知识、情操和道德风尚的培养。这个含义跟中国古代文化的内涵十分接近,所不同的是,中国的文化从一开始就十分专注于精神领域,西方的文化却是从人类的物质生产活动出发,进而引申到精神领域。因此,西方的 culture 所涵盖的内容要比“文治教化”更为广泛,跟汉语词汇当中的另一个词“文明”更加接近，文明的含义是从物质创造，扩展到精神的文明普照大地。通俗一点来说，就是文明包括物质创造和精神创造两层意思，接近于我们今天所说的广义的文化概念。

通过以上分析可以看出，文化是一种非常宽泛的概念，在不同的领域有不同的理解。所以，要给文化下一个极其确切、严格的概念是很不容易的。据统计，目前学者给文化所下的定义有250多种，可以说“仁者见仁，智者见智”。人们对“文化”一词的理解差异之大，足以说明界定“文化”概念的难度。

那么，我们应如何理解文化呢？在这里，我们以《中国大百科全书》(社会学卷)为文化所下的定义为准：“广义上的文化是指人类所创造的一切物质产品和精神产品的总和。狭义的文化专指语言、文学、艺术及一切意识形态在内的精神产品。”

#### 2. 文化的分类

概而言之，文化是一种社会现象，是人们长期创造形成的产物；同时又是一种历史现象，是社会历史的积淀物。确切地说，文化是指一个国家或民族的历史、地理、风土人情、传统习俗、生活方式、文学艺术、行为规范、思维方式、价值观念等。

(1)从广义和狭义上划分

广义地说，文化指的是人类在社会历史发展过程中所创造的物质和精神财富的总和。它包括物质文化、制度文化和心理文化三个方面。物质文化是指人类创造的种种物质文明，包括交通工具、服饰、日常用品等，是一种可见的显性文化；制度文化和心理文化分别指生活制度、家庭制度、社会制度以及思维方式、宗教信仰、审美情趣，它们属于不可见的隐性文化。包括文学、哲学、政治等方面内容。

狭义的文化是指人们普遍的社会习惯，如衣食住行、风俗习惯、生活方式、行为规范等。

(2)文化的内部结构

文化的内部结构包括下列几个层次：物态文化、制度文化、行为文化、心态文化。

物态文化层是人类的物质生产活动方式和产品的总和，是可触知的具有物质实体的文化事物。

制度文化层是人类在社会实践中组建的各种社会行为规范。

行为文化层是人际交往中约定俗成的以礼俗、民俗、风俗等形态表现出来的行为模式。

心态文化是人类在社会意识活动中孕育出来的价值观念、审美情趣、思维方式等主观因素，相当于通常所说的精神文化、社会意识等概念。这是文化的核心。

### 二、旅游溯源及其含义

“旅游”在中国自有其产生、发展的土壤和历史。有人认为“旅游”一词是由英文Tourism一词翻译过来的，是舶来品，与中国文化无关。那么，事实究竟如何呢？

“旅”“游”二字在中国出现很早。“旅”，本义为师旅、军旅。在金文当中，旅字是“上旅下车”。《说文》云:“旅,从㫃、从从、从俱也。”唐代孔颖达《周易正义》释“旅”字云:“旅者,客寄之名,羇旅之称;失其本居,而寄他方,谓之为旅。”由此可见,“旅”字在古代的意思是聚众离家出行,寄居它方,具备现代旅游活动当中的时间和空间特征。

游,从水,本是指同水上活动有关的行为。《说文解字》作古文“汓”(wu),其义为“浮行水上”。段玉裁注“汓”说:“若今人能划水者也,游泳。‘游’又作‘遊’,从足,指与陆上活动有关的行为,常常引申为出游、嬉游。”《广雅释诂》云:“游,戏也。”“旌旗所垂之旒(一是指古代旗帜边缘上悬垂的装饰品,二是指古代帝王礼帽上悬垂的珠帘。),随风飘荡而无所系缚,故引申为游戏之游。”林希逸认为:“游,自乐之。”因此,不难看出,游的本义是指熟悉水性的人在水中的自由活动,本身蕴含着顺应自然、适意而行的文化意味。

“旅游”二字连用,最早出现在魏晋南北朝时期,南朝梁著名诗人沈约的《悲哉行》诗云:“旅游媚年春,年春媚游人。徐光旦垂彩,和露晓凝津。时嘤起稚叶,蕙气动初苹。一朝阻旧国,万里隔良辰。”此诗首句是迄今所知“旅游”一词见于中国典籍的开始,比西方tourism 一词的出现要早1300 多年。唐代,“旅游”一词开始被大量应用。如韦应物《送姚孙还河中》诗:“上国旅游罢,故园生事微。”张籍《岭表逢故人》:“过岭万余里,旅游经此稀。”白居易《宿桐庐馆同崔存度醉后作》:“江海漂泊共旅游,一樽相劝散穷愁。”这样的例子还可以列举许多。

从考证的过程来看,中国古代的旅游,就是指通过旅游活动获得旅游审美的感受,进而达到自由自在、逍遥无为的精神境界。南朝文学评论家刘勰的《文心雕龙》云:“登山则情满于山,观海则意溢于海。”从这个意义上来说,中国古代旅游的内涵跟我们现在所说旅游的基本含义就非常接近了。

世界近代旅游事业发源于英国,1841 年英国人托马斯·库克组织了近代历史上第一次真正的商业旅行,由此揭开了现代旅游的序幕。第二次世界大战以后,随着科技进步、经济发展,世界各国各民族间的交往日益频繁,大众旅游的形势开始形成,旅游业进入现代发展时期,同时也成为许多国家重要的经济产业。学术界关于旅游的研究也逐渐展开。目前,学术界关于旅游所下的定义,不下 10 种,比较通行的说法是国际旅游组织的定义:旅游是人们为了休闲、商务和其他目的,离开他们惯常的环境,到某些地方去以及在那些地方停留的活动。为了统计上的便利和统一,确定了其中所指的在外地的暂时停留“不超过一年”的标准,同时指出“访问的主要目的不应是通过所从事的活动从访问地获取报酬”。

## 三、旅游文化的定义

目前我国旅游学界对旅游文化概念的界定主要有以下几种理解:

(1)旅游文化是与旅游有关的物质财富与精神财富的总和。它是人类过去和现在所创造的与旅游活动紧密相关的精神文明与物质文明。

(2)旅游文化是旅游主体、旅游客体和旅游媒介相互作用的结果。它不是旅游和文化的简单组合,而是旅游主体(旅游者的文化要求和情趣)、旅游客体(旅游资源的文化内涵和价值)、旅游媒介(旅游业的文化意识和素质)三者相互作用所产生的物质和精神成果。具体地说,“潜在的旅游者由于受到旅游动机的冲击和旅游客体的吸引,在旅游业的介入下,实现了旅游,在旅游过程中产生了欢快愉悦的心理状态和审美情绪,这种心态和情绪是旅游三要素中任何一个要素都没有的。这就是旅游文化最初和最核心的部分”(冯乃康《旅游资源与旅游文化》)。因此,旅游者处于旅游文化的中心位置,旅游者在旅游活动中所显示出来的特殊的欣赏取向、审美情绪、心理状态及其文字、形象的记载,构成了旅游文化的主要内容。

(3)旅游文化是旅游生活的一种文化形态,是旅游这一独特的社会现象体现出来的文化。它是由旅游者与旅游从业者在旅游活动中共同创造的,说得具体一点,就是旅游者或旅游服务者在旅游观赏中或服务过程中所反映出来的观念形态及其外在表现。

(4)旅游文化是奠基于人类追求人性自由、完善人格而要求拓展和转换生活空间的内在冲动,其实质是文化交流与对话的一种方式。它是世界各区域民族文化创造基础上的后现代全球化趋势中大众的、民间的休闲消费文化。

这几类定义从不同角度揭示了旅游文化的本质属性。在本教材中我们赞同由江西美术出版社出版的《中国旅游大词典》给旅游文化下的定义:“旅游文化是文化与旅游相结合、相融会的产物。它指在旅游过程中,与之紧密相关的一切物质文明和精神文明,包括旅游主体、旅游客体和旅游介体相互作用所产生的一切物质和精神成果。”

## 四、旅游与文化的关系

### 1. 旅游的文化属性

关于旅游是经济现象还是文化现象之类的争论,这里暂且撇开,只就旅游的动因来探索旅游活动的本质。究竟是什么鼓动和吸引着如此众多的游人,非要破财费力,离家外出,到异国他乡去寻访那里的风土人情,参观那里的文物古迹,攀登那里的奇峰绝壁,甚至涉足那里的荒滩野岭,而且不惜遭受烈日暴晒和风雨的洗礼呢?王朝闻先生的说法是:“看来人们的旅游目的不是有力无处使,有钱无处花,而是为了丰富自己的精神生活。”精神生活不是用金钱换取吃喝玩乐,而主要是指精神上的追求,追求在书本上、在自己经常生活的空间范围内见不到、学不到的东西,为了开阔视野,享受人生。

从历史沿革角度考察,旅游作为一项实践活动,主要对象是包罗万象的大自然,这大自然正如爱默森所言:“除了供给人类衣食之需之外,亦满足了一种更高贵的要求——那就是满足了人类的爱美之心。”面对千姿百态的自然万物,人类独具慧眼,能够构形绘影,超凡入圣,浮想联翩。大凡气势恢宏的文学艺术作品,都源自作者对自然万物的灵感。当然,旅游审美活动的内容是丰富多样、无所不包的,除了秀美奇丽的自然景观之外,还有文物古迹、建筑园林、音乐舞蹈、社会风尚等,这些源于自然而又高于自然的人文景观,是人和自然相结合的杰作,体现了人类的智慧和追求,对游人同样有极大的吸引力。假如你去希腊旅行,不只是观赏奥林匹斯山的风光,地中海的波涛,还将登上雅典卫城,为古希腊精湛的雕刻艺术而感叹。若到了奥地利的维也纳,在游历秀丽的阿尔卑斯山之后,必然要去走访莫扎特、贝多芬等音乐大师的故居,听一首著名的交响乐或钢琴奏鸣曲。如果去法国巴黎,在游览塞纳河之余,巴黎圣母院、埃菲尔铁塔、卢浮宫艺术馆则是必然的去处。可见,旅游对于旅游媒介可以说是经济行为,而对于旅游者来说,主要是文化行为。旅游观赏对象有丰富的文化蕴含,旅游活动本身又能创造文化。

### 2. 旅游资源的文化色彩

旅游观赏对象一般称为旅游资源,人文旅游资源是人类文化活动的遗迹、遗址,其文化色彩非常明显。而自然旅游资源基本上是天赋的,山水草木、鸟兽虫鱼都是大自然的造化,其文化色彩又何以见得呢?

虽然自然资源在人类出现之前就已经存在,但是并不意味着它缺乏文化的内涵。自然景观之所以能成为旅游资源,主要的原因是在于人类对自然美的鉴赏、反映和传播,以及在欣赏的条件下对自然景观的开发。"山不在高,有仙则名;水不在深,有龙则灵。"自然景观由于人类的参与,就成了"人化的自然界"。自然界一经"人化",便有了"文化"属性,这是不言而喻的。即便是纯自然的景观,如天气现象、地质现象和生态保护区的景观,其形成原因、演变过程、发展趋势等,都包含已知的科学知识和规律,因此,只要你去观赏它、解读它,你就是在欣赏它的文化属性,尽管是间接附加的文化属性。

人文旅游资源包括历史遗迹、帝王陵寝、名城古都和民俗风情;等等。一个国家或地区旅游吸引力的大小,主要取决于这个国家或者地区旅游资源特色的多少,而这种特色又在很大程度上取决于人文旅游资源的独特性。只有特色鲜明的旅游资源才能不断吸引游客,越是有差异的越是有魅力。比如国外旅游者到北京旅游,吸引他们的不仅是故宫、颐和园和八达岭长城等静态的自然或人文景观,还包含由旅游景点、城市风貌、典雅亲切的东方礼仪和精美绝伦的中式菜肴等因素共同构成的一种具有浓郁中国文化情调的特殊环境。我国以古老的东方文明而著称于世,厚重的历史文化塑造了中国人民的民族性格,也造就了丰富多彩的人文旅游资源,这一特点决定我国的旅游发展必然带有较多的文化色彩。

### 3. 旅游行为创造文化

旅游资源中存在着文化的基因,通过人类的旅行游览等社会行为促使文化的产生和传播。人类早期的旅游行为是与人类为了生存而奋斗的整个社会活动联系在一起的,所以,在人类的史前时期就产生了旅游文化。遍布全国的古人类遗址,又称文化遗址,显示了人类早期的创造性劳动。在人类进入文明社会以后,旅行便具有了精神愉悦感,正是这种精神感受,激发了诗人的创作激情,山水游记文学应运而生。在古人的游宦中,有一种被动的旅游行为,那就是贬谪或流放:一方面,主体对这种旅游方式很不情愿;另一方面,新的自然和人文环境,又给以新的感受和创作的源泉。于是,吟诗作画、摩崖石刻、建亭立碑、开渠筑堤等,在他们人生的低谷状态中却创造出大量旅游文化的精品。桂林的摩崖石刻、杭州的苏堤和白堤以及新疆的林公渠、林公坊等,都是具有永恒文化价值的旅游资源。

中国是一个有悠久旅游文化历史的国度,中国文明在整个人类文明进程中发育早、成熟早,殷商时有了完备的文字,西周时有了完备的典章制度。这些典章制度被孔子整理为儒家文化,自西汉起,一直统治中国思想界两千多年,它的核心是严格的等级制度,规定了各阶层人的行为准则。

整个中国的封建社会,在学术文化方面的特点是重政治轻技艺,在科技方面除了为农业生产服务的天文历法之外,其他的研究均不被统治者重视。可是医学、地理,还是天文、历法方面的成就均来自社会实践。上古有神农尝百草而发现药物的传说,西汉司马迁所处的时代离文化史上的第一次浩劫相去不远,可以参考的文献较少,他能够完成不朽的巨著——《史记》,一个重要的原因是他走遍名山大川,寻找活的史料。东汉医圣张仲景为了拯救病痛,立志学医,除了攻读前人的著作外,走遍千山万水,采集民间药方,又长途跋涉,遍访名医,最后写成了医学名著——《伤寒杂病论》。北魏郦道元,明代李时珍、徐霞客,清代徐松等学者,在学术文化上的伟大成就都基于科学考察和艰苦的旅行,"读万卷书,行万里路"是两个不可或缺的条件。大凡生命力持久,在学术上放出耀眼光辉的文化成就,都是作者在科学考察和旅行游览的实践中产生了灵感,才创造出来的,所谓"足不出户,乃知天下事"只能是美好的想象。

## 第二节 中国旅游文化的特征及其结构

### 一、中国旅游文化的特征

旅游文化作为文化的一个分支,具有文化的一般特征。但作为一种特殊的文化形态,旅游文化还具有自己独有的特征。这种共性与个性共同构成了中国旅游文化的特征。

#### 1. 综合性

关于旅游文化综合性的特征,主要体现在以下两个方面:

(1)形态的多样性

旅游文化有多种形态,既有物质文化形态,如积淀着饮食文化内涵的名菜名点、具有民族风格的民居民宅等;又有精神文化形态,如风景区的楹联碑刻、故事传说;既有文物古迹等古代文化,又有星级饭店、人造景观等现代文化;既有戏曲、武术等民族传统文化,又有西式快餐、迪士尼乐园等移植的异国文化;五花八门、不一而足。旅游文化是人类众多文化现象的复合体。

(2)消费的广泛性

旅游文化是一种消费对象,它贯串了旅游活动的整个过程,弥散于活动的各个方面。旅游者食、住、行、游、购、娱六项主要活动中,都充满着对文化的追求。游、娱两项纯属精神消费,即使在行、住、食、购方面,旅游者也并不满足于一般的生活需求。外国旅游者舍去舒适快捷的交通工具而骑着骆驼在戈壁沙漠中跋涉;不住星级饭店而宁愿挤在傣族小竹楼或蒙古包里;不惜忍受某种"痛苦"品尝有异国风味的小吃;花费巨款购买中国的文物古董。可以说,在旅游者的全部旅游经历中,他每时每刻都在自觉或不自觉地追求并消费着旅游文化。

2. **大众性**

旅游文化的大众性特征是对参加旅游活动的人数之多、层次之广的一种说明。当代的旅游活动已经突破阶层、地域的局限，出现全球化的倾向，它已不再是贵族阶层的特权，不再是只有少数人才能消费得起的奢侈活动。旅游活动已经成了社会大众性的活动，具有普遍的意义，是现代人们日常生活的一个组成部分，甚至是某些人必不可少的一种生活方式。旅游发展到当今社会，完成了由贵族拥有向广大群众参与的过渡阶段。同时，旅游业又是一个具有经济属性的产业，赢利是这一产业的动力，追求利润是它的最终目标。两个因素共同作用，导致旅游文化必然会被大多数人接受，拥有数目庞大的受众群体。因此，旅游文化不是书斋文化，而是民间文化；不是庙堂文化，而是庶民文化；不是雅文化，而是俗文化，具有明显的大众性。

值得注意的是，旅游文化的大众性特色，是指被大众广泛接受的大众通俗文化，它不是文化的庸俗化，所以并不意味着排斥高雅文化的支持和引导。因为任何一个国家或者地区发展旅游业都不能只重视旅游的经济效应，而是应该同时注意旅游对社会文化的影响。人类和人类文化都必须是积极向上的，都必须不断谋求人类文明的进步和生活质量的改善。因此，旅游应当承担人类文明进步的阶梯，不断用高雅文化引领旅游文化的提升和进步，使旅游文化不仅有“下里巴人”，而且还具有“阳春白雪”，二者相得益彰。

3. **地域性**

旅游文化的地域性是从空间横向探求不同地域的旅游文化特质。差异正是旅游吸引物的魅力，而强化这种差异，形成地域个性才可使这种魅力永存。“五里不同风，十里不同俗”，这是最精辟的概括。林语堂先生在《吾土吾民》曾指出，“南方与北方的中国人被文化纽带连在一起，成为一个民族，但他们在性格、体魄、习俗上区别之大，不亚于地中海人与北欧日耳曼人的区别”。

地域性与一个地区的自然地理环境、经济发展、当地居民世代相传的风俗人情、审美观念都有关系。我国的旅游资源向有“南秀北雄”的说法，就是旅游文化地域性的形象说明。我国北方的华北地区平原辽阔、山地雄伟、高原切割对比强烈，自然风光雄伟壮丽，但气候、资源等生存条件并不优越，先民含辛茹苦、顽强拼搏，才得以生息繁衍，从而形成了强悍拙直的民风，自古有“燕赵多慷慨悲歌之士”之说。因此，它的众多旅游景观带有雄浑、粗犷、大器的地域特色。江南地区则地形复杂，多绵延的丘陵、纵横的河流，景色秀丽妩媚，民风则聪颖柔弱，许多旅游资源都有灵秀、小巧、雅致的特色。而楚(今两湖地区)文化，又是另一种风格。楚地先民好祭祀鬼神，激情，浪漫、想象力丰富，是中国古代文学艺术浪漫主义传统的发祥地，产生过《离骚》《庄子》等巨著。楚地的旅游文化，又显示出瑰丽、雄奇而略带神秘感的特色。地域性特点是形成旅游文化独特性、丰富性的基础，它使我国的旅游文化闪耀着绚丽多姿的色彩。发掘旅游文化的区域特色是旅游工作者一项重要而有意义的工作，它有助于确立一个地区的旅游资源、旅游服务的独特优势。

#### 4. 传承性

旅游文化的传承性是从时间的角度来讲文化一脉相传的特性的。任何现存的文化都是从旧文化中传承而来的,继承先前的文化成果,并在新的条件下进行新的文化创造,形成纵向的文化内涵的顺延,使文化积淀越来越丰富。旅游文化的传承性包含进化和涵化两方面的内容。

(1)进化

即旅游文化的发展是一个由低级向高级,由简单到复杂的循环渐进过程。例如,中国传统戏曲,起源于原始社会的巫舞和傩舞。那只是一种含有戏剧因素的祭祀仪式。后来逐渐发展为汉代的角抵戏和南北朝的参军戏,有了情节内容和人物形象,又进化为宋杂剧、金院本,具备了生、旦、净、末、丑等角色行当。到元明时期,就成为成熟的戏剧形式——元杂剧、明传奇。到清代中期以后又完善为有极高审美成就的京剧和其他众多地方戏曲。艺术成就越来越高,艺术形式越来越复杂。

(2)涵化

即旅游文化在发展过程中对外来文化的吸收和融合。佛教诞生于印度,汉代传入中国,到魏晋时期形成很大的势力,并与中国原有的儒家、道家文化发生激烈的冲突,在冲突过程中双方相互吸收对方形式和内容,佛教也开始"中国化",至隋唐时期,禅宗的出现便是佛教彻底中国化的表现,受禅宗思想受道家思想和儒家思想的影响极深,和印度的原始佛教有很大的区别。

#### 5. 民族性

民族性特征是指旅游主体文化子系统具有民族特色,不同民族的主体旅游文化观念和行为模式是不同的。民族是把某一社会群体紧密联系在一起的精神纽带。通常情况下,同属一个民族的群体拥有共同的生活方式、价值信仰、道德风尚、语言和习俗。民族特性以文化的形式塑造它的每一个成员,因此民族性是旅游文化的基本属性之一。

旅游文化不仅涉及某一民族文化内部的方方面面,还带动不同民族文化之间的接触交流。浓郁的民族特色是最具有吸引力的旅游资源。我国西部少数民族聚居地,把优秀或独特的民族文化开发成别具风格的旅游产品。例如云南白族借助白族的节日三月街、绕三灵、耍海会和春节,开发了"婚礼参与游"这一旅游产品:第一天"踩棚",第二天"正喜",第三天"回门",双方亲友都可以参与,男女方张灯结彩,唱贺词,扭秧歌,吹唢呐,吃喜糖,好不热闹,吸引了国内外大量游客参观游览。

在民族之间的跨文化交流中,分属不同民族的旅游主体表现出不同的文化特质。例如中国大多数的旅游者比较内敛害羞,而西方大多数的旅游者则比较外向,极具冒险精神;中国人注重内心的修养,自求心灵的陶醉、升华,西方人侧重对外部世界的观察;中国人倾心于旅游的人文情怀,西方人则看重旅游的求知价值,充满科学精神。不同民族的旅游主体具有不同的审美标准。比如色彩,中国旅游者以红色为吉祥之意,日本旅游者视绿色为不祥之色,巴西游客认为棕色是凶丧之色,比利时旅游者则忌蓝色。

#### 6. 冲突性

旅游文化的冲突性，一方面是指旅游文化本身就是多种文化的综合体，是不同文化冲突交流的结果；另一方面，由于大量游客的涌入，对接待地的语言文字、风俗习惯、伦理道德、价值观念等文化领域都带来强大的冲击。如任其发展而不加以调控，就会带来严重的后果，如接待地纯朴民风的丧失，良好社会秩序的破坏，社会环境的恶化等，使旅游地的形象受到严重的损害。

### 二、中国旅游文化的结构

中国旅游文化及主要内容有多种形式的分类法，本书研究的中国旅游文化结构包括旅游文学、园林文化、建筑文化、饮食文化、民俗文化、宗教文化、艺术文化、服饰文化、制度文化等。

#### 1. 中国旅游文学

旅游文学是记述旅游行为和描述风景人情的文学种类。旅游文学是人文旅游资源的一个特殊类型，与旅游有着密切的关系。旅游文学与现代旅游事兴起之后出现的一个新概念，其内容包括古代的山水文学、记游文学作品，描写自然风光、名胜古迹、风土人情的诗歌、散文、传说故事、碑铭、楹联等。

旅游文学所反映的内容具有旅游资源的属性，旅游活动要借助文学的作用和艺术感染力，把作为资源的“景”和作为旅游者的“情”，以及客观现实和丰富的想象结合起来，实现旅游与文学的统一，从而形成一种经过人类加工的文学旅游资源，提高观赏对象对游人的吸引功能。旅游活动是捕捉美感的高级精神活动，美感的捕获主要靠山水名胜的优美度，同时也要靠旅游文学对这些山水名胜的诗情画意的描写。这个审美过程实质上就是导游、兴游的过程。

#### 2. 中国园林文化

园林，是地貌、水体、动植物和建筑等组成的封闭景区。中国园林数量众多，历史悠久，类型多样，园艺高超，被誉为“世界园林之母”，有以颐和园、圆明园、承德避暑山庄为代表的皇家园林，规模宏大，豪华气派；有以苏州园林为代表的私家园林，小巧玲珑，充满诗情画意；寺观园林庄严肃穆，超凡脱俗。从地理位置上看，又有北方园林、江南园林、岭南园林。不管那种形式的园林，都布局的巧妙，技法的精致，文化的悠远，贵在自然，妙在含蓄，美在意境。

#### 3. 中国建筑文化

中国的人文旅游资源的绝大部分内容是古代建筑。古代建筑除了园林之外，还包括宫殿、陵寝、民居、长城、关隘、寺观、坛庙、祠堂、古城、古镇、古村等。从建筑形式上看，它们绝大部分属于房屋类建筑。中国古代建筑的单体形式呈现出多样性的特征，有房屋、宫殿、亭台、楼阁、榭、舫、廊等，无论是形态、结构，还是装饰、色彩，都具有强烈的民族性特征。

### 4. 中国饮食文化

常言道：民以食为天。中国饮食文化绵延170多万年，分为生食、熟食、自然烹饪、科学烹饪4个发展阶段，推出6万多种传统菜点、2万多种工业食品、五光十色的筵宴和流光溢彩的风味流派，获得“烹饪王国”的美誉。

从内涵上看，中国饮食文化涉及食源的开发与利用、食具的运用与创新、食品的生产与消费、餐饮的服务与接待、餐饮业与食品业的经营与管理，以及饮食与国泰民安、饮食与文学艺术、饮食与人生境界的关系等，深厚广博。

从外延看，中国饮食文化可以从时代与技法、地域与经济、民族与宗教、食品与食具、消费与层次、民俗与功能等多种角度进行分类，展示出不同的文化品位，体现出不同的使用价值，异彩纷呈。

中华民族是世界上最早懂得酿酒的民族之一。中国酒品种繁多，风格独特，大致分为：按酒精含量分高度酒、中度酒、低度酒；按酒的含糖量分甜型酒、半甜型酒、半干型酒、干型酒；按造酒方法分酿造酒、蒸馏酒、配制酒；按酿酒原料分白酒、黄酒、啤酒、果酒、药酒等。依托酒，又衍生出酒旗、酒联、酒家、酒诗、酒文、酒典等各具特色的酒文化。

中国是茶文化的故乡。茶文化除喝茶、品茶之外，还包括茶道和茶艺。茶道是以修行得道为宗旨的饮茶艺术，包含茶艺、茶礼、茶境、茶道四大要素。茶艺是茶道的基础，是茶道的必要条件，茶艺可以独立于茶道而存在。

### 5. 中国民俗文化

民俗，就是民间风俗习惯，对于民俗旅游资源本身而言，在内容和形式上具有鲜明、突出的民族性和独特性，给人一种与众不同的新鲜感。它的魅力就在于其深厚的文化内涵。在长期的历史发展过程中，各个民族都留下了异常丰富的民俗文化，而旅游又促进了民俗文化的保护和发展。中国的传统节庆、服饰、居住、婚丧习俗、民间娱乐等，不仅与西方截然不同，就是在我国国内，古代与近现代之间，南北与东西之间，汉民族与各少数民族之间，也存在着巨大差异。比如汉民族有春节、中秋节、端午节、重阳节；少数民族如蒙古族有那达慕大会；维吾尔族和回族有古尔邦节、开斋节；藏族有浴佛节、望果节；彝族有火把节；傣族有泼水节；朝鲜族有九三节；哈萨克族有库尔班节；壮族有歌圩节；等等。每种节庆都有各自的特点，每种庆典都有其不同的仪式，可谓多姿多彩，令人应接不暇。又如，在居住方面，中国北方以土炕为主，黄土高原有传统的窑洞，南方则有冬暖夏凉的竹楼；等等，这些颇具特色和差异性的民俗因为能给人带来新鲜感、奇特感、快乐感和美的享受，所以吸引了众多游客的视线。

### 6. 中国宗教文化

宗教文化是人类传统文化的重要组成部分，它影响人们的思想意识、生活习俗等各个方面。中国既有自己土生土长的宗教—道教，又有外来宗教—佛教、伊斯兰教和基督教。各类宗教都留下了大量的寺观、宗教信仰、宗教仪式、神灵、宗教节日等,成了人文旅游资源有重要组成部分。

**7. 中国艺术文化**

中国艺术文化包括书法、绘画、雕塑、工艺、戏曲等,是旅游六大要素中"游、娱、购"的重要内容,极具民族特色,对境内外的旅游者都具有极强的吸引力。

**8. 中国服饰文化**

中国古代服饰是指中国古代的各种衣裳、冠帽、鞋袜等服装,其结构与款式随着生产与生活方式的发展而逐渐变化。此外,我国少数民族服饰多姿多彩,服饰文化内容丰富,有取之不尽的服饰资源。

**9. 中国制度文化**

许多名胜古迹的碑刻、匾额、楹联以及以历史为背景的导游词中,经常要涉及古代人物的名号、官职等内容,它们与现代差异巨大,令人难明白。因此,这就需要了解中国古代的职官制度和选官制度。中国古代的职官制度包括中央和地方两大类,以及其职掌内容。在选官制度方面,夏商周时期主要实行的是世卿世禄制,秦汉时期实行的是察举、征辟制,魏晋南北朝时期实行的是九品中正制,隋代以后实行的是科举制。

## 第三节 旅游文化的功能

旅游文化的功能,即旅游文化的作用,认真研究旅游文化的功能,对于我们进一步认识旅游及旅游文化,推进旅游事业的快速健康发展,有着十分重要的意义。

### 一、弘扬民族文化

灿烂的中国文化是东方文化的代表。我国历史悠久,民族众多,文化源远流长,人文旅游资源丰富多彩。这些资源是中华民族宝贵的物质财富和精神财富,是应该引以为傲的。

与世界其他文明古国相比,中国文化有一个突出特点,即世世代代延续不断。埃及、巴比伦、希腊、罗马等文明古国,其文化曾昌盛一时,但由于内部或外部原因,后来都中断了,使人产生"人去楼空"的感慨。如上古时期,世界上有三种象形文字,即埃及的图画文字、苏美尔人的楔形文字和中国的甲骨文,而今,除了汉字以外,其他两种均已消失。

中华文化还有一个特点,即不是孤悬于世界文化总体以外的封闭体系,而是包容了多种外来文化的复合体。首先,中原地区的华夏文化就囊括了蛮、戎、夷、狄等少数民族的文化,这个文化系统在两汉时期又吸收了西域文化;魏晋以降,还输入了印度文化;明末之后,更有欧洲文化注入。中华文化不仅不断摄取并消化周边各族文化,并将自己的文化影响周边诸民族。如儒家文化不仅对日、韩等东方各国有极大的影响,对西方发达国家也颇具吸引力。

德国古典哲学家黑格尔在比较了世界上的各个文明古国之后说:“只有黄河、长江流过的那个中华帝国是世界上唯一持久的国家。”我们应该以伟大的民族文化而自豪,从祖国的艺术宝库中吸收有价值的东西加以发扬光大。中国的人文旅游资源即是这个艺术宝库中的精华。

## 二、提升旅游者的人文素养

随着教育的普及,旅游者的文化素质日益提高,旅游文化的教育功能正逐渐为人们所重视。

旅游文化在旅游活动中通过各种方式向旅游者传递信息,让旅游者在感受美、欣赏美的同时,不知不觉提高了自身的审美情趣。这种作用过程虽然潜移默化,但它的效果却不容忽视。

祖国壮美的河山、悠久的历史、古老的文化,无不从内心深处激发起人们强烈的民族自豪感。旅游文化的这种教育作用是课堂和书本等单调的说教所无法比拟的。旅游者正是通过旅游文化的熏陶,不断增强和培育自己的爱国主义意识。

## 三、提高旅游资源的知名度和文化品位

常言道:“山水借文章以显,文章亦凭山水以传。”由于旅游文化具有地域、历史和民族方面的差异,所以,它往往成为一个旅游区独特的“商标”乃至“产品说明书”。中国三大名楼之所以重建,就是为了使游人身临其境,能发古人之幽情。湖北省的“东坡赤壁”并非赤壁之战的赤壁,而知名度却过之,就是因为它们都具有丰富的文化内涵,而成为人们向往的旅游胜地。

旅游文化对旅游资源开发的帮助作用也十分明显。旅游资源开发是旅游业的一项重大任务,如果没有旅游文化的介入,旅游资源的开发就无从谈起。在旅游资源开发过程中,旅游文化起指导作用。把握景观文化的内涵是旅游资源开发的一个重要原则,它要求旅游者身临其境时,思想感情受到感染,即力求做到情境交融。我国寺庙旅游资源的开发有极高的造诣:身处深山古刹,听梵钟佛唱,看香烟缥缈,其情其景确实让旅游者有出世脱俗之感。倘若抛开文化的内涵不管,盲目建设,硬要在海天佛国建造现代化的摩天大楼,非但不能锦上添花,反而不伦不类,适得其反。

## 四、促进旅游业的发展

对于任何一个国家来说,能够激发境外游客旅游热情和兴趣的除异域风光的自然景观外,就是这个国家的民族文化风格、民族文化景观、民族文化生活及民族文化特色。目前世界上旅游热点国家,如西班牙、英国、法国、埃及、泰国等,都是以浓郁的民族文化特色和极富个性的民族文化景观吸引着世界各地的游人。要发展旅游业,首先必须了解和

研究本国和本民族的文化。

随着人类文明的快速都市化及高新技术产业的不断社会化和全球化,人类共同的爱好越来越多,离大自然越来越远,旅行逐渐由谋生手段而变成一种享受生活的方式,成为广大社会成员为了更广泛地了解世界、重返大自然,进入与常规生活不同的异质生活方式,也是一种高消费活动,对旅游质量期望值很高。对中国旅游文化的研究,即是以满足旅游者对异质文化了解的好奇心为目的,设法发掘旅游产品的文化含量,增加和提升旅游景点、旅游项目的文化品位,从根本上繁荣旅游市场,促使中国旅游业跻身于世界旅游强国行列。

## 本章小结

掌握旅游文化的概念是学习中国旅游文化课程的前提,本章解释了旅游文化的概念,并分别就旅游与文化的关系,中国旅游文化的特征与结构,以及旅游文化的功能做了阐述,目的在于让学生能了解和掌握中国旅游文化中的一些基本概念与理论问题,也便于后面章节内容的学习。

本章的重点:①基本掌握旅游文化的概念,旅游与文化的关系;②重点掌握中国旅游文化的结构、特征以及中国旅游文化的功能。

本章的难点:理解旅游文化的概念及旅游与文化的关系,这是本章学习中的一个理论基点问题,是学好中国旅游文化课程的重要前提。

实训

## 思考题

1. 文化、旅游文化的定义是什么?
2. 简述文化与旅游的关系。
3. 简述旅游文化的特征。
4. 简述中国旅游文化的主要内容。
5. 简述旅游文化的功能。

# 第二章

# 中国旅游文学

**学习目标**

**知识目标**

●掌握中国旅游文学的概念和类别。

●了解中国旅游文学的内涵及其功能。

●了解旅游与文化的关系，掌握旅游文化的特征。

●熟悉旅游文化的基本功能。

**能力目标**

●认识旅游文学对旅游业发展和旅游从业人员的重要性。

●熟悉旅游诗歌、词曲、散文、楹联的审美特征，学会赏析常见的旅游文学作品。

中国地大物博，自然景观和人文景观众多。几千年来，在这块文化底蕴丰厚的广袤国土上，产生了大量的写景、抒情、言志的旅游文学作品。中国文学是世界艺术宝库中的瑰宝，有着举世瞩目的成就，蕴含着悠远独特的东方神韵，尤其是唐诗、宋词、元曲这三大艺术奇葩中，以写景为主的旅游文学作品占了相当多的比例，在文学史上大放异彩。

## 第一节　中国旅游文学概述

### 一、旅游文学的含义

随着近二三十年来旅游业的快速发展，“旅游文学”一词也越来越多地见诸学术界的讨论。关于“旅游文学”的概念，众说纷纭，有简单的“旅游+文学”的说法，即认为“旅游文学是反映旅游生活的文学”；有根据其内容加以阐述的，如“旅游文学是旅游中对山水风光、名胜古迹、风土人情、神话传说等所记述、描写、抒情和议论的文学作品。”笔者赞同后一种说法。中国旅游文学是光辉灿烂的文学宝库的一个重要组成部分。中国旅游文学主要是以诗歌、词曲、散文及楹联等形式出现的，它们从不同角度和方面揭示和歌颂了我国自然风光和风土人情,在中国旅游文化中占有极其重要的地位。

从旅游诸要素与文学艺术的结合出发,旅游文学艺术主要由以下几部分构成:

### 1. 直接构成旅游吸引物或吸引因素的文学作品

因文成景和景因文而名的文学名篇,都能增加景观的文化积淀和人文内涵,激发人们的旅游动机。如根据《三国演义》建造三国城,据《水浒传》建水浒城,据《红楼梦》造大观园等。宋代大文豪苏轼贬居湖北黄州时,常在黄州赤鼻矶游憩,写下了千古名作《念奴娇·赤壁怀古》和前后《赤壁赋》。之后,黄州赤壁闻名遐迩,被称为"文赤壁",名声远在真正的三国赤壁古战场—蒲圻赤壁之上。

楹联,体现了中华民族深厚文化底蕴和东方文化神韵,也成为景观不可分割的构成因素。在相当一部分旅游资源中,对联不可或缺,一方面体现了中国书法的形式美,另一方面揭示着旅游资源的内在美,丰富了旅游吸引物的内涵,使旅游者获得更高境界的审美愉悦。许多古建筑园林的亭台、楼阁、水榭,甚至到了无联不成景的地步。

神话、传说和故事,优美动人,蕴含着民间大众的美好愿望和追求,并因其民间性和通俗性而为人所熟知,与河山景物紧密相连,为旅游资源增添魅力。雷峰塔本为五代十国时期吴越国君为其宠妃而建,是座普通砖塔,但因法海镇压白娘子于此的传说而闻名于世。

### 2. 以旅游为审美对象的文学艺术作品

这是文学艺术与旅游主体的结合,反映旅游活动,如以写景抒情为主的山水诗和风景散文、游记等。这一类是中国旅游文学中历史悠久、成就最高、作品最丰富的,按照文体其发展轮廓大致如下:

从先秦到两汉,对自然景物和出游的描写与记叙已出现,但完整地描绘自然景物和旅途所见并以之为主题的诗文,大量地出现则在魏晋以后。东晋末年、南朝刘宋初年的谢灵运是第一个全力摹写山水的诗人。北魏产生了两部地理人文的科学专著:郦道元的《水经注》、杨衒之的《洛阳伽蓝记》,其中有许多记叙名胜风物的优美篇章。

唐代是我国记游文学的成熟期,为其前驱的是玄奘的《大唐西域记》;柳宗元以"永州八记"为代表的一系列游记,在再现自然景物的同时寄托情怀,开创了我国游记的一种传统。唐代旅游诗杰作层出不穷,几乎所有重要诗人都有旅游诗传世。唐代旅游诗题材广泛,风格多样,形式精美,意境深远,达到了我国旅游诗创作的高峰。

旅游词是宋代旅游文学的精华部分,扩大了旅游文学的题材和范围。开始于唐的山水游记散文到了这里,逐渐发展为一种成熟的日记体游记。日记体的游记专著、笔记体的游记小品大量涌现,描写景物名胜,记叙古迹、风俗、山水和游览的经历,旅游的色彩浓厚。

元代旅游散曲是一种独具特色的文体,写景记游,语言通俗,笔调清淡,充满诗情画意。如元曲大家马致远的散曲《天净沙·秋思》:"枯藤老树昏鸦,小桥流水人家,古道西风瘦马。夕阳西下,断肠人在天涯。"

明代晚期是记游文学的又一个繁荣期。徐弘祖,号霞客,他是我国第一个以旅游为平生事业的学者,第一位民间职业旅行家。他用了30多年的时间游历各地,穷尽一生所见所闻,著成《徐霞客游记》,“文采尤美,书中妙句佳篇俯拾皆是,展读则幽香满室”,不仅是地理学上的经典,也是游记文学的经典,被誉为“古今纪游第一”,还涌现了一大批山水作品,园林山水成为欣赏的对象,面貌焕然一新。

清代游记文学创作活跃,以钱谦益、袁枚、姚鼐为代表。明末清初文学家钱谦益的游记散文颇负盛名,其代表作《游黄山记》对云海、异松等黄山奇观生动细致的描绘,二百余年来脍炙人口。袁枚的游记,以《浙西三瀑布记》文学成就最高,是写瀑布的奇文。与袁同代的姚鼐,有《登泰山记》写他雪中登泰山的经历,是历代泰山游记中的佳作。游记作为旅游文学里诞生最晚但又最具生命力的文学形式,成熟起来并流传至今。

近代旅游文学在内容上,海外旅游题材的作品大幅度增加;形式上,出现了梁启超为代表的“新文体”,诗文语言通俗,并大量运用新词。

现当代旅游文学的成就主要是游记,或记录海外政治、经济、文化、风俗,或描写国内名山胜水,赞美祖国河山,异彩纷呈,各体具备,题材空前繁荣。

**3. 旅游业务、旅游服务类文学作品**

这是文学与旅游业的结合,通过把旅游资源介绍给旅游者或潜在的旅游者来向他们提供直接、具体的帮助,如一些文学性较强的旅游指南、风物志、导游词及影视风光片解说词等。

(1)旅游指南

或以介绍旅游资源为主,或以介绍“食、住、行、游、娱、购”等旅游服务为主,或是综合性的,一般而言介绍旅游资源类的文艺色彩较浓。如《瀚海明珠——敦煌之旅》全面而简要地叙述了敦煌的历史沿革、自然环境、文物古迹、交通住宿、地方特产、经济发展等各方面的情况,使读者能较完整地认识敦煌。

(2)风物志

综合介绍一地的地理概貌、历史文化、名胜古迹、土特产品、民俗风情等,可以直接为旅游提供服务。如以省为单位编写的《陕西风物志》《河南风物志》,以市为单位编写的《南京风物志》《苏州风物志》等。

(3)导游词

导游员的讲解词,专为旅游服务而设计,具体细致,通俗易懂。随着旅游业的发展,各条线路、各个景区景点都有自己的导游词。如《河南旅游景点导游词》《故宫导游词》等。

(4)影视风光片解说词

可以说是影视风光片的导游词,片中导游。如中央电视台拍摄的25集《话说长江》,是一部关于长江沿岸地理及人文的纪录片,虹云和陈铎两位老艺术家绘声绘色的解说词,向您展示从神奇的长江源头到壮观的入海口,从而饱览长江的整个风貌。还可以了解长江沿岸的山川地理、名胜古迹、风土人情以及两岸人民的生活。全片介绍和涉及大小河流、湖泊、峡谷49处,名山28座,大小名城52座,各项工程25项,历史典故与民间故事27个,风景名胜110处,古今名人104人,真可谓是了解长江的百科全书。

## 二、旅游文学的功能

### 1. 旅游文学的宣传功能

从某种意义上说,旅游文学是旅游景点的免费广告,具有重要的宣传作用。无论是自然山水、文物古迹,还是风俗民情、奇闻轶事,因借助于文学作品,其美学内涵、传奇色彩、历史价值才广为人知。名胜与名文结合,交相辉映。

具体而言,旅游文学艺术的宣传功能主要表现在两方面:

(1)吸引功能

许多旅游景点之所以闻名,主要得力于有大量相关的旅游文艺作品。苏州阊门西封江的封桥和苏州西南的寒山寺在唐代以前并不为人关注,但自唐代张继《枫桥夜泊》一诗后,这里的景观身价百倍、名扬天下。此诗曾选入日本小学课本,甚至有日本游客不远千里来到苏州,只为一听寒山寺的钟声。在由潜在旅游者转变为现实旅游者的过程中,旅游文艺作品有着巨大的鼓动、促进、吸引作用。北魏郦道元在《水经注》中极力描摹三峡的秀丽:"春冬之时,则素湍绿潭,回清倒影,绝巘多生怪柏,悬泉瀑布,飞漱其间。清荣峻茂,良多趣味。每至晴初霜旦,林寒涧肃,常有高猿长啸,属引凄异,空谷传响,哀转久绝"。作为古代中国最具影响力的地理文学经典,《水经注》对三峡的赞美整整唱响了1500年。后人慕名游览者,不可胜数。

(2)导游功能

旅游诗文、楹联、匾额、题刻等导游作用或表现在对具体景物外观、景色的描绘和蕴含意义的揭示上,或表现在作者对观赏线路、角度、距离等的选择上,或两者兼而有之。许多旅游诗文不仅描绘景物,作者还注重在行文中点明自己的行踪,记载时间、地点、游程以及观察点等。而名胜楹联、匾额和题刻则辅以精美的书法,点缀在奇山秀水、亭台楼阁之间,不但增添了旅游地的诗情画意,而且启迪游人入境,引导游人欣赏山水名胜,作画中游、诗中行。

### 2. 旅游文学艺术的资源功能

旅游文学艺术的资源功能是指文学艺术能促进、导致旅游资源的形成。因旅游文学艺术而产生旅游资源,按其产生方式可以分为三类:

(1)附会型

附会型即原有的一些条件并不具备旅游开发的潜力,但文艺作品使它具备了一定影响力,提高了知名度,从而引起人们的关注,成为现实的旅游资源。一般而言,当吸引物具备两个条件时,就能依赖文艺作品的附会而成为旅游资源:①相似性,②有一定说服力的证据。如唐代诗人崔颢的七律《黄鹤楼》:

昔人已乘黄鹤去,此地空余黄鹤楼。
黄鹤一去不复返,白云千载空悠悠。
晴川历历汉阳树,芳草萋萋鹦鹉洲。
日暮乡关何处是,烟波江上使人愁。

黄鹤楼故址在武昌黄鹤山(即蛇山)的黄鹄矶头,相传始建于三国吴,历代屡毁屡修。传说仙人子安乘黄鹤过此(《齐谐志》),费祎登仙每乘黄鹤于此憩驾(《太平寰宇记》)。黄鹤楼因其所在的黄鹤山而得名,所谓“仙人乘鹤”之事,当由其名附会而出,本属子虚乌有。诗人却巧妙地利用了这些传说,从虚处生发开去,从而使诗篇产生了令人神往的艺术魅力。

(2)确定型

确定型即某些文艺作品所述故事发生地点或原型已成定论,这类吸引物因其确定性一般只有一处。如江苏连云港花果山,本来就是吴承恩创作《西游记》的素材之一,而《西游记》的创作成功又给花果山增添了新的光彩,使之成为旅游胜地。

(3)人造型

人造型即本来并不存在,按照文艺作品描述而建造出旅游景观来,这类多为人文景观,也可分为两种。一种是对已毁景观的重建,如武汉黄鹤楼是以清代黄鹤楼为蓝本而建造的;另一种是根据文艺作品首次建造,如开封清明上河园是以宋代画家张择端的《清明上河图》为蓝本,景区按照画中的布局,再现画中所展示的北宋都城汴京的繁华景象、宋代民间艺术、民俗风情。

## 三、旅游文学艺术的审美功能

旅游的过程也是审美的过程,在实际的旅游观赏过程中,人们在观赏眼前景物的同时,潜心品味相关的诗词歌赋等,不仅能够助兴或提高“游兴”,而且能够丰富景观对象的审美价值,有益于引导旅游者深化其审美体验,提高观赏者的审美理解水平。因为,从旅游审美的角度分析,旅游文学艺术至少在三个方面会对旅游者产生积极的影响:典型形象美、诗情画意美、哲理内涵美。

### 1. 典型形象美

在文学艺术中,在所有与景物相关的作品中,其本身的创作,大多都艺术化了或典型化了,为现代旅游者或观赏者提供了用之不竭的旅游文化资源或审美催化剂。因此,旅游者从中所感悟和想象出的景观形象,是艺术化了的典型形象。在现代旅游活动中,人们亲临特定的景观,品味相关的文艺作品,会从所反映的典型形象中得到一定的指向性审美信息,在增加人们“游兴”的同时强化人们的审美感受。如北宋苏轼《饮湖上初晴后雨》:“水光潋滟晴方好,山色空蒙雨亦奇。欲把西湖比西子,淡妆浓抹总相宜。”这是一首赞美杭州西湖的名诗,描写西湖雨过天晴时动人的美景。这首诗的流传,使西湖的景色增添了光彩,多少文人墨客,都是看到这首诗以后,对西湖心生向往。试想,用“天下第一美人”西施来比喻西湖,那景色该有多美!后来,“西子湖”就成了西湖的别称。

### 2. 诗情画意美

旅游景观不仅是人们自由游赏的对象,而且是人们抒情感怀的凭借。事实上,中国文人历来有“触景生情”的文化心理习惯与“托物寄情”的艺术创作传统。许多文艺作品如山水诗等，便基于客观的景物、作者的情感和音乐般的节奏，采用特殊的艺术描写方法彰显了相关景物的诗情画意美，从而也为当今的旅游者创造了观赏“景外之景”的可能性，并进一步丰富和美化了景观的审美价值。如唐代张若虚的《春江花月夜》，以富有生活气息的清丽之笔，创造性地再现了江南春夜的景色，如同月光照耀下的万里长江画卷，同时寄寓着游子思妇的离别相思之苦。

#### 3. 哲理内涵美

旅游文艺作品不仅描绘旅游景观的美，还寓理于景，蕴含着丰富的哲理内涵。也就是说作者以写景状物为凭借或手段，表现自己的意趣、志向、抱负以及政治和生活态度，道出深刻哲理，用以提醒和激励自己与他人。作为旅游文化或旅游审美文化的丰富资源，这些具有哲理内涵美的文艺作品有益于提高旅游景观的审美文化价值和深化旅游活动的审美教育意义。如北宋范仲淹的《岳阳楼记》，其中的名句“先天下之忧而忧，后天下之乐而乐”“不以物喜，不以己悲”，借对岳阳楼风景的描述，抒发先忧后乐、忧国忧民的情怀，成为传世名篇。

## 第二节　中国旅游文学发展史

中国旅游文学源远流长，按照其发展水平与历史贡献，大体上可以划分为五个历史阶段：先秦两汉奠基期、魏晋南北朝兴盛期、唐宋繁荣期、元明清衍化期、现当代突变期。

### 一、旅游文学的奠基期：先秦两汉

#### 1. 先秦旅游文学

先秦旅游诗歌主要见于《诗经》与《楚辞》。《诗经》中有许多诗篇反映了先秦时期多种多样的旅游生活，比较突出的有以下 3 类：①反映节庆郊野嬉游的，代表作如《郑风·溱洧》；②反映军旅行役宦游之旅的，如记叙周宣王巡猎的《车攻》；③反映送别相思之情的，如《燕燕》，抒写卫君送别女弟远嫁情景。《楚辞》中有多篇涉及旅游，如《涉江》《哀郢》《悲回风》《远游》等，以大量笔墨摹写自然景观，并表达作者高尚情操。

先秦旅游散文比较简略，一般未独立成篇，主要出现在三类著作中：历史散文，在记人记事中描写“旅游”情节；诸子散文，多为精心构撰的寓言故事，如《庄子·秋水》中“望洋兴叹”；杂著，代表作为《穆天子传》，全书六卷，前五卷记录周穆王驾八骏西游故事。

#### 2. 秦汉旅游文学

秦代旅游文学成就以旅游碑文为主，丞相李斯随秦始皇巡行天下，为歌颂秦始皇功德而在泰山、琅琊、芝罘、会稽等地刻石为文，对后世碑文尤其是碑刻记游诗文有一定的影响。

两汉旅游文学最突出的是旅游赋。汉代赋大为兴盛，其中有很多旅游之作。如西汉司马相如《上林赋》描写汉天子狩猎上林苑，摆宴听乐，大肆铺陈上林苑的宏丽及天子射猎的盛举；而东汉张衡《归田赋》用清新的语言，描写了仲春气清、草荣、鸟欢的美景，烘托归隐后怡然自得之心。其他著名旅游赋还有蔡邕《述行赋》、王粲的《登楼赋》等。

两汉旅游散文传世不多，其中东汉马第伯《封禅仪记》被誉为中国旅游文学史上单篇登山游记的开山之作。此文翔实地记载了建武三十二年(56 年)正月二十八至二月二十五日，随从光武帝刘秀登泰山封禅的经历和感受，文辞精炼，写景状物抒怀，首创日记体游记格式，为后代沿用。

汉代旅游诗规模渐大，多与帝王游宴风气及吟诗传统相关。如汉武帝行幸河东，祀后土，环视帝京，于舟中与群臣宴饮之际，欣然而作《秋风辞》。汉代还出现了两种新诗体，一是乐府民歌，来自社会底层，形式以五言为主，内容涉及旅游的作品如《江南》《艳歌行》等。二是五言诗，东汉《古诗十九首》为代表作，其中《涉江采芙蓉》《回车驾言迈》等描写旅人心态，真挚动人，朴素自然。此外，四言诗数量仍相当众多，其中曹操《观沧海》是中国文学史上第一首规范、标准的山水诗。

## 二、旅游文学的兴盛期：魏晋南北朝

魏晋南北朝是中国旅游文学的勃兴期，其兴盛标志包括：①以山水游览为主体，自觉而积极地产生各种旅游活动并形诸文字，已经成为知识分子阶层的普遍风气；②涌现出一批以旅游文学著称的名家名篇。

### 1. 魏晋旅游文学

魏晋时期盛行游山玩水，宴乐聚会，产生了以走向山水大自然为乐的人生取向，这促进了旅游文学的兴盛。

汉末魏初的“建安文学”时期，诗歌创作出现了高潮，五言诗占据主体地位。其中有大量作品涉及旅游内容，如曹植《赠白马王彪》、陈琳《饮马长城窟行》、曹丕《至广陵于马上作》《于玄武陂作》等，或写旅途跋涉、别离，或写乱世旅途所见惨象，或写郊野游宴赏景之乐，皆广为传诵。

西晋旅游文学主要是旅游诗，多表现人生闲适游赏情趣，反映失意文人怡然自乐的心态。如“竹林七贤”之一的嵇康在《酒会诗》中写道：“淡淡流水，沦胥而逝。汎汎柏舟，载浮载滞。微啸清风，鼓檝容裔。放棹投竿，优游卒岁。”

东晋旅游文学成就最高者当属陶渊明，其《桃花源记并诗》描绘出一幅没有压迫剥削、生活无忧、安居乐业、理想的社会生活画卷。东晋旅游赋代表作为孙绰《游天台山赋》，把天台山与蓬莱仙山相比，对景物做了细致的描绘。文辞工整秀丽，词旨清新，颇有情韵。孙绰视此赋为平生得意之作，曾对人说：“卿试掷地，要作金石声。”

### 2. 南北朝旅游文学

南北朝是中国旅游文学史上一个承前启后的重要时期，数量与质量都很可观，在景物的描绘上也有新的突破。

南朝刘宋年间山水诗勃兴，将山水作为独立的审美对象，逐渐形成一个独立的门类，既开拓了旅游诗的表现领域，更提高了旅游诗的艺术品位。与陶渊明同时代的谢灵运，出身显赫，性喜游历。他在会稽（今浙江绍兴）做官时，经常“凿山峻湖，功役无已。寻山陟岭，必造幽峻，严嶂千里，莫不备尽。”他的主要创作活动在南朝刘宋时代，是文学史上第一个大量创作山水诗的著名作家，被后世誉称为中国山水诗鼻祖。南朝萧齐时的谢朓，与谢灵运合称为“大小谢”，其代表名篇为《游东田》。南北朝骈文创作盛极一时，辞藻华丽，对偶工整，句式匀称，具备平仄抑扬顿挫的音乐美。如北齐祖鸿勋《与阳休之书》向友人描述游憩故乡雕山之乐。南朝旅游赋名篇有鲍照《芜城赋》、江淹《别赋》、庾信《春赋》等。

北魏郦道元在历年实地勘察的基础上，广泛收集各种资料，撰写出《水经注》，有大量山河景色的描写，具有非常高的地理文献和旅游文献价值及文学艺术价值。杨衒之的《洛阳伽蓝记》是记载北魏首都洛阳佛寺兴衰的地方志，与郦道元《水经注》并称北朝文学的双璧。

## 三、旅游文学的繁荣期：唐宋

唐宋是中国文化发展的昌盛期，也是中国旅游文学创作繁荣期。

### 1. 隋唐五代旅游文学

这一时期，尤其是盛唐时期，国力强盛，版图辽阔，政治开明，交通发达，中外文化交流频繁，各种旅游活动空前活跃，都推动了旅游文学向更高更广的领域发展。隋唐五代，士人更多漫游，旅游文学继续繁荣。

旅游诗在这一时期达到了创作的黄金时代。初唐旅游诗个性鲜明，体例主要是五七言律诗，代表作有杜审言《登襄阳城》、王绩《野望》、张若虚《春江花月夜》、王勃《送杜少府之任蜀川》等。盛唐是中国诗歌的巅峰期，出现了山水田园诗派和边塞诗派，山水田园诗派代表作家是孟浩然和王维，边塞诗派代表作家有高适和岑参等；出现了众多伟大的诗人如李白、杜甫等，旅游佳作不断。中唐诗坛名家辈出，韦应物、白居易、韩愈、柳宗元、刘禹锡、李贺、孟郊、贾岛等的旅游诗题材广泛，风格多样。

唐代旅游文赋数量激增，佳作迭出，王勃《滕王阁诗序》、王维《山中与裴秀才迪书》、李白《春夜宴从弟桃花园序》、元结《右溪记》、白居易《庐山草堂记》等皆为古代游记中的佳作。其最具有代表性的当属伟大的浪漫主义诗人李白。25岁时，李白仗剑出川，游历天下，“五岳寻仙不辞远，一生好入名山游”（《庐山谣寄卢侍御虚舟》），留下了如璀璨繁星般的旅游文学名篇，如《望庐山瀑布》《蜀道难》《西岳云台歌送丹丘子》《登金陵凤凰台》《秋登宣城谢朓北楼》《望天门山》等，都是传颂千古的不朽之作。柳宗元在永州的旅行日记（以《永州八记》为代表），被后世奉为山水小品的经典。他把对人生际遇的感悟寄托其中，使其散文小品充满了淡泊沉静之美。山水诗到这个时期已经由盛转衰，山水散文开始大行于天下。

旅游词是唐代新兴的文学体裁，白居易、刘禹锡、温庭筠、韦庄、李煜等唐五代词人旅游词作广为传诵，五代后蜀赵崇祚所选词集《花间集》影响极大，为后代词作奠定了风格。

### 2. 宋代旅游文学

宋代旅游词就内容而言，大体上可以分为：抒发旅游情绪类，如柳永《安公子 · 远岸收残雨》、秦观《踏莎行 · 郴州旅舍》等；描绘自然景物类，如李清照《怨王孙 · 湖上风来波浩渺》、吴潜《水调歌头 · 焦山》、苏轼《念奴娇 · 赤壁怀古》、吴文英《望江南 · 三月暮》等；凭吊、咏叹历史古迹类，如辛弃疾《水龙吟 · 登建康赏心亭》、孙浩然《离亭燕 · 一带江山如画》、张孝祥《水调歌头 · 过岳阳楼作》、吴潜《满江红 · 豫章滕王阁》等。

宋代旅游诗数量也特别多，广泛反映社会生活和山川风物，如欧阳修《丰乐亭游春三首》、苏轼《游金山寺》、黄庭坚《雨中登岳阳楼望君山》、杨万里《晓出净慈寺送林子方》、陆游《醉中下瞿塘峡中流观石壁飞泉》、文天祥《扬子江》等流传一时，是公认的优秀旅游诗作。

宋代旅游文赋较唐代发展更为突出，游记文学十分普及，名家名作荟萃，如苏轼《赤壁赋》和《石钟山记》、苏舜钦《沧浪亭记》、欧阳修《醉翁亭记》、王安石《游褒禅山记》等。南宋两位业务旅游家陆游的《入蜀记》和范成大的《吴船录》，是日记体游记的经典之作。《吴船录》是范成大自成都回朝廷复命的旅途日记；陆游的《入蜀记》，则是他赴任夔州（四川奉节）的旅途日记。这类游记体裁灵活，侧重写实，既记游踪，又记民俗，许多篇章就是很好的导游词。

## 四、旅游文学的持续发展期：元明清

### 1. 元代旅游文学

元代的代表文学是元曲，元曲包括元代的散曲与杂剧两部分。旅游散曲借记事写景以抒情言志，语言清新通俗，句型长短参差，佳作如关汉卿《一枝花 · 杭州景》、白朴《天净沙 · 秋》、马致远《天净沙 · 秋思》、张养浩《山坡羊 · 潼关怀古》等。杂剧中有一些以旅游情节为“关目”的名作，如关汉卿《关大王单刀赴会》《望江亭中秋切脍旦》，尚仲贤《柳毅传书》、李好古《张生煮海》等。

旅游词不乏佳作，如元好问《游黄华山》气势磅礴，意境壮阔；萨都剌《百字令 · 登石头城》借景怀古，风格豪迈，气势宏大。

### 2. 明代旅游文学

明代旅游文学创作十分普及，而且出现了一批旅游作家，产生了大批作品，如《徐霞客游记》被誉为“千古奇书”，还有王士性《五岳游草》《广志绎》、袁中道《游居柹录》登。文学流派、创作群体迭起，使得旅游文学创作流派纷呈、各具特色。

明代小说创作繁盛，以旅游为主要或相关情节的小说数量激增，且由笔记小说、短篇小说发展为长篇小说，如余象斗《南游记》、罗懋登《三宝太监下西洋》等，还出现了白话小说，如“三言二拍”中《转运汉巧遇洞庭红》《施润泽滩阙遇友》《程元玉店四代偿钱》等作品通俗易懂。

### 3. 清代旅游文学

清代旅游文学中诗词文赋等继续发展，小说、戏曲与楹联大量出现。清代旅游文学具有几个典型特色：一是明末清初涌现出一批爱国作家，如顾炎武、王夫之、黄宗羲等，创作了许多慷慨悲壮的爱国旅游诗文；二是清代文学流派意识更为浓厚，争奇斗胜，繁荣了旅游文学的创作；三是旅游作品更加贴近生活，内容丰富。

鸦片战争后，帝国主义侵略加剧，旅游文学随时代的变化而发生一些转变：忧患意识强烈，充满爱国主义精神，如林则徐《出嘉峪关感赋（四首）》抒发了忧国忧民的情感；反映海外旅游的文学作品数量大增，影响日广，广泛介绍西方文明，传播新知识、新思想，如黄遵宪《日本国志》、张德彝《航海述奇》、斌椿《乘槎笔记》、康有为《欧洲十一国游记》、梁启超《新大陆游记》、王韬《扶桑游记》等。

## 五、旅游文学的突变期：现当代

辛亥革命、五四运动、新民主主义革命、社会主义革命和建设，百年中国风云变幻，旅游文学也深刻反映出中国社会的巨大变化与古老文明的推陈出新，相对于古代旅游文学发生了根本性的转变，主要表现在：

第一，在文学宗旨上，提倡以世界先进文化为借鉴，中国人不断走出国门，从事外交、留学、考察、商贸、观光等活动，写下了不计其数的旅游作品，或传播西方文明。如朱自清《莱茵河》、徐志摩《我所知道的康桥》，或颂扬东方名胜古迹，如季羡林《琼楼玉宇，高处不胜寒》，或凭吊胜地、名人故居，如瞿秋白《到达莫斯科》、胡君亶《访马克思故居》，或歌颂祖国河山，如刘白羽《长江三日》等。

第二，旅游文学题材上，除了表达传统的山水风光、名胜古迹、闲情逸致内容外，还以普通大众的旅游活动为对象，反映了海内外生活美、社会美、自然美的多层次性，大大拓展了旅游文学的多元性和表现领域。

第三，旅游文学语言逐步通俗化、普及化，由文言文、半文言发展到白话，并逐步取代传统诗词曲的主流地位，口语化，通俗化，贴近大众生活，扩大了旅游文学的读者群和创作群，扩大了旅游文学的阅读面和创作面。

第四，旅游文学形式上，由于科技发展的影响而呈现出多样性，出现了电影、电视、文学剧本，产生了以互联网为平台的网络旅游文学，传播范围和影响力较大。

# 第三节 旅游文学的表现形式

## 一、诗歌

旅游诗歌在我国旅游文学中是产生较早、作品最为丰富的一个品种。

### 1. 旅游诗歌的审美特征

(1)追求人与自然的和谐

我国从周代开始就产生了"天人合一"的观念,肯定人为自然的一部分,认为人类与自然界同样遵循一个普遍的规律,人生的理想是天人的和谐。具备这种世界观的旅游诗人面对自然景观,往往就感到欣喜、陶醉,在旅游诗中就体现为自然与人生交织的情形,陶醉于自然美,达到"物我一体"的人与自然高度和谐的审美境界。

(2)时间与空间的融贯

旅行是一种空间逾越形式,旅游诗人登山涉水,把亲身经历而获得的美感经验,用诗的形式表现出来。中国诗人和中国画家一样,多重透视,常从不同视点、不同时间看同一景物,在同一首诗或同一幅画中表现出来。中国旅游诗往往在空间与时间的交替关系中来表现美感。旅游诗人在欣赏空间的广阔、宏伟时,同时也赞叹时间的永恒、无限。时空的融贯观使人领会到万物生生而变化无穷的运动力量美。

(3)自我追求与社会责任感的统一

中国传统思想重人生、重道德,强调人与人之间的和谐,人对社会的责任,讲求"修身、齐家、治国、平天下"。诗人欣赏景观时,往往追念历史,想江山而思人物,感慨良深,如感叹"出师未捷身先死"(杜甫《蜀相》),总要表现出对人生与社会的思考,个人的理想追求往往和社会责任感结合在一起,并力求把美与善统一起来。

### 2. 旅游诗歌名篇赏析

《诗经・郑风・溱洧》:

溱与洧,方涣涣兮。士与女,方秉蕑兮。女曰观乎?士曰既且。且往观乎?洧之外,洵訏且乐。维士与女,伊其相谑,赠之以芍药。

溱与洧,浏其清矣。士与女,殷其盈矣。女曰观乎?士曰既且。且往观乎?洧之外,洵訏且乐。维士与女,伊其将谑,赠之以芍药。

**【赏析】** 该诗描绘的是上古时期上巳节(农历三月三日)青年男女结伴春游之乐。郑国溱洧两河,春水涣涣,少男少女们也借此机会谈情说爱。这首诗是以旁观者的语气来写的,通过对环境、风俗、人物的描述,并穿插对话,生动地展现了聚会中笑谑欢乐的场面与气氛,宛如一幅民间风俗画。

### 《步出夏门行·观沧海》

东汉·曹操

《观沧海》

东临碣石，以观沧海。
水何澹澹，山岛竦峙。
树木丛生，百草丰茂。
秋风萧瑟，洪波涌起。
日月之行，若出其中；
星汉灿烂，若出其里。
幸甚至哉，歌以咏志。

**【赏析】** 碣石山位于何处？目前学术界尚有争议，或以为即今河北省乐亭县西南的碣石山，或以为此山已沉入海中。该诗描写了登上碣石山所看到的眼前景物，如海水、山岛、草木、秋风等，这样纯写自然景物的诗歌独具一格，堪称中国山水诗的最早佳作。曹操写秋天的景色，能够一洗悲秋的感伤情调，写得沉雄健爽、气象壮阔，这与他的气度、品格乃至审美情趣是分不开的。

### 《登池上楼》

东晋·谢灵运

潜虬媚幽姿，飞鸿响远音。
薄霄愧云浮，栖川怍渊沉。
进德智所拙，退耕力不任。
徇禄反穷海，卧疴对空林。
衾枕昧节候，褰开暂窥临。
倾耳聆波澜，举目眺岖嵚。
初景革绪风，新阳改故阴。
池塘生春草，园柳变鸣禽。
祁祁伤豳歌，萋萋感楚吟。
索居易永久，离群难处心。
持操岂独古，无闷徵在今。

**【赏析】** 这首诗视角和景观不断地变换，对山水景物的声、光、色都有生动描绘，画面斑斓、多姿多彩。对仗工整，用语华美，色彩明暗均呈对比，有声有色，写出了景物的韵味情思，清新可读，情景交融，传神写意，给人以美的享受。

### 《滕王阁诗》

唐·王勃

滕王高阁临江渚，佩玉鸣鸾罢歌舞。
画栋朝飞南浦云，珠帘暮卷西山雨。
闲云潭影日悠悠，物换星移几度秋。
阁中帝子今何在？槛外长江空自流。

**【赏析】** 唐高宗上元三年（676 年），王勃远道去交趾探父，途经洪州（今江西南昌），参与阎都督宴会，即席作《滕王阁序》，序末附这首凝练、含蓄的诗篇，概括了序的内容。

序和诗的内容,除了颂扬参与宴会的宾主外,主要抒发的是时不我待,应该及时建功立业的慷慨激越之情。

**《春江花月夜》**

唐·张若虚

春江潮水连海平,海上明月共潮生。
滟滟随波千万里,何处春江无月明。
江流宛转绕芳甸,月照花林皆似霰;
空里流霜不觉飞,汀上白沙看不见。
江天一色无纤尘,皎皎空中孤月轮。
江畔何人初见月?江月何年初照人?
人生代代无穷已,江月年年只相似。
不知江月待何人,但见长江送流水。
白云一片去悠悠,青枫浦上不胜愁。
谁家今夜扁舟子?何处相思明月楼?
可怜楼上月徘徊,应照离人妆镜台。
玉户帘中卷不去,捣衣砧上拂还来。
此时相望不相闻,愿逐月华流照君。
鸿雁长飞光不度,鱼龙潜跃水成文。
昨夜闲潭梦落花,可怜春半不还家。
江水流春去欲尽,江潭落月复西斜。
斜月沉沉藏海雾,碣石潇湘无限路。
不知乘月几人归,落月摇情满江树。

**【赏析】** 此诗兼写春、江、花、月、夜及其相关的各种景色,以众景含哲理、寓深情,揉诗情、画意、人生哲理为一体,语言清新优美,韵律宛转悠扬,给人以澄澈空明、清丽自然的感觉,宛如一幅淡雅的中国水墨画,从而汇成一种情、景、哲理水乳交融的幽美而又邈远的意境。

**《登鹳雀楼》**

唐·王之涣

白日依山尽,黄河入海流。
欲穷千里目,更上一层楼。

**【赏析】** 鹳雀楼在蒲州(今山西永济)西南城楼上,因常有鹳雀栖息其上得名。这首诗前两句描写诗人在登高望远看到的落日、黄河的美景,后两句抒发不凡的胸襟抱负,反映了盛唐时期人们昂扬向上的进取精神。

**《过香积寺》**

唐·王维

不知香积寺,数里入云峰。
古木无人径,深山何处钟。
泉声咽危石,日色冷青松。

薄暮空潭曲，安禅制毒龙。

【赏析】 香积寺故址在今陕西省西安市长安区南。“过”，意谓“访问”“探望”，即去访香积寺。这首诗就是以沉湎于佛学的恬静心境，描绘出山林古寺的幽邃环境，从而造成一种清高幽僻的意境。王国维先生在《人间词话》里写道：“昔人论诗，有景语情语之别，不知一切景语，皆情语也。”诗人描绘幽静的山林景色，并不一味地从寂静无声上用力，反而着意写了隐隐的钟声和呜咽的泉声，这钟声和泉声非但没有冲淡整个环境的平静，反而增添了深山丛林的僻静之感。

**《登金陵凤凰台》**

唐·李白

凤凰台上凤凰游，凤去台空江自流。

吴宫花草埋幽径，晋代衣冠成古丘。

三山半落青天外，二水中分白鹭洲。

总为浮云能蔽日，长安不见使人愁。

【赏析】 凤凰台故址在今南京市凤凰山。此诗是作者流放夜郎遇赦返回后所作，一说是作者天宝年间，被排挤离开长安，南游金陵时所作。作为登临吊古之作，把历史的典故，眼前的景物和诗人自己的感受，交织在一起，抒发了忧国伤时的怀抱，意旨尤为深远。

**《望庐山五老峰》**

唐·李白

庐山东南五老峰，青天削出金芙蓉。

九江秀色可揽结，吾将此地巢云松。

【赏析】 这首诗描写了庐山五老峰的峭拔秀丽。诗人把五老峰形容为青天削出的金芙蓉，形象生动别致。《唐宋诗醇》云：“纯用古调，次句亦秀削天成。”

**《登岳阳楼》**

唐·杜甫

昔闻洞庭水，今上岳阳楼。

吴楚东南坼，乾坤日夜浮。

亲朋无一字，老病有孤舟。

戎马关山北，凭轩涕泗流。

【赏析】 岳阳楼即湖南岳阳城西门楼，是我国三大名楼之一。大历三年(768 年)冬十二月，杜甫一路漂泊到岳州(今属湖南)，登上了神往已久的岳阳楼。这首诗意境开阔宏伟，风格雄浑渊深，是杜甫诗中的五律名篇，前人称之为盛唐五律第一。诗的前半赞叹洞庭湖的宏伟壮阔，后半抒情。全诗意境浑厚，气势磅礴，虽悲伤却无颓废之感。

**《望岳》**

唐·杜甫

岱宗夫如何？齐鲁青未了。

造化钟神秀，阴阳割昏晓。

荡胸生层云，决眦入归鸟。

会当凌绝顶，一览众山小。

**【赏析】** 全诗以“望”字统摄，形象鲜明，意境开阔，格调高昂，字里行间洋溢着青年诗人朝气蓬勃的灵气，昂扬向上、积极进取、勇于攀登、俯视一切，给人以无限的启示和激励。

**《蜀相》**

唐·杜甫

丞相祠堂何处寻？锦官城外柏森森。
映阶碧草自春色，隔叶黄鹂空好音。
三顾频烦天下计，两朝开济老臣心。
出师未捷身先死，长使英雄泪满襟。

**【赏析】** 这首诗是唐肃宗上元元年(760年)的春天，杜甫探访诸葛武侯祠而作。诗前半首写景，后半首抒情。成功地写出了丞相祠堂的特定情境，准确地摄取了森森的古柏、映阶的春草、隔叶的黄鹂这些能表现典型环境特征的景物，用来烘托一种寂静、肃穆的氛围，看似抒的吊古之情，实际上也是作者抒发自己内心的感慨。

**《枫桥夜泊》**

唐·张继

月落乌啼霜满天，江枫渔火对愁眠。
姑苏城外寒山寺，夜半钟声到客船。

**【赏析】** 诗人运思细密，短短四句诗中包蕴了六景一事，用最具诗意的语言构造出一个清幽寂远的意境：江畔秋夜渔火点点，羁旅客子卧闻静夜钟声。所有景物的挑选都独具慧眼：一静一动、一明一暗、江边岸上，景物的搭配与人物的心情达到了高度的默契与交融，共同形成了这个成为后世典范的艺术境界。

**《送桂州严大夫同用南字》**

唐·韩愈

苍苍森八桂，兹地在湘南。
江作青罗带，山如碧玉篸。
户多输翠羽，自家种黄甘。
远胜登仙去，飞鸾不假骖。

**【赏析】** 此诗是韩愈送友人严谟离开京城长安，去当时还是边远偏僻之地的桂林做官，说它远胜仙境，是鼓励友人赴任，诗虽无一字言送别，但宽慰之意，送别之情，自在言外。这首诗的三四句“江作青罗带，山如碧玉篸”，因比喻新颖贴切，形象地概括了桂林的山水之美，而成为名句。五六句写桂林的民风民俗，极具生活气息，与三四句的写自然风光，互相映衬，令人神往。

**《钱塘湖春行》**

唐·白居易

孤山寺北贾亭西，水面初平云脚低。
几处早莺争暖树，谁家新燕啄春泥？
乱花渐欲迷人眼，浅草才能没马蹄。
最爱湖东行不足，绿杨荫里白沙堤。

**【赏析】** 白居易在杭州时,有关杭州湖光山色的题咏很多。这首诗处处紧扣环境和季节的特征,把刚刚披上春天外衣的西湖,描绘得生意盎然,恰到好处。诗句透露出诗人既兴奋又闲暇、既深情又从容的观赏心态,以及轻松活泼的情感基调。

**《金谷园》**

唐·杜牧

繁华事散逐香尘,流水无情草自春。
日暮东风怨啼鸟,落花犹似坠楼人。

**【赏析】** 金谷园故址在今河南洛阳西北,是西晋富豪石崇的别墅,繁荣华丽,极一时之盛。唐时此园已荒废,成为供人凭吊的古迹。杜牧造访金谷园,即景生情,写下了这首咏春吊古之作。一般怀古抒情的绝句,都是前两句写景,后两句抒情。这首诗则是句句写景,景中寓情,写景意味隽永,抒情凄切哀婉。

**《题扬州禅智寺》**

唐·杜牧

雨过一蝉噪,飘萧松桂秋。
青苔满阶砌,白鸟故迟留。
暮霭生深树,斜阳下小楼。
谁知竹西路,歌吹是扬州。

**【赏析】** 唐文宗开成二年(837 年),杜牧的弟弟患眼病寄居扬州禅智寺。杜牧前往探视。此诗着意写禅智寺的静寂和诗人忧弟病、伤前程的黯然心境。开头用静中一动衬托,结尾用动中一静突出,一开篇,一煞尾,珠联璧合,相映成趣,艺术构思十分巧妙。

**《乐游原》**

唐·李商隐

向晚意不适,驱车登古原。
夕阳无限好,只是近黄昏。

**【赏析】** 乐游原在长安(今西安)城南,是唐代长安城内地势最高地。这首诗赞美黄昏前的原野风光,表现自己对美好人生的眷念。后两句近于格言式的慨叹不仅对夕阳下的自然景象而发,也是对自己、对时代而发,富有爱惜光阴的积极意义。

**《七律登庐山》**

现代·毛泽东

一山飞峙大江边,跃上葱茏四百旋。
冷眼向洋看世界,热风吹雨洒江天。
云横九派浮黄鹤,浪下三吴起白烟。
陶令不知何处去,桃花源里可耕田?

**【赏析】** 1959 年,毛泽东登上了庐山,站在庐山顶峰,远眺鄱阳湖、扬子江,千峦竞秀,万壑争流,红日方升。极富浪漫主义气质的诗人毛泽东神驰目极,手心相应,又为庐山留下了一首豪放之歌。这首诗气象恢宏,境界辽阔,表现出诗人胸襟的博大,器度的轩昂。

## 二、词曲

旅游词曲，是以词与曲的形式反映旅游活动的作品。词的创作，始于为某个既定乐谱配词，用于歌唱，所以叫填词。填词所选定的调子叫词调，表明该词所属的音乐曲调的名称，词调都有名称，如“水调歌头”“念奴娇”等，也叫词牌。后来，词牌仅仅作为字句、声律、押韵等方面格式的一种标志和名称。填词时为点明题旨，多在词牌下另标题目，如“赤壁怀古”等。

散曲又被称为“清曲”“乐府”，由诗词演变而来，可以配乐演唱，是金、元以来一种通俗韵文。在语言上，它比宋词通俗，能尽量吸收民间的口语；在句法上，它可以在一定曲牌的格律中增加衬字，比词更活泼；在内容上，和诗词一样用于抒情、写景、叙事，且便于清唱，有别于剧曲。

### 1. 旅游词曲的内涵

(1)画山绣水，写景抒情

这类词曲歌颂大好河山，描绘自然风光，状写人间百态，寄托个人情思。

(2)观赏玩味，描摹景物

这类旅游词曲也写到山水，但它着重于对景物的观赏、描摹，细腻精致，耐人寻味。如元代徐再思《中吕・朝天子・西湖》：“里湖，外湖，无处是无春处，真山真水真画图，一片玲珑玉。宜酒宜诗，宜晴宜雨。销金锅锦绣窟。老苏，老逋，杨柳堤梅花墓。”这首散曲描写西湖的湖光山色，用叠字的手法，风格清丽工巧，道尽了西湖的繁华锦绣和雅致风流。

(3)写亭台之美，抒登临之感

这些游览词曲既写所见之美景，更抒发游览中的感叹，且加入人间世事，使旅游诗包含更多的历史和社会意义。如辛弃疾的《菩萨蛮・书江西造口壁》于写景中交织着个人身世之感、民众疾苦与国家兴衰之戚，表现出强烈的爱国思想，以及恢复中原的壮志和坚持抗敌的决心，倾吐壮志难酬的悲愤。

(4)追怀古代遗踪，寻访历史胜迹

这些咏吊之作，大都寓意深刻，能给后来者以某种启迪或思索。如苏轼《念奴娇・赤壁怀古》上片咏赤壁，下片怀周瑜，最后以自身感慨作结。江山、历史、人物一齐涌出，以万古心胸引出怀古思绪。

### 2. 旅游词曲名篇选读

**《菩萨蛮》**

唐・李白

平林漠漠烟如织，寒山一带伤心碧。暝色入高楼，有人楼上愁。

玉阶空伫立，宿鸟归飞急。何处是归程，长亭更短亭。

**【赏析】** 此词宋人将其归为李白所作，但在现存的古本李白集子里未见收录，当为晚唐以后无名文人所作更妥。词描写的是深秋暮色之景,渗透着词人浓浓的思归之情。

### 《忆江南》三首

唐·白居易

其一

江南好,风景旧曾谙。日出江花红胜火,春来江水绿如蓝。能不忆江南?

其二

江南忆,最忆是杭州。山寺月中寻桂子,郡亭枕上看潮头。何日更重游?

其三

江南忆,其次忆吴宫。吴酒一杯春竹叶,吴娃双舞醉芙蓉。早晚复相逢!

**【赏析】** 此词每首才27字,精短无比,却表现了极丰富和极深厚的情感,可谓词短情长。第一首是总写对江南的回忆;第二首和第三首则是分别写对杭州和苏州的忆念、向往。白居易曾任杭州刺史,在杭州待了两年,后来又担任苏州刺史,任期也一年有余。在他的青年时期,曾漫游江南,旅居苏杭,江南的风光、名胜,给他留下了深刻的印象。唐文宗开成三年(838年),即白居易67岁时,写下这组词以怀念秀丽的江南。

### 《望海潮》

宋·柳永

望海潮

东南形胜,三吴都会,钱塘自古繁华。烟柳画桥,风帘翠幕,参差十万人家。云树绕堤沙,怒涛卷霜雪,天堑无涯。市列珠玑,户盈罗绮,竞豪奢。

重湖叠巘清嘉。有三秋桂子,十里荷花。羌管弄晴,菱歌泛夜,嬉嬉钓叟莲娃。千骑拥高牙。乘醉听箫鼓,吟赏烟霞。异日图将好景,归去凤池夸。

**【赏析】** 此词音律协调,情致婉转,是柳永的一首传世佳作,主要描写杭州的富庶与美丽。上片描写杭州的自然风光和都市的繁华,下片写西湖,展现杭州人民和平宁静的生活景象。全词以点带面,明暗交叉,铺叙晓畅,形容得体,一反柳永惯常的风格,以大开大阖、波澜起伏的笔法,以巧妙的联想,典雅华丽的语言,浓墨重彩地描绘了杭州的繁华、钱塘江的壮观和西湖的美景,也抒发了作者对友人的良好祝愿。

### 《念奴娇·赤壁怀古》

宋·苏轼

大江东去,浪淘尽,千古风流人物。故垒西边,人道是,三国周郎赤壁。乱石穿空,惊涛拍岸,卷起千堆雪。江山如画,一时多少豪杰。

遥想公瑾当年,小乔初嫁了,雄姿英发。羽扇纶巾,谈笑间,樯橹灰飞烟灭。故国神游,多情应笑我,早生华发。人生如梦,一尊还酹江月。

**【赏析】** 这首被誉为"千古绝唱"的名作,是豪放词最杰出的代表。写于宋神宗元丰五年(1082年)年七月,是苏轼贬居黄州时游城外赤壁矶时所作。上片重在描写赤壁的景色,下片凭吊三国时青年将领周瑜,进一步感慨身世,言生命短促,表达了词人壮志未酬的郁愤和感慨。

### 《念奴娇·过洞庭》

宋·张孝祥

洞庭青草,近中秋、更无一点风色。玉界琼田三万顷,着我扁舟一叶。素月分辉,明河共影，表里俱澄澈。悠然心会，妙处难与君说。

应念岭海经年，孤光自照，肝胆皆冰雪。短发萧骚襟袖冷，稳泛沧溟空阔。尽挹西江，细斟北斗，万象为宾客。扣舷独啸，不知今夕何夕。

**【赏析】** 这首词上片写洞庭湖的湖光山色，月夜皎洁宁静，湖面壮阔浩渺，月湖相映生辉，突出景色的澄澈。下片着重抒情，表达作者胸怀坦荡，虽仕途失意而内心圣洁。全词在情与景的交融上颇有特色，天光与水色，物境与心境、昨日与今夕和谐融合。

**《菩萨蛮·书江西造口壁》**

宋·辛弃疾

郁孤台下清江水，中间多少行人泪。西北望长安，可怜无数山。

青山遮不住，毕竟东流去。江晚正愁余，山深闻鹧鸪。

**【赏析】** 这首词为作者任江西提点刑狱，驻节赣州、途经造口时所作。上片寓情于景，写登台远眺时所见，下片以江水为喻，抒写恢复中原的壮志和坚持抗敌的决心，倾吐壮志难酬的悲愤。这首词于写景中交织着个人身世之感、民众疾苦与国家兴衰之戚，表现出强烈的爱国思想。

**《南吕·一枝花·杭州景》**

元·关汉卿

【一枝花】普天下锦绣乡，寰海内风流地。大元朝新附国，亡宋家旧华夷。水秀山奇，一到处堪游戏，这答儿忒富贵。满城中绣幕风帘，一哄地人烟凑集。

【梁州第七】百十里街衢整齐，万余家楼阁参差，并无半答儿闲田地。松轩竹径，药圃花蹊，茶园稻陌，竹坞梅溪。一陀儿一句诗题，一步儿一扇屏帏。西盐场便似一带琼瑶，吴山色千叠翡翠。兀良，望钱塘江万项玻璃。更有清溪绿水，画船儿来往闲游戏。浙江亭紧相对，相对着险岭高峰长怪石，堪羡堪题。

【尾】家家掩映渠流水，楼阁峥嵘出翠微，遥望西湖暮山势。看了这壁，觑了那壁，纵有丹青下不得笔。

**【赏析】** “一枝花”是曲牌名，“杭州景”本套曲题意。这套散曲发挥了适于铺叙的特点，生动地描绘了杭州的山川风物，表达了对杭州的秀丽风光和繁华生活的由衷赞美。

## 三、旅游散文

旅游散文是指旅游文学中除诗、词、曲以外的写景并在写景基础上抒情、言志的文学作品。旅游散文是旅游文学的一个大类，在旅游文学中占有越来越重要的位置。

### 1. 旅游散文的类型及审美功能

(1)以写景为主的散文

这类作品主要是通过自然风光的描写，使读者开阔视野，增长知识，获得审美的愉悦。作品的功能主要是审美、娱乐和消闲。这类旅游散文所描写的对象，一般是新鲜奇异的，或者是作者独特发现的自然风光；或从新颖独特的角度出发，如唐代柳宗元的《永州八记》、宋代欧阳修的《醉翁亭记》等游记名篇。

(2)写景抒情明理的散文

这类散文,描绘自然风光的同时,抒写作者的人生感悟,揭示某种生活哲理。可以使读者在欣赏自然美的同时,又能获得思想的启迪。我国古代的记游散文中如宋代王安石的《游褒禅山记》、苏轼的《石钟山记》即是这类旅游散文的典范。

(3)时代散文

这类旅游散文在记叙作者的行程游踪、描写自然风物的同时,力图展现出时代风貌,折射出时代精神,反映人民群众的愿望,或者揭示某些社会问题,同时融入作者的生命体验,袒露作者的内心世界,以引起人们的注意,如著名散文作家杨朔的旅游散文最大的特征,就是艺术地和诗意地讴歌当时社会新生活和具有美好品德的人物及新事物,讴歌劳动、创造、贡献、和平和祖国,如《荔枝蜜》。

(4)旅游文化散文

这类作品以某处自然景观或人文景观为载体,偏重于历史知识和文化知识的描述介绍。如当代散文作家余秋雨的旅游散文蕴含着深厚而沉重的现实历史积淀,一处处人文景观便成了历史的浓缩,再由历史显现出文化,作者以独特视角,独到的表现方式以及深沉思考体现出强烈的人生感、民族感和历史沧桑感。

### 2. 旅游散文名篇选读

#### 《与朱元思书》

南朝梁·吴均

风烟俱净,天山共色;从流飘荡,任意东西。自富阳至桐庐一百许里,奇山异水,天下独绝。水皆缥碧,千丈见底。游鱼细石,直视无碍。急流甚箭,猛浪若奔。夹岸高山,皆生寒树。负势竞上,互相轩邈,争高直指,千百成峰。泉水激石,泠泠作响。好鸟相鸣,嘤嘤成韵。蝉则千转不穷,猿则百叫无绝。鸢飞戾天者,望峰息心;经纶世务者,窥谷忘反。横柯上蔽,在昼犹昏;疏条交映,有时见日。

**【赏析】** 本篇以书信短札的形式,描写了从浙江富阳至桐庐一百里许秀丽的山水景物,天色明净,山奇水异林茂,所闻清新悦耳,抒发内心厌倦仕途、意欲归隐的感慨。文体骈散相间,错落有致,笔致清新隽永,历历如绘。此文仅用了140余字,就将一幅生动逼真的山水画卷展现在读者眼前,是六朝山水小品中的佳作。

#### 《秋日登洪府滕王阁饯别序》(节选)

唐·王勃

时维九月,序属三秋。潦水尽而寒潭清,烟光凝而暮山紫。俨骖騑于上路,访风景于崇阿。临帝子之长洲,得天人之旧馆。层峦耸翠,上出重霄;飞阁流丹,下临无地。鹤汀凫渚,穷岛屿之萦回;桂殿兰宫,即冈峦之体势。披绣闼,俯雕甍:山原旷其盈视,川泽纡其骇瞩。闾阎扑地,钟鸣鼎食之家;舸舰迷津,青雀黄龙之轴。云销雨霁,彩彻区明。落霞与孤鹜齐飞,秋水共长天一色。渔舟唱晚,响穷彭蠡之滨;雁阵惊寒,声断衡阳之浦。

**【赏析】** 本文又名《滕王阁序》,一名《滕王阁诗序》,是"初唐四杰"之一王勃的千古绝唱。滕王阁在今江西省南昌市赣江滨。唐始建,后阎伯屿为洪州牧,宴群僚于阁上,王勃省父过此,即席而作。全文共分四段,这里节选的是第2段。第1段历叙洪都雄伟的地势、珍异的物产、杰出的人才以及尊贵的宾客;第2段展示的是一幅流光溢彩的滕王阁秋景图,写出了滕王阁壮美、秀丽的景色;第3段由对宴会的描写转而引出人生的感慨;最后一段自述遭际,表示当此临别之际,既遇知音,自当赋诗作文,以此留念。全文层次井然,脉络清晰,铺陈华丽,浓墨重彩,令人惊艳。

### 《三游洞序》(节选)

唐·白居易

……酒酣,闻石间泉声,因舍棹进,策步入缺岸。初见石,如叠如削,其怪者,如引臂、如垂幢。次见泉,如泻如洒;其奇者如悬练,如不绝线。遂相与维舟岩下,率仆夫芟芜刈翳,梯危縋滑,休而复上者凡四五焉。仰睇俯察,绝无人迹;但水石相搏、磷磷凿凿,跳珠溅玉,惊动耳目。自未讫戌,爱不能去。俄而峡山昏黑,云破月出,光气含吐,互相明灭,晶莹玲珑,象生其中。虽有敏口,不能名状。……乃命予序而纪之。又以吾三人始游,故目为"三游洞"。洞在峡州上二十里北峰下,两崖相廞间,欲将来好事者知,故备书其事。

**【赏析】** 三游洞在今湖北宜昌西北,西陵峡口,长江北岸。这是一篇诗序,也是一篇游记。记述了白居易兄弟和元稹三人在宦途相会离别之际发现并游览了这个"三游洞"。层次清楚,语言简洁,描写生动。文章主旨虽在记事抒怀,但侧重于叙游。作者不是静止地描写景物,而是结合他们发现三游洞的经过,记叙他们一边循声探索,一边观察欣赏,叙事有序,写景活泼,读来情趣盎然,如临其境。

### 《醉翁亭记》(节选)

宋·欧阳修

环滁皆山也。其西南诸峰,林壑尤美。望之蔚然而深秀者,琅琊也。山行六七里,渐闻水声潺潺而泻出于两峰之间者,酿泉也。峰回路转,有亭翼然临于泉上者,醉翁亭也。作亭者谁?山之僧智仙也。名之者谁?太守自谓也。太守与客来饮于此,饮少辄醉,而年又最高,故自号曰醉翁也。醉翁之意不在酒,在乎山水之间也。山水之乐,得之心而寓之酒也。

若夫日出而林霏开,云归而岩穴暝,晦明变化者,山间之朝暮也。野芳发而幽香,佳木秀而繁阴,风霜高洁,水落而石出者,山间之四时也。朝而往,暮而归,四时之景不同,而乐亦无穷也。

**【赏析】** 醉翁亭位于安徽滁州琅琊山麓,是安徽省著名古迹之一。庆历五年(1045年),欧阳修贬知滁州。琅琊寺住持智仙和尚在山麓建造了一座小亭,欧阳修亲为作记,这就是有名的《醉翁亭记》。本文格调清丽,富有诗情画意。这篇散文写了两部分内容:第一部分重点是写亭,描写醉翁亭周围早晚、四时秀丽的自然风光;第二部分重点是写游,而贯穿全篇的却是一个"乐"字。抒发了作者与民同乐的政治思想和寄情山水以排遣遭受打击的复杂感情。它不仅是一首千古传诵的游记,也是一篇具有积极思想意义的散文,具有很高的艺术性和思想性。

### 《龙井题名记》

宋·秦观

元丰二年,中秋后一日,余自吴兴来杭,东还会稽。龙井有辩才大师,以书邀余入山。比出郭,日已夕。航湖至普宁,遇道人参寥,问龙井所遣篮舆,则曰:"以不时至,去矣。"

是夕，天宇开霁，林间月明，可数毫发。遂弃舟，从参寥杖策并湖而行。出雷峰，度南屏，濯足于惠因涧，入灵石坞，得支径上风篁岭，憩于龙井亭。酌泉，据石而饮之。

自普宁凡经佛寺十五，皆寂不闻人声。道旁庐舍，灯火显隐，草木深郁，流水激激悲鸣，殆非人间之境。行二鼓，始至寿圣院，谒辩才于朝音堂，明日乃还。

**【赏析】** 龙井在今浙江省杭州市西风篁岭上。本文犹如一幅月夜郊游图，以入山访友为线索，具体记述了出郭、渡湖、穿林、登山的行踪，以清新简洁的笔墨，细致描绘了西湖山林的景物，勾勒出月朗、夜深、林幽、人静的意境，而灯火的显隐、流水的悲鸣更增添了月夜的静谧清幽气氛。

**《记雪月之观》(节选)**

明·沈周

丁未之岁，冬暖无雪。戊申正月之三日始作，五日始霁。风寒冱而不消，至十日犹故在也，是夜月出，月与雪争烂，坐纸窗下，觉明彻异常。遂添衣起，登溪西小楼。楼临水，下皆虚澄，又四囿于雪，若涂银，若泼汞，腾光照人，骨肉相莹。月映清波间，树影滉弄，又若镜中见疏发，离离然可爱。寒浃肌肤，清入肺腑，因凭栏楯上。……

**【赏析】** 沈周是明代著名书画家、文学家。本文作于明孝宗弘治元年(1488 年)。作者以画家之睿眼，诗家之慧心，生动地再现了月光照耀下的雪景，逐一描绘登楼四望所见之清秀景致；又在绘景之余宕开一笔，抒发自我遄飞之逸兴，景中融情，情由境生，自然熨帖。

## 四、旅游楹联

楹指堂屋前部的柱子，楹联就是指挂在或贴在柱子上的对联，泛指对联。楹联最主要的特点是讲求平仄和对仗。其内容生动鲜明，格调优美，雅俗共赏，被广泛用于写景、抒情、言志、记史、讽咏、慨叹等，能给人以知识和美的享受，至今仍为人们所喜爱。在我国各个旅游胜地几乎随处可见悬挂或雕刻在山石上的楹联，不仅对环境起烘托和渲染作用，而且其本身就是一道难得的风景线，成为我国旅游的一大特色。

### 1. 楹联欣赏常识

欣赏旅游胜地的楹联，除了平仄和对仗外，还应具备一些基本常识。

(1)分清上下联

上下联的最后一个字的平仄要求比较严格，上联最后一个字多收仄声，下联最后一个字多收平声，以此可以来区分上下联；还可以按照左右分：以面对楹联为基准，挂在右侧的是上联，挂在左侧的是下联。

(2)学会断句

实地的楹联一般都不会有标点符号，对于一些长联，准确断句比较困难。要句读分明地读出长联，除了从内容上理解外，还应该运用对仗的知识，上下联相互参照，帮助断句。

(3)了解文字、书法常识

楹联与书法艺术紧密相连,欣赏楹联艺术同时也就是欣赏书法艺术。我们既要认识繁体字,又要熟悉异体字、古体字,如“豐”即“丰”,“識”即“识”。同时,还有不少楹联是用甲骨文、钟鼎文和篆体、草体书写的,我们也应该了解这方面的知识。

(4)注意上下款

楹联的上下款内容较丰富,有的是交接时代、作者,有的说明楹联写作的背景;有的用行书注明楹联正文的内容(一般用于甲骨文、钟鼎文一类较难辨认的楹联),关注上下款,有助于理解楹联所表达的内容。

(5)熟悉一定的典故

旅游胜地都有丰富的文化内涵,而楹联中又常常会运用一些相关的典故,所以能理解欣赏楹联的人也往往是知识积淀较深,有一定文化底蕴的人。作为旅游工作者,就要多丰富知识,努力提高文化素养。

(6)了解声律知识

诗词和对联是中国古代重要的文学形式,两千多年来一直薪火相传,至今仍具有强大的生命力。在古代,自私塾的幼童起,就开始这种文学修养的训练,对声调、音律、格律等都有严格的要求。因此,一些声律方面的著作也应运而生,而其中清朝康熙年间车万育所作的《声律启蒙》,则是著名代表作。《声律启蒙》是训练儿童应对,掌握声韵格律的启蒙读物。按韵分编,包罗天文、地理、花木、鸟兽、人物、器物等的虚实应对。从单字对到双字对,三字对、五字对、七字对到十一字对,声韵协调,朗朗上口,从中得到语音、词汇、修辞的训练。从单字到多字的层层属对,读起来,如唱歌般。较之其他全用三言、四言句式更见韵味。这类读物,在启蒙读物中独具一格,经久不衰。

声律启蒙

**2. 旅游胜地楹联选读**

(1)长白山高山亭

千峰拔地,万笏朝天。

长白山主峰白头山多白色浮石和积雪,高山亭在长白县境内的长白山上。寥寥八字,短促响亮,气势不凡。

(2)扬州二十四桥

胜地据淮南,看云影当空,与水平分秋一色;

扁舟过桥下,闻箫声何吹,有风吹到月三更。

上联是写扬州的自然风光:首先点明扬州为淮南胜地,云影当空,与秋水相映,平分秋色;下联是写扬州的社会风情:一叶扁舟穿桥而过,箫声四起,在皎洁的月光下欣赏着这迷人的夜色,不知不觉已近三更。展现了一幅恬淡、优雅的扬州月夜风情图。

(3)五台山塔院寺

静坐常思自己过,闲谈莫论他人非。

塔院寺是五台山五大禅处之一,此联可谓格言联,劝谕众人修身养性。

(4)青海湖日月山石碑

日上山,月上山,山上日月明;

青海湖，水海湖，湖海青水清。

青海湖为我国最大的内陆湖，此联为绞连对，对仗颇为巧妙。

(5)拙政园

拙补心勤，问当年学士联吟，月下花前，留得几人诗酒；

政余多暇，看此日名公雅集，辽东冀北，蔚成一代文章。

拙政园为苏州四大古典名园之一。此为嵌字联，联首点出园名。

(6)飞来峰

飞峰一动不如一静，念佛求人不如求己。

飞来峰在杭州灵隐寺前，此联由峰及人，劝谕自强。

(7)滕王阁

我辈复登临，目极湖山千里而外；

奇文共欣赏，人在水天一色之中。

滕王阁在江西南昌市赣江畔，此联为集句联，上下联的前半句，分别引自唐孟浩然《与诸子登岘首(山)》诗："江山留胜迹，我辈复登临。"以及晋陶渊明《移居》诗："奇文共欣赏，疑义相与析。"下半句则化王勃《滕王阁序》的名句"秋水共长天一色"入联，构思巧妙，对仗工整。

(8)岳阳楼

其一　一楼何奇？杜少陵五言绝唱，范希文两字关情，滕子京百废俱兴，吕纯阳三过必醉：诗耶？儒耶？吏耶？仙耶？前不见古人，使我怆然涕下！

诸君请看，洞庭湖南极潇湘，扬子江北通巫峡，巴陵山西来爽气，岳州城东道崖疆。潴者、流者、峙者、镇者，此中有真意，问谁领会得来？

其二　后乐先忧，范希文庶几知道；昔闻今上，杜少陵可与言诗。

第一联的上联写岳阳楼人文，下联写洞庭湖水势。该联大量引用古代文人杜甫、范仲淹、滕子京、吕洞宾与岳阳楼有关典故，用排比的句式描写岳阳楼四周美景，畅快淋漓，令人叹为观止。第二联上联的"后乐先忧"引自宋代范仲淹《岳阳楼记》"先天下之忧而忧，后天下之乐而乐"，下联的"昔问今上"引自唐代杜甫诗《登岳阳楼》"昔闻洞庭水，今上岳阳楼"。此联巧妙地将唐宋两位文学家的名号及其传世诗文嵌入，为世人所乐道。

(9)岳麓书院

惟楚有才；于斯为胜。

岳麓书院为我国古代四大书院之一，此联极赞书院为培养人才做出的贡献。

(10)昆明大观楼

五百里滇池，奔来眼底。披襟岸帻，喜茫茫空阔无边。看东骧神骏，西翥灵仪，北走蜿蜒，南翔缟素。高人韵士，何妨选胜登临。趁蟹屿螺州，梳裹就风鬟雾鬓；更苹天苇地，点缀些翠羽丹霞。莫辜负四围香稻，万顷晴沙，九夏芙蓉，三春杨柳。

数千年往事，注到心头。把酒凌虚，叹滚滚英雄谁在？想汉习楼船，唐标铁柱，宋挥玉斧，元跨革囊。伟烈丰功，费尽移山心力。尽珠帘画栋，卷不及暮雨朝云；便断碣残碑，都付与苍烟落照。只赢得几杵疏钟，半江渔火，两行秋雁，一枕清霜。

大观楼在云南昆明市小西门外滇池畔，此联是清朝乾隆年间昆明名士孙髯翁登大观楼时有感而作。此联描写景物，陈述史实，反复徘徊，一唱三叹，情景交融，浑然一体。上联写“喜”，尽情享受眼前美景，下联写“叹”，依次陈说历史沿革。

## 五、其他

### 1. 传说轶闻

中国山水名胜中的传说轶闻十分丰富，为旅游地增添更多的神秘和魅力。

首先，笔记小说和广大群众口头创作的结合。汉魏以来，历代笔记、小说中都有山水传说，如南朝宋临川王刘宋刘义庆《世说新语》、南宋洪迈《容斋随笔》等。这些山水传说又与民间传说结合，不断丰富。比如绍兴王羲之的故事很多，其中鹅池的故事就很有名，流传最广的是王羲之为道士写《黄庭经》，道士送给他一笼白鹅，这就是“书成换白鹅”的故事。因绍兴城内确有戒珠寺内的鹅池和城外兰亭的鹅池，并有鹅池碑，相传为王羲之手书，正是因为遗迹中的蛛丝马迹，才使人们对故事深信不疑。

其次，这些山水传说大多是历史真实和艺术真实的结合，大的方面，即历史背景、社会生活环境、人物的主要经历和基本性格特征方面具有一定的真实性和可靠性，而具体的故事情节，以及与中心人物相关的一些人物等则带有很大的虚构成分。如合肥包公祠，其中流传了包公的诸多故事，对于断案的具体过程，就有许多是按照后来人的意愿和想象加工出来的。

再次，山水传说总是褒扬着民族精神。山水传说中无论是历史上的名人，还是普通百姓都注重刻画人物的精神面貌，注重突出人物的高尚品质。例如，山东曲阜孔府、孔庙中孔子诲人不倦、虚怀若谷、善思己过的哲人风采。历代人民口传心授，不断加工丰满，使山水故事具体而形象地弘扬民族最可宝贵的精神。

### 2. 小说

以旅游生活为题材的小说不仅继承了古代旅游诗、游记等对山水景物意境的创造，而且着重于山水意境中人物性格的刻画，塑造个性鲜明的形象。阅读这些小说，不仅能领略到自然美、文物美，而且从这些人物形象身上可以体会到旅游的魅力及巨大作用。旅游小说在质量和数量方面不及旅游诗、词、曲及散文等，但其有强大的生命力，原因在于：

首先，旅游小说比较适合反映旅游生活。相对于旅游诗文，旅游小说不仅可以容纳尽量多的题材内容，而且可以在更大的范围内进行艺术虚构，把真实的旅游资源和人物等作为原型或背景，有更大的创造余地，通过有限的篇幅揭示出更深广的旅游生活内容。旅游小说塑造艺术形象的手法也更为丰富多彩，也就显示出更多的风格特征。

其次，旅游小说比较适应当代多数读者的阅读口味。旅游小说以其有完整的故事情节和鲜明的人物性格吸引不同文化程度的读者；而且旅游小说中的故事和人物更为接近读者（或潜在的，或现实的旅游者），读者能更为直接、具体和多方面地从中吸取感兴趣的东西，来丰富自己、提高自己，并进而选择自己的旅游方式。这就使得小说拥有较诗文更多的读者。

### 3. 影视作品

首先，当前旅游记录影视片十分丰富，不但有自然风光片，还有反映民族风情、民俗民事、风味佳肴、工艺特产、古建筑园林等多种内容的旅游影视片。这些影片形式多样，有导游式的，从导游的视角向观众介绍风景等；游记式的，以游踪为线索，以第一人称记下线路风光和活动；专题式的，集中介绍某一个主题或旅游景点、目的地；等等。

其次，反映旅游工作者和旅游者工作、生活为主要内容的旅游故事影视片，有意识地把旅游观赏和旅游工作纳入写作题材，描写旅游者和旅游工作者的思想感情，充分展示旅游给人们带来的欢乐，揭示旅游在丰富人们精神生活方面所起的巨大作用。

此外，一些热门的影视作品对旅游资源的形成、宣传与开发有着不可低估的作用。如电视剧《琅琊榜》的热播带火了安徽滁州琅琊山，《三生三世十里桃花》在云南文山县的普者黑取景，使这个名不见经传的地方声名大噪。生产影视作品的工厂和拍摄场地也是旅游资源，如北京、南京、上海三地的大观园，江苏无锡的三国城和水浒城、浙江横店影视城，湖北襄阳唐城影视基地等。一些流行的 APP 如抖音小视频更是带火了一大批旅游景点，成为人们热衷的“网红”打卡之地。

## 本章小结

中国旅游文学，经历了山水诗到山水散文再到游记文学的发展历程，逐步发展为一种成熟的文学形式。这是旅游带给文学的深刻历史影响。反过来，旅游文学通过对旅游景观的文化渲染和宣传包装，造就、提升景观的文化品位和观赏价值，从而对旅游活动产生积极引导作用。这是文学带给旅游的现实价值。综上所述，旅游文学与旅游活动密不可分，相辅相成。本章阐述了中国旅游文学的概念、分类和功能，分析了中国旅游文学的发展历程，分别介绍了各时期的代表作品并进行赏析，对旅游文学做了较为全面的论述。

本章的重点：①掌握中国旅游文学的类别、审美特征；②了解中国旅游文学的基本概况、内涵及其功能；③学会赏析旅游文学作品。

本章的难点：②理解旅游文学的基本概念、内涵和功能；②认识旅游文学对旅游业发展和旅游从业人员的重要性。

## 思考题

实训

1. 简述旅游文学的分类和功能。
2. 简述旅游文学的发展史。
3. 旅游诗歌的发展阶段和代表名作有哪些？
4. 如何欣赏旅游楹联？

# 第三章

# 中国建筑文化

**学习目标**

**知识目标**

●了解中国古建筑的发展历程及不同时期的特点。

●掌握中国古代建筑的审美特征。

●掌握中国古代建筑单体结构的组成、类型和装饰艺术。

●掌握长城、宫殿、坛庙、陵墓等建筑的文化内涵。

●理解中西传统建筑文化的差异。

**能力目标**

●能应用建筑文化知识,理解和解释各主要建筑形式的特点、功能及其旅游价值。

●能够运用中国古建的相关知识和理论对中国古代建筑进行审美鉴赏。

●能够运用相关知识进行实践讲解和一定程度的资源开发工作。

建筑是人类文化的重要组成部分,一座有代表性的建筑往往集中了当时的文化、制度和艺术的精华。中国古代建筑在某种程度上说就是古代一定社会历史的缩影。中国古代建筑历史悠久,种类繁多,经过历代劳动人民和匠师们的不断积累和创新,形成了独具民族特色的建筑风格。

## 第一节 中国古代建筑发展简史

建筑的发展,实际上是一种文化的发展。我国著名的建筑史学前辈梁思成先生在他的《我国伟大的传统与遗产》一文中,这样热情洋溢地赞美道:“历史上每一个民族的文化都产生了它自己的建筑,随着这文化而兴盛衰亡。世界上现存的文化中,除去我们的邻邦印度的文化可算是约略同时诞生的弟兄外,中华民族的文化是最古老、最长寿的。我们的建筑也同样是最古老、最长寿的。在历史上,其他与中华文化约略同时,或先或后形成的文化,如古埃及、巴比伦,稍后一点的古波斯、古希腊及更晚的古罗马都已成为历史陈迹。而我们的中华文化则血脉相承,蓬勃地滋长发展,四千余年,一气呵成”。

中国是一个土地辽阔、人口众多的国家，也是一个由多民族所组成，具有悠久的历史而又富于革命传统的伟大国家。中国建筑由于古代各族劳动人民在广阔的国土上，在极其悬殊的自然条件下，使用木构件与砖、石等材料相结合的结构方法，建造了大量的房屋，积累了丰富的实践经验，逐步形成独特的建筑体系。

综观历史，各个不同的时期表现出各自的特点。

## 一、原始住居与建筑雏形的形成

早在50万年前的旧石器时代，中国原始人就已经知道利用天然的洞穴作为栖身之所，北京、辽宁、贵州、广东、湖北、浙江等地均发现有原始人居住过的崖洞。到了新石器时代，黄河中游的氏族部落，利用黄土层为墙壁，用木构架、草泥建造半穴居住所，进而发展为地面上的建筑，并形成聚落。长江流域，因潮湿多雨，常有水患兽害，因而发展为干栏式建筑。对此，古代文献中也多有"构木为巢，以避群害""上者为巢，下者营窟"的记载。据考古发掘，约在距今六七千年前，中国古代人已知使用榫卯构筑木架房屋（如浙江余姚河姆渡遗址），黄河流域也发现有不少原始聚落（如西安半坡遗址、临潼姜寨遗址）。这些聚落，居住区、墓葬区、制陶场，分区明确，布局有致。木构架的形制已经出现，房屋平面形式也因造做与功用不同而有圆形、方形、吕字形等。这是中国古建筑的草创阶段。

公元前21世纪夏朝建立，标志着原始社会结束，经过夏、商、周三代，而春秋、战国，在中国的大地上先后营建了许多都邑，夯土技术已广泛使用于筑墙造台。如河南洛阳偃师二里头早商都城遗址，有长、宽均为百米的夯土台，台上建有八开间的殿堂，周围以廊。此时木构技术较之原始社会已有很大提高，已有斧、刀、锯、凿、钻、铲等加工木构件的专用工具。木构架和夯土技术均已经形成，并取得了一定的进步。西周兴建了丰京、镐京和洛阳的王城、成周；春秋、战国的各诸侯国均各自营造了以宫室为中心的都城。这些都城均为夯土版筑，墙外周以城濠，辟有高大的城门。宫殿布置在城内，建在夯土台之上，木构架已成为主要的结构方式，屋顶已开始使用陶瓦，而且木构架上饰用彩绘。这标志着中国古代建筑已经具备了雏形，不论夯土技术、木构技术还是建筑的立面造型、平面布局，以及建筑材料的制造与运用，色彩、装饰的使用，都达到了雏形阶段。这是中国古代建筑以后历代发展的基础。

## 二、中国古代建筑发展史上的第一个高潮

公元前221年，秦始皇吞并六国之后，建立起中央集权的大秦帝国，并且动用全国的人力、物力在咸阳修筑都城、宫殿、陵墓。今人从阿房宫遗址和秦始皇陵东侧大规模的兵马俑列队埋坑，可以想见当时建筑之宏大雄伟。此外，又修筑通达全国的驰道，筑长城以防匈奴南下，凿灵渠以通水运。这些巨大工程，动辄调用民力几十万，几乎都是同时并进，秦帝国终以奢欲过甚，穷用民力，二世而亡。

汉代继秦，经过约半个多世纪的休养生息之后，又进入大规模营造建筑时期。汉武帝刘彻先后五次大规模修筑长城，开拓通往西亚的丝绸之路；又兴建长安城内的桂宫、光

明宫和西南郊的建章宫、上林苑。西汉末年还在长安南郊建造明堂、辟雍。东汉光武帝刘秀依东周都城故址营建了洛阳城及其宫殿。

总之,秦、汉四百多年间,由于国家统一,国力富强,中国古建筑在自己的历史上出现了第一次发展高潮。其结构主体的木构架已趋于成熟,重要建筑物上普遍使用斗栱。屋顶形式多样化,庑殿、歇山、悬山、攒尖均已出现,有的被广泛采用。制砖及砖石结构和拱券结构也有了新的发展。

## 三、传统建筑持续发展和佛教建筑传入

北朝营建了都城洛阳,南朝营建了建康城。这些都城、宫殿均系在前代基础上持续营造,规模气势远逊于秦、汉。

在建筑材料方面,砖瓦的产量和质量有所提高,金属材料被用作装饰。在技术方面,大量木塔的建造,显示了木结构技术的提高;砖结构被大规模地应用到地面建筑;河南登封嵩岳寺塔的建造标志着石结构技术的巨大进步;石工的雕琢技术也达到了很高的水平。

东汉时传入中国的佛教此时发展起来,南北政权广建佛寺,一时间佛教寺塔盛行。据记载,北魏建有佛寺三万多所,仅洛阳就建有一千多所。南朝都城建康也建有佛寺五百多所。在不少地区还开凿石窟寺,雕造佛像。重要石窟寺有大同云冈石窟、敦煌莫高窟、天水麦积山石窟、洛阳龙门石窟、太原天龙山石窟、峰峰南响堂山和北响堂山石窟等。这就使这一时期的中国建筑,融进了许多传自印度(天竺)、西亚的建筑形制与风格。

## 四、中国古代建筑发展史上的第二个高潮

隋、唐时期的建筑,既继承了前代成就,又融合了外来影响,形成一个独立而完整的建筑体系,把中国古代建筑推到了成熟阶段,并远播影响于朝鲜、日本。

隋朝建造了规划严整的大兴城,开凿了南北大运河,修建了世界上现存最早的敞肩券大石桥——安济桥。唐朝的城市布局和建筑风格规模宏大,气魄雄浑。其长安城在隋大兴城的基础上继续经营,成为当时世界上最大的城市。

在建筑材料方面,砖的应用逐步增多,砖墓、砖塔的数量增加;琉璃的烧制比南北朝进步,使用范围也更为广泛。在建筑技术方面,也取得很大进展,木构架的做法已经相当正确地运用了材料性能,出现了以"材"为木构架设计的标准,从而使构件的比例形式逐步趋向定型化,并出现了专门掌握绳墨绘制图样和施工的都料匠。建筑与雕刻装饰进一步融化、提高,创造出了统一和谐的风格。唐朝的住宅,根据主人不同的等级,其门厅的大小、间数、架数以及装饰、色彩等都有严格的规定,体现了中国封建社会严格的等级制度。这一时期遗存下来的殿堂、陵墓、石窟、塔、桥及城市宫殿的遗址,无论布局或造型都具有较高的艺术和技术水平,雕塑和壁画尤为精美,是中国封建社会前期建筑的高峰。我国现存最早的木结构建筑的实物仅有唐代的五台山南禅寺和佛光寺部分建筑。其建筑特点是:单体建筑的屋顶坡度平缓,出檐深远,斗拱比例较大,柱子较粗壮,多用板门和

直棂窗，风格庄重朴实。

## 五、宋、辽、金时期建筑的发展

从晚唐开始，中国又进入三百多年分裂战乱时期，先是梁、唐、晋、汉、周五个朝代的更替和十个地方政权的割据，接着又是宋与辽、金南北对峙，因而中国社会经济遭到巨大的破坏，建筑也从唐代的高峰上跌落下来，再没有长安那么大规模的都城与宫殿了。由于商业、手工业的发展，城市布局、建筑技术与艺术，都有不少提高与突破。譬如城市渐由前代的里坊制演变为临街设店、按行成街的布局。在建筑技术方面，前期辽代较多地继承了唐代的特点，而后期的金代，建筑上则继承辽、宋两朝的特点而有所发展。在建筑艺术方面，自北宋起，就一变唐代宏大雄浑的气势，而向细腻、纤巧方面发展，建筑装饰也更加讲究。宋朝建筑的规模一般比唐朝小，但比唐朝建筑更为秀丽、绚烂而富于变化，出现了各种复杂形式的殿阁楼台。建筑装饰绚丽而多彩。流行仿木构建筑形式的砖石塔和墓葬，创造了很多华丽精美的作品。建筑构件的标准化在唐代的基础上不断发展，各工种的操作方法和工料的估算都有了较严格的规定，并且出现了总结这些经验的建筑文献《营造法式》。

北宋崇宁二年(1103 年)，朝廷颁布并刊行了由李诫编纂的《营造法式》，目的是加强对宫殿、寺庙、官署、府第等官式建筑的管理。这是一部有关建筑设计和施工的规范书，是一部完善的建筑技术专书。书中总结历代以来建筑技术的经验，制定了“以材为祖”的建筑模数制；对建筑的功限、料例做了严密的限定，以作为编制预算和施工组织的准绳。这部书的颁行，反映出中国古代建筑到了宋代，在工程技术与施工管理方面已达到了一个新的历史水平。

现存宋代的建筑有山西太原晋祠圣母殿、福建泉州清净寺、河北正定隆兴寺和浙江宁波保国寺等。其建筑特征是，屋顶的坡度增大，出檐不如前代深远，重要建筑门窗多采用菱花隔扇，建筑风格渐趋柔和。

## 六、中国古代建筑发展史上的最后一个发展高潮

元、明、清三朝统治中国达六百多年，其间除了元末、明末短时割据战乱外，大体上保持着中国统一的局面。由于中国古代社会的发展已届尾声，社会经济、文化发展缓慢，因此建筑的历史也只能是最后的发展高潮了。

元大都按照汉族传统都城的布局建造，是自唐长安城以来又一个规模巨大、规划完整的都城。元代城市进一步发展了各行各业的作坊、店铺和戏台、酒楼等娱乐性建筑。从西藏到大都建造了很多藏传佛教寺院和塔，大都、新疆、云南及东南地区的一些城市陆续兴建伊斯兰教礼拜寺。藏传佛教和伊斯兰教的建筑艺术逐步影响到全国各地。中亚各族的工匠也为工艺美术带来了许多外来因素，使汉族工匠在宋、金传统上创造的宫殿、寺、塔和雕塑等表现出若干新的趋势。现存元代建筑有山西芮城永乐宫、洪洞广胜寺、开封延庆观的玉皇阁等。使用辽代所创的“减柱法”已成为大小建筑的共同特点，梁架结构

又有了新的创造，许多大构件多用自然弯材稍加砍削而成，形成当时建筑结构的主要特征。

明朝由于制砖手工业的发展，砖的生产大量增长，明代大部分城墙和一部分规模巨大的长城都用砖包砌，地方建筑也大量使用砖瓦。琉璃瓦的生产，无论数量或质量都超过过去任何朝代。官式建筑已经高度标准化、定型化。

清朝于1723年颁布了《工部工程做法则例》，统一了官式建筑的模数和用料标准，简化了构造方法。民间建筑的类型与数量增多，质量也有所提高。各民族的建筑也有了发展，地方特色更加显著。皇家和私人园林在传统基础上有了很大的发展，在明末出现了一部总结造园经验的著作——《园冶》，并留下了许多优秀作品。北京明清故宫和沈阳清故宫是明清宫殿建筑群的实例，与前代相比变化较大：明清建筑出檐较浅，斗拱比例缩小，“减柱法”除小型建筑外，重要建筑中已不采用。

## 第二节　中国古代建筑的审美特征

中国古代建筑在世界建筑中自成体系，形成了固有的艺术风格与构造特征，包括完整的木架构体系，三段式的外观特征，群体组合的配置形式，均衡对称的布局原则，美丽动人的构件造型，装饰色彩与等级的紧密结合等。

中国古建筑具有很高的审美价值，它给人的美感，或雄伟、宏大，或浑厚、质朴，或挺拔刚健，或雍容华贵，或柔和纤秀，或端庄大方。这些形式美主要表现在序列组合、空间布局、比例尺度、造型式样、色彩装饰等方面，这些形式美的因素决定了中国古建筑的审美特征。此外，对于我国古建筑的欣赏，还取决于欣赏者的文化素养、审美修养及民族的审美习惯等。一般来讲，对我国古建筑的审美与欣赏，可以从以下几个方面去认识和把握。

### 一、以木材、砖瓦为主要建筑材料，拥有完整的木构架系统

中国古代建筑从原始社会起，一脉相承，以木构架为其主要结构方式，并创造与这种结构相适应的各种平面和外观，形成了一种独特的风格。此结构方式，由立柱、横梁、顺檩等主要构件建造而成，各个构件之间的结点以榫卯相吻合，构成富有弹性的框架，主要有抬梁、穿斗、井干三种不同的结构方式。

(1)抬梁式木构架至迟在春秋时代已初步完备，后来经过不断提高，产生一套完整的比例和做法。这种木构架是沿着房屋的进深方向在石基上立柱，柱上架梁，再在梁上重叠数层瓜柱和梁，自下而上，逐层缩短，至最上层梁上立脊瓜柱，构成一组木构架。抬梁式建筑使用范围较广，在三种类型中居于首要地位。中国古代建筑中的宫殿、坛庙、寺院等大型建筑物中常采用这种结构方式。

(2)穿斗式木构架是沿着房屋进深方向立柱，但柱的间距较密，柱直接承受檩的重量，不用架空的抬梁，而以数层“穿”贯通各柱，组成一组组的构架，也就是用较小的柱与数木拼合的穿，做成相当大的构架。用料经济，施工简易，是它的主要特点，这种木构架

至迟在汉朝已经相当成熟，流传到现在，为中国南方诸省所普遍采用，但也有在房屋两端的山面用穿斗式而中央诸间用抬梁式的混合结构法。

(3)井干式是用木材交叉堆叠而成的，因其所围成的空间似井而得名。这种结构比较原始简单，现在除少数森林地区外已很少使用。

除上述三种结构形式以外，西藏、新疆等地区还使用密梁平顶、承重墙结构，因此，当地建造楼房已有悠久的技术传统。木构架结构有很多优点：

第一，承重与围护结构分工明确，屋顶重量由木构架来承担，外墙起遮挡阳光、隔热防寒的作用，内墙起分割室内空间的作用。由于墙壁不承重，这种结构赋予建筑物以极大的灵活性。

第二，有利于防震、抗震，木构架结构很类似今天的框架结构，由于木材具有的特性，而构架的结构所用斗拱和榫卯又都有若干伸缩余地，因此在一定限度内可减少由地震对这种构架所引起的危害。"墙倒屋不塌"形象地表达了这种结构的特点。

第三，适应中国不同地区的气候条件。无论抬梁式或穿斗式木构架的房屋，只要在房屋高度、墙壁与屋面的材料和厚薄、窗的位置和大小等方面加以变化，就能广泛地适应各地区寒暖不同的气候。

第四，取材方便。在古代中国大部分地区内，木料比砖石更容易就地取材，而且加工比较容易，可迅速而经济地解决材料供应问题，因此，木结构不但广泛用于一般房屋建筑，还用于各种梁式、悬臂式和拱式桥梁。

## 二、平面布局具有一种简明的组织规律

总体组织原则是以"间"为单位构成单座建筑，再以单座建筑组成庭院，进而以庭院为单元，组成各种形式的组群。就单体建筑而言，以长方形平面最为普遍。重要建筑大都采用均衡对称的方式，以庭院为单元，沿着纵轴线与横轴线进行设计，借助于建筑群体的有机组合和烘托，使主体建筑显得格外宏伟壮丽。民居及风景园林则采用了"因天时，就地利"的灵活布局方式。

凡有地理条件的，主要建筑物一般都是沿着中轴线布局，使建筑物组成有层次、有深度的空间，追求布局的纵深效果和含蓄美（这一点与西方有很大的不同，西方古建筑的布局具有独体性，着重追求立面与个体的艺术风格，主体建筑物较集中，一目了然，而中国古建筑只能一点一点地细细观看），中轴线两侧的建筑物保持严格对称和均衡，显示出整齐和对称的美（如宫殿、寺院、庭院建筑等），这种依附地面以主要建筑为中心的向四面扩散，中轴对称式的群体布局，与我国古代封建思想意识中的皇权观念、儒家伦理、宗法礼教、以土为本等传统文化有关（"普天之下，莫非王土"，所以君王的建筑居于中央；而儒家"君君臣臣父父子子"的社会伦理观，也使中华礼教在主次、内外方面甚为讲究，比如四合院中享有绝对权利的长辈居中，晚辈只能分居两侧）。中国建筑布局在整体上是内向的、收敛的、封闭的（如四合院、皇宫、围合的城墙、长城等），追求内在的含蓄和私密性；西方建筑布局在整体上是外向的、放射的、开放的，追求外在的进取和民主性。可见东西方的建筑和各自的民族性格基本上是统一的。

建筑之所以被称为“凝固的音乐”，除了形容建筑和音乐一样有明显的节奏、韵律以外，也说明完美的建筑序列(群体组合)有如一曲完美的乐章，有主有从，有始有终，有和谐的旋律，中国古建筑可谓典范。中国古建筑的美，不仅在于单体的造型比例，而且在于群体的序列组合；不仅在于布局的雕琢趣味，而且在于整体的神韵气度；不仅在于突兀惊异，而且在于节奏明晰；不仅在于可看，而且更在于可游。我们在游览群体建筑时(如北京故宫、曲阜孔府孔庙等)，首先要强化自己的空间概念，从群体组合或布局特征上去体味美感。

#### 1. 单座建筑的柱网布置

单座建筑的平面布置，在很大程度上取决于使用者的政治地位、经济状况和功能方面的要求，从而殿堂、厅堂、亭榭、与一般房屋的柱网有很大的区别。单座建筑的平面布置，殿堂比较严谨，殿堂与厅堂的混合体较为灵活自由，厅堂以至于一般房屋则变化更多。

#### 2. 庭院与组群的布局原则

中国古代建筑的庭院与组群的布局原则，由于受阶级社会制度及其意识形态所支配，大都采用均衡对称的方式，沿着纵轴线与横轴线进行设计，其中多数以纵轴线为主，横轴线为辅，但也有纵横二轴线都是主要，以及一部分有轴线或完全没有轴线的例子。

三合院与四合院的布局方式。一般庭院布局大体可分为两种，一种在纵轴线上先安置主要建筑，再在院子的左右两侧，依着横轴线以两座体形较小的次要建筑相对峙，构成三合院；或在主要建筑的对面，再建一座次要建筑，构成正方形或长方形的庭院，称为四合院。四合院的四角通常用走廊，围墙等将四座建筑连接起来，成为封闭性较强的整体。这种布局方式在中国古代社会的宗法和礼教制度下，便于安排家庭成员的住所，使尊卑、长幼、男女、主仆之间有明显的区别；同时，也为了保证安全、防风、防沙，或在庭院内种植花木，造成安静舒适的生活环境。

多样化的群体组合形式。汉代以来有很多建筑在纵横二轴线上都采取对称方式的组群。它和四合院建筑相反，以体形巨大的建筑为中心，周围以庭院环绕，再外用矮小的附属建筑、走廊或围墙构成方形或圆形外廓。此外，对于不位于同一轴线上的组群，往往以弯曲的道路、走廊、桥梁作为联系的工具。

### 三、造型优美

中国古代建筑的艺术处理，经历代劳动人民长期努力和经验的累积，创造了丰富多彩的艺术形象。尤以屋顶造型最为突出，主要有庑殿、歇山、悬山、硬山、攒尖、卷棚等形式。庑殿顶、歇山顶都是大屋顶，显得稳重协调。屋顶中直线和曲线巧妙地组合，形成向上微翘的飞檐，不但扩大了采光面、有利于排泄雨水，而且增添了建筑物灵动轻快的美感。

### 1. 单座建筑的艺术处理

单座建筑从整个形体到各部分构件，利用木构架的组合、各构件的形状及材料本身的质感等进行艺术加工，达到建筑的功能、结构和艺术的统一，是中国古代建筑的卓越成就之一。房屋下部的台基除发挥它本身的结构功能以外，又与柱的侧脚、墙的收分等相配合，增加房屋外观的稳定感。各间面阔采取明间略大的方式，既满足了功能需要，又使外观收到主次分明的艺术效果。殿堂与厅堂中，梁架、斗拱、攀间等也都以其结构与装饰的双重作用，成为室内艺术形式的重要组成部分。

### 2. 组群建筑的艺术处理

中国古代建筑的基本布局形式是若干单个建筑物的群体组合。通常，一座住宅、一座庙宇或一座宫殿，指的都是整组建筑群。古代最早的建筑仅是简单的单座房屋，以后随着功能要求和经济技术水平的提高，各种用途需要的空间已不能由单座房屋来满足，而需要扩大建筑物的平面和空间。但木结构建筑扩大平面和空间的主要方法是加大构架尺度、增加梁架数目、增加层数，而这些都受到材料、结构技术和使用要求的限制，因此，自然地发展了单个建筑物的群体组合的形式。

中国古代建筑群体的平面布局，除了受地形条件的限制以外，一般都具有一些共同的规律性，即当建筑的规模需要扩大时，往往采取纵向扩展、横向扩展或纵横双方都扩展的方式以重重院落相套而构成各种组群建筑。中国古代大组群的建筑形象，恰如一幅中国的手卷画，只有自外而内，从逐渐展开的空间变化中，才能了解它的全貌与高潮所在。

## 四、装饰丰富多彩

使用色彩是中国古代建筑装饰最突出的特点之一，但由于民族和地区的不同，也有若干差别，它的卓越成就是建筑的艺术要求与保护木材相结合而发展形成的。就宫殿建筑而言，从春秋时代起，主要使用强烈的原色，经过长期的发展，在鲜明的色彩对比与调和方面，创造了不少优秀手法。南北朝至隋唐期间，宫殿、庙宇、府第多用白墙、红柱，或柱、枋、斗拱绘有华丽的彩画，屋顶覆以灰瓦、黑瓦及少数琉璃瓦，而脊与瓦往往采用不同颜色，屋顶以“剪边”为主。宋、金宫殿逐步使用白石台基，红色的墙，柱、门、窗及黄绿各色的琉璃屋顶，而在檐下用金碧交辉的彩画，加强了阴影部分的对比，创造出一种富丽堂皇和绚烂夺目的艺术效果。这种方法在元朝基本形成，到明朝成为制度化。

在古代封建社会中，由于封建等级制度，色彩的使用也有着严格的限制。因此，只有宫殿、坛庙和府第建筑才能施用这种金碧辉煌的色彩。而一般民居住宅因受等级制度及经济条件所限，多用白墙、灰瓦和栗、黑、墨绿等色的梁、柱装修，形成秀丽雅淡的格调，与居住环境所要求的气氛相协调，在色调的处理上取得了很好的艺术效果。

彩绘具有装饰、标志、保护、象征等多方面的作用。明清的梁枋彩画最为瞩目，清代梁枋彩画可分为三类，即和玺彩画、旋子彩画和苏式彩画。

雕饰是中国古建筑艺术的重要组成部分，包括墙壁上的砖雕、台基石栏杆上的石雕、金银钢铁等建筑饰物。雕饰的题材内容十分丰富,有动植物花纹、人物形象、戏剧场面及历史传说故事等。此外,中国古代建筑特别注意跟周围自然环境的协调。

## 五、艺术性与功能性、技术性密切结合

我国古建筑具有艺术性与功能性、技术性密切结合的审美特征,若能在观赏中体味出它们之间的关系,将得到无穷的妙趣。如台基既是木构件防水、防腐的需要,又使整座建筑显出稳定和统一形象特征;柱子既是主要传力构件,又是划分开间的标志,有时还施以精美的雕刻;大屋顶之所以有较大的出檐,是为了保护周边的木构件及墙面,但出檐大了,净空就低,室内的光线就暗,于是就设计了一种屋面檐口部分向上反翘、使阳光易射入、空气易流通的反曲屋面(地域上南长北短);油漆彩画是保护木材的必要措施;屋顶上的仙人走兽是固定屋瓦的铁钉套子。

## 六、建筑美与自然美的和谐统一

我国古建筑的设计和布局非常注意与周围的自然风景的结合,使建筑美(人工美)同自然美和谐地融为一体。

把建筑的美,即人工的美(其中包括人的智慧、创造、志向)与自然美关联起来,将人的情感赋予自然中,再以自然美与艺术美来陶冶人的精神,以满足精神的审美,这是我国古建筑布局造景的重要审美特征。建筑与风景是相得益彰、相映生辉的。建筑得自然风景而立,而自然风景得建筑更富神趣。建筑若缺少林木荫盖之润饰,便显得孤立而单调,自然风景中若无建筑的装点,就没有神韵。另外,建筑周围若山水秀丽,林木茂密,就会营造一个鸟语花香的世界,增加生趣之美。

我国古建筑十分注意同自然美的融合。像颐和园、避暑山庄的建筑,皇帝陵园的建筑,孔庙的建筑,以及寺院、庙宇的建筑都是与自然风景结合的典范。有些寺院沿山势而筑,层层殿堂,倚山叠起,颇具特色,像五台山的佛光寺、北京的碧云寺、地处"山最幽胜处"的泰山灵岩寺、红螺寺以及在武林闻名的嵩山少林寺……这些宏伟的古建筑群都是同自然景色融会在一起的。避暑山庄的"外八庙"、青海的塔尔寺、浙江省天台县的国清寺皆坐落在碧阴叠翠的山坡上,依山托势,高低错落,大大增加了旅游者的审美层次。

我国寺院、庙宇建筑借取幽美的自然风景创造宗教的理想世界,既满足了宗教的审美要求,又促进了宗教文化的交往和宗教的旅游活动。

我国古建筑的主要审美特征,集中表现在独特的民族结构形式,完整、统一、和谐及园林式的组群布局等。正是这些形式美的因素引起中外旅游者的极大兴趣,成为游览、观赏的重要对象。同时,我们从这些优美的形式中,还看到我国古建筑艺术已发展到相当高的水平,看到我国劳动人民的丰富智慧和创造才能。

# 第三节　中国古代建筑的单体结构

## 一、中国古代建筑单体结构的组成

中国古典建筑的外观特征极为明显，都由屋顶、柱身、台基三部分组成，史称“三段式”。

中国古代建筑屋顶形式

### 1. 屋顶

中国古代建筑屋顶形式有庑殿顶、歇山顶、悬山顶、硬山顶、攒尖顶、卷棚顶等形式。根据建筑等级要求分别选用，每种屋顶又有单檐与重檐、起脊与卷棚的区别，个别建筑也有采用叠顶、盔顶、十字脊歇山顶及拱顶的；南方民居的硬山屋顶多采用高于屋面的封火山墙。

古建筑屋顶除功能性外，还是等级的象征。其等级大小依次为：重檐庑殿顶>重檐歇山顶>重檐攒尖顶>单檐庑殿顶>单檐歇山顶>单檐攒尖顶>悬山顶>硬山顶>盝顶。此外，除上述几种屋顶外，还有扇面顶、万字顶、盔顶、勾连搭顶、十字顶、穹窿顶、圆券顶、平顶、单坡顶、灰背顶等特殊的形式。

(1)庑殿顶

庑殿顶有正脊和四条垂脊，故又称五脊顶，屋顶前后左右四面都有斜坡，所以又叫四阿顶。屋檐向上微翘，四面坡略有凹形弧度。唐代以前，正脊短小，四面坡深，明代以后正脊加长。庑殿顶是各屋顶样式中等级最高的，只有皇家和孔子殿堂才可以使用。庑殿顶又分为单檐和重檐两种，故宫的太和殿就是重檐庑殿顶，而故宫的武英殿和文华殿则为单檐庑殿顶。

(2)歇山顶

屋面是悬山顶与庑殿顶的组合，上三分之二为悬山顶，下三分之一是庑殿顶，因而形成四坡九脊的造型，九脊分别是一条正脊，上部四条垂脊，四角与垂脊间有四条戗脊，所以又称九脊顶。有单檐、重檐两种形式，其等级仅次于庑殿顶。常见于宫殿、园林、坛庙式建筑。

(3)悬山顶

只有前后两坡，左右两端是两面立墙，屋檐悬伸在山墙以外，一般有正脊和垂脊，也有无正脊的卷棚，山墙的山尖部分常做成五花山墙，是最常见的形式。

(4)硬山顶

结构上大致与悬山相同，也是两面坡的一种，区别在于屋檐在山墙内封住，不悬出山墙之外，在居住建筑中常见。高出的山墙称风火山墙，其主要作用是防止火灾发生时火势顺房蔓延。

(5)攒尖顶

是圆形和正多边形建筑的屋顶造型。屋面较陡，没有正脊，除圆形攒尖顶无脊外，数条垂脊交合于顶部，脊间坡面略呈弧形，上面再覆以宝顶。多用于面积不大的建筑屋顶，如塔、亭、阁等等。

(6)卷棚顶

整体外貌与硬山、悬山一样，唯一的区别是没有明显的正脊，屋面前坡于脊部呈弧形滚向后坡。如果说上述几种屋面棱角分明，显出一种阳刚之气，那么卷棚顶就颇具一种曲线所独有的阴柔之美。

### 2. 柱身

柱身是中国古建筑的主体部分，由柱梁结构、墙壁、门、窗组成。

由于屋顶的重量更多地落在柱子上，所以大大减轻了墙壁的负担，因此中国古建筑的屋身都较为轻便、灵活，墙壁更多地被考究的门、窗所替代。比如廊柱内柱与柱之间一般安装格门或格扇代替墙面，多为六扇或八扇，既通风、采光、装饰，又与外界隔断。

### 3. 台基

台基又叫建筑基座，是我国古建不可缺少的部分，是高出地面的建筑物底座。

台基除拥有通风、防潮、防腐、稳定立柱、防震等功能之外，还弥补了中国古建筑单体建筑不甚高大雄伟的欠缺，按等级可以划分为四种：

(1)普通台基

多用灰土、三合土夯筑而成，高有尺余，用于普通建筑。

(2)较高级台基

较普通台基高，可用砖石，常在台基上边建栏杆，多用于府宅建筑等大式建筑或宫殿建筑中的次要建筑。

(3)更高级台基

即须弥座，又名金刚座。须弥座用作佛像或神龛的台基，用以显示佛的崇高伟大。中国古建筑采用须弥座表示建筑的级别。一般用砖或石砌成，上有凹凸线脚和纹饰，台上建有汉白玉栏杆，常用于宫殿和著名寺院中的主要殿堂建筑。

(4)最高级台基

由几个须弥座相叠而成，多重汉白玉栏杆，从而使建筑物显得更为宏伟高大，常用于最高级建筑，如故宫三大殿和山东曲阜孔庙大成殿，即耸立在最高级台基上。

### 4. 重要构件及概念

(1)斗拱

斗拱是中国古代建筑独特的构件。方形木块叫斗，弓形短木叫拱，斜置长木叫昂，总称斗拱。一般置于柱头和额枋、屋面之间，用来支撑荷载梁架、挑出屋檐，兼具装饰作用。

(2)开间与进深

四根木头圆柱围成的空间称为“间”。建筑的迎面间数称为“开间”，或称“面阔”。建筑的纵深间数称“进深”。中国古代以奇数为吉祥数字，所以平面组合中绝大多数的开间为单数;而且开间越多,等级越高。北京故宫太和殿,太庙正殿开间为11间。

(3)古建数字

9是古代阳数之极,清代乾隆以前,以面阔9间,进深5间为最高级,除皇帝大殿之外,其他建筑皆不得如此,皇帝也就成为九五之尊。

(4)藻井

中国传统建筑中天花板上的一种装饰。名为"藻井"(图3-1),含有五行以水克火,预防火灾之义。一般都在寺庙佛座上或宫殿的宝座上方。是平顶的凹进部分,有方格形、六角形、八角形或圆形,上有雕刻或彩绘,常见的有"双龙戏珠"。

图3-1 太和殿藻井

## 二、中国古代建筑单体结构类型

### 1. 宫殿建筑

"宫"在秦以前是中国居住建筑的通用名,从王侯到平民居所都可以称为宫,秦汉以后成为皇帝居所的专用名。

"殿"原指大房子,汉代以后也成为帝王居所中重要建筑的专用名。

"宫殿"一词习惯上指秦代以前王侯居所和秦以后皇帝的居所。

宫殿建筑是国内单体结构建筑中最为宏大、最为豪华的一类,它以建筑艺术手段烘托出皇权的至高无上。代表性建筑有北京故宫,其于明代永乐十八年(1420年)建成,是明清两代的皇宫,汉族宫殿建筑之精华,无与伦比的古代建筑杰作,世界现存最大、最完整的木质结构的古建筑群。

### 2. 楼阁

楼阁是中国古建当中的多层建筑物。

楼与阁在早期是有区别的,楼是重屋,阁指的是下部架空、底层高悬的建筑。后世楼阁二字互通,无严格区分。

分类:从外形来看,有正方形、长方形、圆形、六角形、八角形;等等;从楼阁的功能来看,有军事防御性楼阁(城门楼)、报时性楼阁、观景性楼阁、藏书楼、戏楼;等等。

代表性建筑有浙江宁波的天一阁,明代兵部右侍郎范钦的私家藏书楼,是我国现存建筑时间最早、保存较为完好的藏书楼和金石博物馆;湖南岳阳的岳阳楼,最早由唐代中书令张说贬官岳州时修建,后多次重修,北宋范仲淹《岳阳楼记》使其名垂千古。

### 3. 亭

是一种开敞的小型建筑物,体积小巧,结构简单、造型别致,且选址灵活。多用竹、木、石等材料建成，顶的造型极为丰富，但以攒尖顶为多。

亭的类型：从亭子的平面形式来看，有正多边形亭（正三角亭、正方形亭、正六角形亭）、长方形亭、组合型亭（双方形、双圆顶、双三角）；从亭的立面来看，又有单檐、重檐和三重檐之分；从亭的屋面形式来看，有攒尖顶和歇山顶；等等。

#### 4. 榭

在古代建筑中，台上的木结构建筑叫“榭”，它的特点是只有楹柱及花窗，而没有四周的墙壁。“榭”是凭借周围的景色而构成景观的，现在常见的多是临水而建的水榭。

#### 5. 廊

它是一种线形建筑，“宜曲宜长为胜”。它用列柱顶一个不太厚实的屋顶，造成一种通透、空虚的空间形式。园林当中常用廊的迂回曲折、高低错落，增加景观的层次，丰富游园的乐趣，并引导人们观赏景色，它是园林的纽带。

#### 6. 舫

又名不系舟，实际上就是一种不能划动的、像船形的建筑，主要供人游赏、观景之用。一般船头设眺台，作观赏之用；中舱供休息和宴客之用；尾舱多为两层，上层作休息、眺望之用。舫的下部通常用石头砌成，上部船舱为木结构，屋顶多为船篷式样，轻盈舒展、造型生动。

## 三、中国古代建筑的装饰艺术

#### 1. 色彩

中国原始社会建筑为“茅茨土阶”，很少有人工装饰，色彩多为草木土等材料的本色，原始而质朴。殷商时期，宫殿的柱子多用红色，墙为白色。周代规定“青、红、黄、白、黑”为正色，宫殿、柱墙、台基多涂红色。这种以红色为高贵色彩的传统一直延续下来。战国时期，青龙、白虎、朱雀、玄武分别代表东西南北四方，建筑上的不同颜色的瓦当代表不同的方位。汉代宫殿和官署的建筑也多用红色，汉以后红色在等级上退居黄色之后。魏晋南北朝以后，屋顶琉璃瓦的出现和使用，使黄色成为至高无上的色彩。隋唐时期的宫殿、庙宇和官邸多用红柱、白墙、梁架施以彩画，屋顶为灰瓦、黑瓦和彩色琉璃瓦。宋元时期的宫殿使用白色石基，红墙、红柱、红门窗，黄绿色琉璃瓦屋顶。屋檐下施以冷色调彩画，加强了冷暖色调的对比，对后世影响很大。明清时代建筑色彩等级更加严格、分明，琉璃瓦以黄色最高，绿色次之，还有蓝、紫、黑、白各色，用途各异：这些多彩的琉璃瓦构成屋顶的柔美曲线，与丰富多彩的屋脊、兽吻，构成中国古代建筑最突出最优美的特点。中国古代皇家建筑白色台基，红墙黄瓦与蓝天，绿树交相辉映，形成强烈的色彩对比。暖色的建筑与檐下冷色的彩画组成色彩冷暖的对比，构成富丽堂皇的色彩格调。中国古代民居白墙、灰瓦、绿色和栗色的梁架与自然环境形成鲜明的色彩对比，更显民居的自然、质朴、秀丽、淡雅的格调。

### 2. 雕刻

雕刻在古代建筑当中无处不在。中国古建筑雕塑根据不同材质的运用,可以概括分成以下几种。

(1)木雕

大量运用于门窗、梁柱、额枋、廊栏等建筑中。

(2)砖雕

分为烧前雕刻和烧后雕刻。烧前雕刻,艺术气质细腻精致,易于表现柔和的装饰意味;烧后雕刻,艺术性格粗犷宏阔,易于体现建筑装饰的大气风格。

(3)石雕

一般运用于门口的镇宅石兽、门墩,建筑内的殿、堂、廊、桥、栏等,各建筑体中石质的柱头、柱础以及柱身,屋顶、屋脊的镇脊吻兽等。

(4)瓦雕

主要体现在瓦当雕刻艺术中,表现的雕刻内容有篆体的汉字,一般为"福、禄、寿、喜"等字,或以谐音方式、寓意方式表达的动物图案和植物花卉等。

"雕梁"就是将梁头或重点部位施以雕刻,雕琢出各种花纹供人们欣赏。无论南方北方,各式的建筑都或多或少地采用雕刻与彩画。南方的建筑对雕刻更为盛行,福州、潮州等地连同整个木梁架全部成为雕刻品。有的人家大门口的结构不论什么材质,全部予以雕刻,把外檐的斗拱及梁柱端部雕琢成极其俊美的纹样。大体上,南方建筑雕刻玲珑、精细,风格柔软、细腻。北方以山西为代表,建筑雕刻风格粗犷、豪放。

### 3. 彩绘

彩绘具有装饰、标志、保护、象征等多方面的作用。油漆颜料中含有铜,不仅可以防潮、防风化剥蚀,而且还可以防虫蚁。色彩的使用是有限制的,明清时期规定"朱、黄"为至尊至贵之色。彩画多出现于内外檐的梁枋、斗拱及室内天花、藻井和柱头上,构图与构件形状密切结合,绘制精巧,色彩丰富。清代彩画可分为三类,即和玺彩画、旋子彩画和苏式彩画。

(1)和玺彩画

用于宫殿建筑装饰中规格最高的一种彩画。中间的画面由各种不同的龙或凤的图案组成,间补以花卉图案;画面两边用"《 》"框住,并且沥粉贴金,金碧辉煌,十分壮丽。

(2)旋子彩画

等级次于和玺彩画。画面用简化形式的涡卷瓣旋花,有时也可画龙凤,两边用"《 》"框起,可以贴金粉,也可以不贴金粉。一般用于次要宫殿或寺庙中。

(3)苏式彩画

等级低于前两种。画面为山水、人物故事、花鸟鱼虫等,两边用"《 》"或"( )"框起。"( )"被建筑家们称作"包袱",苏式彩画便是从江南的包袱彩画演变而来的。

自古以来,"雕梁画栋"也有地域之分。"雕梁"在南方流行,因为彩画怕湿,阴雨连绵对彩画不利。彩画的色与粉受潮,易于变色、褪色,甚至使彩画脱落,所以南方普遍采用雕刻。北方干燥,“画栋”很少受气候的影响,所以彩画绘制的比较多,因此有“南雕北画”之说。

## 第四节 中国建筑文化的旅游价值

### 一、宫殿建筑

宫殿建筑又称宫廷建筑,是皇帝为了巩固自己的统治,突出皇权的威严,满足精神生活和物质生活的享受而建造的规模巨大、气势雄伟的建筑物。这些建筑大都金玉交辉、巍峨壮观。

作为人类文明发展的重要标志,宫殿名称的内涵有一个演变过程。上古时期,穴居是原始初民常见的居住方式。古语道:“古之民未知为宫室时,就陵阜而居,穴而处,下润湿伤民,故圣王作为宫室。”在先秦以前,人们经常将“宫”“室”连起来使用,而且,“宫”“室”可以通用,均指人们居住的场所,没有高低贵贱之分。秦汉以后,“宫”和“殿”开始连在一起使用,并且具有了等级的差别,专指皇帝行使权力和日常生活的场所。

根据文献记载和考古发掘,早在公元前 16 世纪的商代,就出现了宫殿建筑。商朝末年,纣王大修宫殿,离宫别馆绵延数百里。宫殿建在高高的夯土台基之上,基础高出地面 3 尺,已经具有高台基的特点;屋顶四面呈斜坡形,重檐;横跨度为 12.88 米,可以看出当时殷人的宫殿建筑非常宏伟。秦始皇统一六国之后,大修宫殿,建造了气势磅礴的朝宫,它与汉三宫(长乐宫、未央宫、建章宫)共同形成了中国宫殿建筑发展史上的第一次高潮。此后,伴随着江山易主与王朝更替,华夏大地上掀起了建造宫殿的热潮。隋朝有仁寿宫、大兴宫,唐朝有太极宫、大明宫和兴庆宫,以及随后辽宋金元明清的宫殿,无不气势雄伟,规模庞大。然而,令人扼腕叹息的是,这些人类建筑史上的杰作大多在王朝杀戮的战争中灰飞烟灭,成为断壁残垣,能够传世的仅仅是北京明清故宫和沈阳清故宫。其中北京故宫是现存最大最完整的古代宫殿建筑群,也是我国古代宫殿建筑艺术的顶峰;而沈阳故宫从它的规划布局、建筑形式以及建筑装饰等方面又充分展现了清朝早期建筑的特点,尤其是清朝建立者——满族的政治文化与民风民俗,使其成为中国现存皇室建筑群中地位仅次于北京故宫的重要建筑。

在我国古代社会,朝代名称虽然不同,宫殿布局却大同小异。《周礼·考工记》是我国最早的一部记载王城规划制度的书籍,书中记载都城的规划时写道:“匠人营国,方九里,旁三门。国中九经九纬,经涂九轨。左祖右社,面朝后市。”可以看出,都城布局以王宫为中心,象征着紫微帝宫,作为四方之极,统治天下。以王宫为中心的这种布局思想一直持续了 3000 多年,唐朝时期的长安城、元朝的大都和明清时期的北京城都按照这种布局思想而建。

为了体现皇权的至高无上,表现以皇权为核心的等级观念,中国古代宫殿建筑采取严格的中轴对称的布局方式:中轴线上的建筑高大华丽,轴线两侧的建筑相对低小简单。由于中国的礼制思想里包含着崇敬祖先、提倡孝道和重五谷、祭土地神的内容,中国宫殿的左前方通常设祖庙（也称太庙）供帝王祭拜祖先，右前方则设社稷坛，供帝王祭祀土地神和粮食神（社为土地，稷为粮食），这种格局被称为“左祖右社”。古代宫殿建筑物自身也被分为两部分，即“前朝后寝”：“前朝”是帝王上朝治政、举行大典之处；“后寝”是皇帝与后妃们居住生活的所在。

明清故宫

中国宫殿建筑以北京的故宫为代表。故宫又名紫禁城，是明清两朝皇帝的宫廷，先后有 24 位皇帝在此居住过。故宫占地面积 72 万平方米，相传有房屋 9999 间，宫城周围环绕着高 10 米、长 3400 米的宫墙，墙外有 52 米宽的护城河。故宫规模之大、风格之独特、陈设之华丽、建筑之辉煌，在世界宫殿建筑中极为罕见。故宫分前后两部分，前一部分是皇帝举行重大典礼、行使权力的地方，主要建筑有太和殿、中和殿、保和殿。这些建筑都建在汉白玉砌成的 8 米高的台基上，远望犹如神话中的琼宫仙阙，庄严、壮丽、雄伟，三大殿内部均装饰得金碧辉煌。故宫的后一部分——“内廷”是皇帝处理政务和后妃们居住的地方，主要建筑有乾清宫、坤宁宫、交泰殿、东西六宫和御花园等都富有浓郁的生活气息，建筑多包括花园、书斋、馆榭、山石等，它们均自成院落。

由于朝代更迭及战乱，中国古代宫殿建筑留存下来的并不多，现存除北京故宫外，还有沈阳故宫外，西安尚存几处汉唐两代宫殿遗址。

## 二、陵墓建筑

中国古代建筑尤其是年代久远的实物，目前保存下来的很少。曾经显赫一时的宫殿建筑如今大都荡然无存。相比之下，古代的陵墓建筑因为多为砖石结构，且埋藏于地下，反倒基本保留下来。据统计，至今地面有迹可循，年代可以确认的帝王陵墓有 100 多座，其数量之多，技艺之高，享誉中外。在这类建筑中，除了陵寝本身外，还有为数众多的雕刻、绘画和碑帖文字，它们与建筑融合在一起，不仅成为中国古代建筑中一份丰富的遗产，也形成我国独具特色的文化旅游资源。

根据考古学家的发掘，早在夏商时期我国就出现了具有一定规模的君王陵墓区。这时帝王陵寝的陵区规划、陵园建筑、陵墓形制以及随葬制度已经初具雏形，经过 2000 余年的发展，到秦汉时期基本定型。秦始皇统一中国之后，动用 70 多万苦力，前后耗时 38 年，斥巨资修建了秦始皇陵。皇陵位于陕西省西安市临潼区境内，北边是渭水，西边是著名的游览胜地华清池；秦始皇陵封土采用方上形制，顶部平坦，原高约 115 米，现存高 76 米，东西长 345 米，南北宽 350 米；陵体四周筑有两层城垣，内城四周共长 2525 米，外城周长 6294 米。秦始皇陵是目前已知的中国封建社会规模最大的一座帝王陵墓，也是我国古代陵寝发展史上的里程碑。根据《史记·秦始皇本纪》记载，这座陵墓“穿三泉，下铜而致椁，宫观百官奇器珍怪徙臧满之。令匠作机弩矢，有所穿近者，辄射之。以水银为百川江河大海，机相灌输，上具天文，下具地理。以人鱼膏为烛，度不灭者久之。目前，秦始皇陵尚未开掘，文献记载始终是一个谜。20 世纪 70 年代，考古学家发掘了秦始皇陵兵马俑坑。这些威武雄壮的“御林军”气魄宏大，阵势宏伟，被誉为“世界第八大奇迹”。不仅是震惊中外的地下军事博物馆，同时也是驰名中外的古代文化遗产。

汉承秦制，墓室深埋地下，垒土为方锥形去其上部，作为陵体，形状酷似覆斗。陵园前开始出现神道，两侧建有石雕刻和石建筑。汉代帝王陵墓以武帝茂陵规模最大，冢高46.5米，单边长240米。在陪葬墓中，最著名的是骠骑将军霍去病墓。墓前马踏匈奴的石雕展现了早期粗犷而写意的雕刻风格，也让后人领略这位西汉名将“匈奴未灭，何以为家”的豪情壮志。汉代陵墓是保留至今的唯一一种汉代建筑类型，出土的画像砖、画像石以及明器，为今人了解当时社会生活提供了大量形象资料。

唐朝是中国封建社会的高峰时期，在陵墓建造上比前代更加追求陵冢的高大。为了显示雄伟壮观，防止盗墓和水土流失，唐太宗开创了“以山为陵”的先河，选择有气势的山脉为陵体，开凿墓室。平面布局是在山陵四周建筑方形陵墙围绕，四面建门，门外立石狮，四角建角楼，神道顺地势向南延伸，两侧的石人石狮比前代增多。这种利用天然山势环境，加以人工规划而建成的庞大陵区，确实更能体现出封建帝王唯我独尊的心理取向和一统华夏的强大意志。

宋朝积贫积弱，又与辽、金、夏等政权对峙，在政治和军事上一直没有得到像唐朝盛期那样的安宁与强大。这种情况表现在陵墓建造上，最显著的变化就是陵寝的规模变小。而且与从前帝王生前建陵不同，宋朝规定，皇帝、皇后生前不许营造自己的陵墓，必须死后选址，而且7个月内完工。这些因素都制约了这一时期皇陵的规模。然而，宋陵的规模虽小，但是规制成熟，前有墓道，后有寝殿，陵台在后，台下为墓穴，这种地下地上相结合的形式已经成为中国古代皇家陵墓的固定布局。

明十三陵是一个庞大的皇陵区，位于北京昌平区以北的天寿山南麓。除朱元璋的孝陵和代宗景泰陵以外（葬于北京西的金山口诸王墓地），明朝13位皇帝的陵墓都在这里。朱元璋开启了有明一代的统治，其孝陵的布局也成了明清两朝皇陵的标准格式。陵墓前有长长的神道，神道上依次排列着大金门、石碑、石柱、文臣及武臣，直到棂星门。进门过金水桥到达陵墓中心区，在由南至北的中轴线上分布着大红门、祾恩门、祾恩殿、方城明楼、宝城。孝陵没有模仿唐代的以山为陵，而是采取“宝城宝顶”的建制，既威严肃穆，又防止雨水冲刷，起到良好的保护作用。十三陵延续这种建制，集中建造在一起，各陵既各自独立，又有共同的入口和共同的神道，组成一个统一的既完整又有气势的皇陵区。目前，除万历皇帝的定陵于1956年发掘以外，明朝皇陵都没有发掘。

清朝皇陵主要分布在三个地区。入关前，努尔哈赤和皇太极在沈阳建造了福陵和昭陵。入关后，在河北遵化市建造了清东陵，葬顺治、康熙、乾隆、咸丰、同治等五帝及其后妃。在河北易县建造了清西陵，葬雍正、嘉庆、道光、光绪四帝及其后妃。这两座陵区承袭明制，各陵既独立又相互联系，陵区拥有共同的神道，有隆恩门、隆恩殿、明楼、宝顶等一系列地面建筑，地宫深埋宝顶之下。清代陵墓与前代不同之处是开始为皇后另建陵墓，慈禧太后的普陀峪定东陵，无论在建筑材料的选用上，装饰的精美程度上，还是装饰主题的寓意上，既超过了作为皇后应该享用的标准，也超过了一般的皇帝陵墓，确实是她生前穷奢极欲和权倾朝野的真实人生写照。

走入帝王陵墓的地宫，仿佛就置身于帝王的宫殿。地宫虽然深埋地下，是帝王以及后妃百年之后的居住场所，然而受“事死如事生”文化传统的影响，生者要按照死者生前的生活居住情形为死者安排冥间的一切。地宫的建制模仿宫殿，大部分墓室明显分为前后两部分，前边相当于堂，后边相当于室，用来放置棺木。如明神宗定陵地宫的墓室由5

个高大的拱券石室组成，分为前殿、中殿、后殿和东西配殿。后殿相当于室，中殿相当于堂，前殿相当于庭，两个配殿相当于房和厢。帝陵神道两侧的石像生象征着朝中位列两侧的文武大臣。“普天之下，莫非王土；率土之滨，莫非王臣。”宝座上的古代帝王憧憬着自己的政权统治与日月同辉，希望在冥间继续生前豪华的生活，威严浩大的地宫及其内部种类繁多的明器和价值连城的随葬品都是这种思想的见证。

古代中国是一个礼制盛行的国家。守孝、祭祖是中国儒家礼俗中的头等大事。“何谓孝”？“生，事之以礼；死，葬之以礼，祭之以礼”。厚葬是表示生者对死者忠孝的一种重要方式。厚葬以明孝，通过埋葬死者来规范生者的行为举止，强化忠孝等级和伦理观念。历史上很多明君如光武帝刘秀、唐太宗李世民、宋太祖赵匡胤等都提倡薄葬，但在整个古代社会厚葬的风气始终都很浓厚。这种传统甚至延续到当今社会，这与中国几千年的礼制传统不无关系。这种风气为我国留下了大量宝贵的建筑遗产与丰富的文化旅游资源，同时也引来了持续不断的盗墓之风。众多陵墓在不同时期遭到程度不同的破坏，有的甚至遭到致命的洗劫，带来无法估计的损失，为后人了解消逝的历史建筑文化与工艺艺术设置了障碍。

中国古代社会，帝王非常重视自己的陵墓选址。堪舆学说民间称为风水学说，对陵墓地址的选择影响重大。这种学说认为，选择好地，则子孙荫福；选择坏地，则祸患无穷。《葬书》中提出：“风水之法，得水为上，藏风次之。”选择阴宅最理想的环境是背靠祖山，前景开圹，有流水自山间流来，呈曲折绕前方而去，朝向是坐北向南，形成一个四周有山环抱、负阴抱阳、背山面水的良好环境。目前已知的陵墓建筑除河南巩义北宋皇陵以外，大多建在这样的环境中。

同宫殿一样，古代陵墓建筑也是重要的政治性建筑，具有鲜明的等级性。陵墓的方方面面都印上了等级制的痕迹。社会等级不同，死后使用葬具的规格差别很大。根据《礼记》记载，“天子之棺四重，诸公三重，诸侯再重，大夫一重，士不重”，不得僭越。陵丘形状也有具体规定，比如秦汉时期，只有帝王才能用方形坟丘，一般贵族官员只能用圆锥形坟丘。石像生的数量也有规定。三品以上的官员可制石人、石羊、石虎各两件，四五品官员只能制石人、石羊各两件，六品以下则不得制。相比之下，皇帝陵墓的石像生一般都在 10 对以上。唐朝帝王陵园中的石像生初具规模，如唐高宗和武则天的乾陵中，神道长 3 千米，两侧整齐排列的石像生有朱雀 1 对，石马及牵马人 5 对，石人 10 对，石狮 1 对，充分显示了帝王的威严与权势。

## 三、坛庙建筑

坛庙建筑显然是一种礼制建筑，是因古代中国社会严格的宗法礼制而生的建筑。远古时期，生产力水平低下，人们的生产和生活经常遭受灾害和野兽的侵袭，受到认识水平的限制，人们对此难以做出科学的解释，将希望寄托于神灵的保护。在漫长的历史时期，形成了自然崇拜和祖先崇拜。为了供奉祭祀这些神灵，建立了大量坛、庙、祠堂等形式的建筑。

祭祀天地等自然神灵是古人生活中一项至关重大的活动。人类早期生存的威胁大多来自狂风暴雨、闪电雷击等自然灾害。人们相信"天"是至高无上、操纵一切、无所不能的主宰,日、月、星、辰、风、雨、雷、电各有其神,支配着作物的生长和人间的祸福。因此,祭祀天地山川等自然神灵很早就成为早期人们日常生活的一部分。国家形成之后,君王或帝王宣扬君权神授思想,将自己比作天地之子,受命于天统治百姓,增强政权的合理性,强化自己的政权统治。祭祀天地因而成了中国历史上所有王朝重要的政治活动。而且发展到后来,成为统治阶级的专门权利。《礼记》中规定,"天子祭天地,祭四方,祭山川,祭五祀",诸侯只能"祭山川,祭五祀",平民百姓祭祀天地的活动则是越轨的非礼行为。

为了表达对天地诸神的崇敬与膜拜,历朝统治者在都城中都建造了相应的建筑,定期举行祭祀活动。根据礼制关于郊祭的原则,以及古代中国的阴阳哲学,形成了祭天于南、祭地于北、祭日于东、祭月于西的格局。郊外远离城市的喧嚣吵闹,增加了祭者的肃穆崇敬之情。流传至今的祭祀天地山川的建筑有北京的天坛、社稷坛、山东泰山的岱庙、湖南衡山的南岳庙、陕西华阴的西岳庙、河南登封的中岳庙以及山西浑源的北岳庙等。

北京天坛在各种祭坛中规模最大,建筑规制也最高。祭祀性建筑主要包括斋宫、圜丘、祈年殿、神乐署、牺牲所等。古代的能工巧匠使用形象、数字以及色彩等手段确保天坛不仅在物质上满足祭祀的要求,还在精神上实现帝王的祭祀需求。古代中国人相信天圆地方之说,因此,在天坛建筑中,圆与方的形象被大量运用。圜丘坛中的"九"文化体现了阴阳学说,反复使用九和九的倍数,与《周易》中"九五:飞龙在天,利见大人"的说法相合,暗示皇帝乃"九五之尊"。天坛的多数建筑都使用了黄色和蓝色,象征土地和苍天。这些象征元素的使用,再加上坛庙中栽种的大量青松翠柏,共同营造了一种肃穆、崇高和神圣的意境,表达了后人崇敬和怀念的情怀。古代匠师高超的建筑艺术,为中国乃至世界建筑史上留下了一颗璀璨的明珠。

在中国漫长的封建社会中,宗法制度始终是国家统治的基础。自上至下重视血统、尊敬祖先。这种依靠血缘维系人际关系、家族利益乃至国家一统的宗法观念渗透到古人的思想意识中,从帝王的祖庙到庶民的祠堂无一不是宗法制度的物质象征与必然产物。皇帝祭祀祖先的场所是祖庙或称太庙。按照"左祖右社"的营国规定,历朝历代都将太庙建在宫城的左方,在王城中占据重要位置。而且《周礼》中还规定,"君子将营宫室,宗庙为先,厩库为次,屋室为后"。说明了宗庙在国家社稷中的重要地位。明清皇室祭祀祖先的正殿位于太庙的中轴线上,面阔11间,进深四周重檐庑殿屋顶,坐落在3层汉白玉台基上,这与紫禁城前朝三大殿、长陵的祾恩殿、天坛的祈年殿规格相同,说明祭祀祖先是封建国家政治生活中的一件大事。

《周礼》规定,古者天子七庙,诸侯五亩,大夫二亩,士一亩,庶人祭于寝。明朝以后,普通百姓有了专门祭祀祖先的场所,称为祠堂或家庙。祠堂是祭祖的圣地,祖先的象征。朱熹《家礼》中规定,"君子将营宫室,先立祠堂于正寝之东"。如果遇上灾害或者外人盗窃时,"先救祠堂,后及家财"。显然,祠堂具有关乎宗族命运的神圣地位。在中国南方地区,诸如浙江、安徽、江西等地,祠堂大多是传统的四合院式建筑。主要建筑分布在中轴线上,前为大门,中卫享堂,后为寝室,加上左右廊庑,组成前后两进两天井的组群建筑。祠堂的功能首先是供奉和祭祀祖先,达到敬宗收族的目的。随着社会的发展变迁,其功能得到不断扩大和延伸，成为族人举办婚丧嫁娶、娱乐庆典以及宗教活动的场所，是本地居民的社交场所和社会活动中心。

祠堂在中国古代封建社会中，是维护礼法的一种制度，是家族光宗耀祖的一种精神象征。通过祠堂的建造规模、建筑形象以及装修装饰，能够显示宗族在当地的社会地位与权势。目前，规模宏大装饰华丽的祠堂主要有广东陈家祠堂、安徽的胡氏宗祠等，游客在这里可以欣赏到祠堂古老的建筑风格和卓越的营造技艺。

漫长的中国古代社会诞生了很多圣哲先贤，人们为他们建庙立祠，表达钦佩崇敬之情。这类纪念性建筑种类繁多，包括儒家贤哲庙、将相良臣庙、文人学士庙；等等。它们分布的范围最广，涉及的对象最宽泛。除了帝王或政府下令修建之外，很大一部分都是民众自愿所建。这类礼制建筑较为重要的有山东曲阜孔庙、山西解州的关帝庙、四川成都的武侯祠、杜甫草堂以及杭州的岳王庙等。这些对大众开放的祠庙，保存了许多达官显贵、文人墨客的诗词歌赋以及绘画碑刻，不仅成为当地文物的集中地，还是游客了解某一地方历史沿革、风土民情的最好方式之一。

## 四、建筑小品

建筑的群体性是中国古代建筑的重要特点，一种建筑群除了有殿堂、门楼、廊屋以外，还有很多体量相对小巧的建筑与之相配，称为建筑小品。如宫殿最外面常看到的牌楼，建筑群大门口的华表、影壁，坛庙前面的香炉、日晷、铜龟等。在整座建筑中，这些建筑小品虽然不是主题与中心，但无论在物质功能还是环境艺术方面都起着不可或缺的作用；不同的建筑小品具有不同的文化内涵和象征意义，而且又因为各自独特的形态成为游客观赏的对象。

牌楼的位置一般都很显著，它经常建在建筑群的最前面，或者立在城市的市中心和通衢大路的两侧。牌楼是一种标志性建筑，不仅起到划分空间的作用，还增添了建筑群体的表现力和艺术魅力。它起源于古代中国社会的“衡门”，在很多地方与牌坊没有严格的区分。从建造材料上看，牌楼大体可以分为木牌楼、石牌楼和琉璃牌楼。不论哪种牌楼，其规模大小都是以牌楼的间数、柱数以及屋顶的多少作为标志。最简单的是两柱一间的牌楼，四柱三间是最普遍的牌楼形制。根据功能的不同，牌楼又可以划分为不同的种类。标志性牌楼是较为常见的一种形式，它们一般立在宫殿、陵墓、寺庙等建筑群的前面，作为这组建筑群范围的标志。这种牌楼大多独立存在，牌楼的柱子间不安门扇，从此直接进入或者绕行都可以。大门式牌楼则不同，它是建筑群真正的大门，不可绕行。比如颐和园宫廷区的仁寿门，门两边有影壁与院墙相连，大门采取牌楼形式，柱子间安有门框和门扇。为了表彰纪念某人或某事而专门修建的纪念性牌坊，在各类牌楼中数量最多。它由皇帝敕建或自己修建，一部分为了光宗耀祖，还有一部分是歌颂封建社会守节尽孝的贞节烈女。安徽歙县唐樾村一连7座这样的牌坊立在乡村大道上，成为独具中国特色的古代文化遗产，为后人了解忠、孝传统文化以及古代中国女性生活经历、思想意识提供了实物见证。还有一种是装饰性牌楼，常用在古代店铺的门面上，或者寺庙、祠堂等一些重要建筑的大门上。分布在全国各地的众多牌楼历经王朝更迭与社会变迁，虽然面目斑驳陈旧，却仍然以自己独特的形象点缀着周围的建筑物，增加了建筑的意境与表现力。

影壁是建筑小品家族中一个重要成员。它是设立在建筑群大门里面或者外面的一堵墙壁，又称照壁。根据使用建筑材料的不同，可以分为砖影壁、石影壁、琉璃影壁和木影壁，其中砖影壁最普遍。根据影壁所处的位置不同，可以分为立在门外、立在门内以及立在大门两侧三种类型。立在门外的影壁是指正对建筑群大门并且和大门有一定距离的一堵墙壁，它一般存在于较大规模建筑群大门前，既起到屏障作用，又增加了建筑的气势。著名的有北京北海九龙壁、山西大同九龙壁等。立在门内的影壁正对着入口，与大门也有一定距离，主要起屏障作用，避免人进门后将院内一览无余。在帝王寝宫与百姓四合院中，这类影壁得到广泛应用。设在门两边的影壁主要是起装饰作用，以增添大门的气势，不过它已经失去独立存在的价值而成为大门重要的一个组成部分。影壁因为所处位置显要，因而，很重视自身的造型与装饰。影壁大体分为上面的壁顶、中间的壁身、下面的壁座。根据建筑的级别，壁顶可以做成庑殿、歇山、悬山和硬山等各种形式。壁身是影壁的主要部分，也是重点进行装饰的地方。壁座大多采用须弥座的形式。影壁装饰取材广泛，有各种兽纹和植物花卉，所用题材多与建筑的内容相关，对主体建筑起到很好的突出与烘托作用。从影壁的装饰上看，紫禁城宁寿宫前的九龙壁装饰得是最华丽、最隆重的。

漫步在天安门前，人们会看到金水桥的前面矗立着两根高高的称为“华表”的石头柱子。根据传说，华表起源于尧舜时期的“谏鼓”和“谤木”。君王通过这些设施体察民意，关爱百姓。随着社会的演变，“谤木”失去了听取民意的原有功能，成为交通路口的一种标志，名称也变成“表木”。遗憾的是，古时遗留下来的华表很少，目前所能见到的多是明清时期的华表。这一时期华表的结构分为三部分，即柱头、柱身和基座。柱头上平置的圆形石板称为“承盘露”，由上下两层仰俯莲瓣组成，盘上所立小兽称为“朝天犼”。华表柱身多呈八角形，宫殿、陵墓前的华表柱身大多用盘龙进行装饰，龙身四周还雕有云纹。华表的基座一般都做成须弥座的样式，座上雕刻龙纹和莲花纹。作为一种标志性建筑，华表不仅立在建筑群的门外，有时也立在建筑物的四周和交通要道的桥头。它们不仅是建筑物的一个构成部分，还对主体建筑起到点缀烘托作用，甚至成为游人驻足观赏的重要审美客体。

## 五、军事工程——长城

### 1. 长城来历

长城是一种特殊的军事防御工程。早在春秋战国时期，各诸侯国为互相防御，各自于形势险要地带修筑长城。楚国是最早修筑长城的国家，被称为“方城”。

长城是我国古代军事防御体系中最大的工程建筑，也是堪称世界奇迹的伟大工程之一。古代国外虽然也有长城建筑（如朝鲜、印度、英国、德国都有长城），但其长度、规模都难以与中国万里长城媲美。

长城是古代中原政权为防御北方游牧部落向南侵扰而采取的军事防御措施之一。

秦始皇以过去秦、赵、燕三国的北方长城作为基础,修缮增筑,西起临洮,东至辽东,北傍阴山,全长10000余里,俗称万里长城。此后,西汉、北魏、北齐、隋都曾在北边与游牧民族接境地带筑过长城。汉代不仅对秦长城进行大规模地修缮,而且又在阴山以北又修了两道平行的外城,东起辽东,向西延伸到新疆,长度达1万多千米,是我国历史上修筑长城最长的一个朝代。不仅抵御了匈奴的南侵,而且也保证了通往中亚的交通要道"丝绸之路"的畅通无阻。

我们今天看到的长城是明代修建的。明王朝建立后,为抵御鞑靼、瓦剌蒙古的侵扰,明太祖朱元璋就派大将军徐达和燕王朱棣修筑居庸关等处长城,从洪武至崇祯,不断修缮。它西起嘉峪关,东达鸭绿江,依山建筑,居高临下,蜿蜒起伏,气势磅礴,全长7300多千米。有些地段,还修了复线,至于北京北部的居庸关、山海关与雁门关一带的城墙有好几重,有的竟多达20多重。明长城除了城墙,还有敌台、烽火台、堡、障、堠和关等,是一系列配套的建筑设施。古老的万里长城以其逶迤浩大的建筑成就,及其系统完美的工程艺术形象,被列为伟大的世界文化遗产。

#### 2. 典型地段

国务院1961年公布的全国第一批全国重点文物保护单位名录中列出的山海关、八达岭和嘉峪关3处长城段,是长城遗址中具有代表性的。

明长城全线设置了许多"关",如嘉峪关、雁门关、居庸关、黄崖关、宁武关、偏关与山海关等,其中位于河北秦皇岛的山海关有"天下第一关"的美誉,与居庸关、嘉峪关并称为长城三大关。

长城的主体是连绵无尽的高大城墙,其中北京居庸关八达岭长城的城墙是至今保存最完好、最雄奇的一段。这里的城墙,一般高七八米,城墙的断面为梯形,其下部墙基宽度平均约为6.5米,顶部可有5.8米。城墙一般设有内部空间,而在墙体内侧则设券门(以砖、石块砌成圆形拱门),券门内有砖阶或石阶,拾级而上町直达城墙顶部。城墙顶部靠外一侧,有雉堞,即垛口,高约2米。每个垛口上部设瞭望口与射孔,另外,城墙上还设有排水沟,并有"吐水嘴"伸出墙外。

### 六、古都名城

#### 1. 著名古都

在数千年的历史上,有过许多都城。仅据6世纪初的《水经注》载,上起上古、下迄北魏,中国古都约有180处。自北魏到清止,其间又经历了数代王朝的更替,列国的消长,又增加了许多古都。目前我国评选出的八大古都分别是北京、西安、南京、开封、洛阳、杭州、安阳、郑州八座城市。下面列举几个以示说明。

(1)北京

30万年前的"北京人"、1.7万年前的"山顶洞人"就在这里繁衍生息,从金朝开始,元、明、清皆建都于此,长达660年,加上新中国亦定都于此,总计建都达700多年。拥有世界文化遗产7处,全国重点文物保护单位125处。其中,故宫、颐和园、天安门、十三陵、长城、天坛、北海、雍和宫、周口店遗址等最为著名。

(2)西安

从西周到唐,先后有十几个政权建都在这里。文物古迹有蓝田猿人遗址、半坡遗址、丰镐遗址、阿房宫遗址、汉长安遗址、唐长安遗址、唐建大雁塔、小雁塔、明建钟鼓楼、明城墙、秦始皇陵及汉、唐皇陵,西安碑林、陕西省历史博物馆、秦兵马俑博物馆等,此外还有骊山国家级风景名胜区。

(3)洛阳

有东周、东汉、曹魏、西晋、北魏、隋、后梁、后唐、后晋九个朝代在这里建都,作为全国政治、文化中心的时间长达1400多年。著名古迹有世界文化遗产龙门石窟、白马寺等。洛阳古墓博物馆是世界上最大的古墓群。洛阳唐三彩为著名传统特产。市花牡丹花素有“甲天下”之誉。洛阳的自然风光同样引人入胜,“天津晓月”“龙门山色”“洛浦秋风”“马寺钟声”等洛阳八景风格不同,使人流连忘返。

**2. 著名古城**

(1)丽江古城

又名大研镇,位于云南省丽江纳西族自治县,始建于宋末元初(13世纪后期)。丽江还拥有古老的供水系统。丽江古城形成于南宋后期,已有800多年的历史,被称为“保存最为完好的四大古城”之一。1986年成为国家级历史文化名城,1997年又被列入《世界文化遗产名录》。丽江古城的城市布局错落有致,既具有山城风貌,又富于水乡韵味。丽江民居既融和了汉、白、彝、藏各民族精华,又有纳西族的独特风采。

丽江古城

(2)平遥古城

位于山西平遥县,建于明洪武三年(1370年),具有2700多年历史,城墙、街道、民居、店铺、庙宇等建筑,仍然基本完好,是我国现存最完好的四座古城之一。1997年12月,平遥古城被列入《世界文化遗产名录》。2009年,被世界纪录协会评选为“中国现存最完整的古代县城”。

平遥古城

(3)凤凰古城

位于湖南省湘西土家族苗族自治州的西南部,由苗族、汉族、土家族等28个民族组成,为典型的少数民族聚居区。凤凰古城是国家历史文化名城,至今已有300多年的历史,虽历经沧桑,仍保存完好,享有“北平遥,南凤凰”之美誉。城内主要有青石板街道,江边木结构吊脚楼,以及朝阳宫、古城博物馆、杨家祠堂、沈从文故居、熊希龄故居、天王庙等建筑。

## 七、中国特色古镇、古村落

**1. 江南古镇**

(1)中国第一水乡——周庄

位于江苏昆山市,自南宋建镇以来已有900余年的历史。镇内60%以上的民居仍为明清建筑。四面环水,湖河联络,咫尺往来,皆须舟楫。全镇依河筑屋,深宅大院重脊高檐,河街上古桥卧波,廊坊迂回,随处可见过街骑楼、穿竹石栏和临水楼阁,满眼古色古香,明洁幽静,呈现一派"小桥流水人家"的江南风情。

(2)千年文化古镇——同里

同里镇位于江苏苏州市吴江区东北,是一个具有悠久历史和典型水乡风格的古镇。同里旧称"富土",唐初改为"铜里"。宋时将旧名拆字为"同里"。同里风景优美,镇外四面环水,镇内由15条河流纵横分割为7个小岛,由49座桥连接。镇内家家临水,户户通舟;明清民居,鳞次栉比;宋元明清桥保存完好。它以小桥流水人家的格局赢得"东方小威尼斯"的美誉。

同里以"醇正水乡,旧时江南"的特色闻名于海内外,1980年被列为国家太湖风景区景点之一,1982年又被列为省级文物保护单位,1992年被列为省级文物保护镇,著名景点"退思园"被联合国教科文组织列入世界文化遗产,2010年被国家旅游局评定为国家5A级旅游景区。

(3)乌镇

乌镇地处浙江省桐乡市北端,西临湖州市,北界江苏苏州市吴江区,为二省三市交界之处。乌镇原以市河为界,分为乌青二镇,河西为乌镇,属湖州府乌程县;河东为青镇,属嘉兴府桐乡市。新中国成立后,市河以西的乌镇划归桐乡市,才统称乌镇。是江南水乡三大古镇之一。镇上的西栅老街是我国保存最完好的明清建筑群之一。乌镇曾名乌墩和青墩,具有6000余年悠久历史,是全国二十个黄金周预报景点及江南六大古镇之一。乌镇是典型的江南地区汉族水乡古镇,有"鱼米之乡,丝绸之府"之称,1991年被评为浙江省历史文化名城,1999年开始古镇保护和旅游开发工程,2014年11月19日始,乌镇成为世界互联网大会永久会址。

(4)角直镇

角直镇隶属于江苏省苏州市吴中区,是一座与苏州古城同龄,具有2500多年历史的中国水乡文化古镇;镇内河网交错,碧水环绕,桥桥相望,历来有"桥梁之乡"的美称。

角直镇先后荣获中国历史文化名镇、国家4A级旅游风景区、全国环境优美镇、全国重点镇、全国特色景观旅游名镇、江苏省百强乡镇、外向型经济明星镇、江苏省卫生镇等称号。

**2. 著名宅院**

(1)安徽民居典范——皖南古村落

皖南古村落——西递

皖南古村落是安徽省具有共同地域文化背景的历史传统村落,具有强烈的徽州文化特色,以安徽省黟县的西递和宏村为代表。

皖南古村落不仅与地形、地貌、山水巧妙相结合,而且加上明清时期徽商的雄厚经济实力对家乡的支持,文化教育日益发达,还乡以后以雅、文、清、高、超脱的心态构思和营造住宅,使得古村落的文化环境更为丰富,村落景观更加突出。

西递村明清时期出现许多高官和富商,他们修祠堂、建宅院,形成庞大建筑群,保存相当完好,被中外建筑专家誉为"明清民居博物馆";宏村保存完好的明清古民居有140

余幢,倚山面水,景色优美,被誉为“中国画里的乡村”。

2000 年 11 月,皖南古村落被列入《世界文化遗产名录》。世界文化遗产委员会评价:西递、宏村这两个传统的古村落在很大程度上仍然保持着那些在 20 世纪已经消失或改变了的乡村的面貌。其街道的风格,古建筑和装饰物,以及供水系统完备的民居都是非常独特的文化遗存。

(2)山西乔家大院

乔家大院又名“在中堂”,位于山西省祁县乔家堡村,始建于清乾隆年间(1756 年),整体呈双喜字形布局,城堡式建筑。分为 6 个大院,内套 20 个小院,313 间房屋,建筑面积 4175 平方米,三面临街,四周是高达 10 余米的全封闭青砖墙,大门为城门式洞式,是一座具有北方传统民居建筑风格的古宅。院与院相衔,屋与屋相接,鳞次栉比的悬山顶、歇山顶、硬山顶、卷棚顶及平面顶上,都有通道与堞墙相连。全院以一条平直甬道将 6 幢大院分隔两旁,院中有院,院内有园。四合院、穿心院、偏心院、角道院、套院,其门窗、椽檐、阶石、栏杆等,无不造型精巧,匠心独具。院内砖雕,俯仰可观,脊雕、壁雕、屏雕、栏雕……以人物典故、花卉鸟兽、琴棋书画为题材,各具风采。乔家大院设计之精巧,工艺之精细,体现了中国清代民居建筑的独特风格,具有相当高的观赏、科研和历史价值,被称为“北方民居建筑的一颗明珠”,素有“皇家有故宫,民宅看乔家”之说。

## 本章小结

建筑是人类文明的标志,是人类文化的重要组成部分。不论是宫廷建筑还是民间建筑无不反映出中国人民的勤劳和智慧。中国古代建筑以独特的结构体系、优美的艺术造型和丰富的艺术装饰享誉中外,在世界建筑史和文化艺术史中写下了光辉的一页,受到了各国建筑师、艺术家和广大旅游者的高度赞赏。

本章的重点:①掌握中国古代建筑的审美特征及价值;②了解中国古代各时期建筑的发展情况。

本章的难点:了解不同建筑类型的功用及其文化内涵。

## 思考题

1. 简述中国古代建筑的历史沿革。
2. 简述中国古代建筑的审美特征。
3. 简述中国古代建筑的结构。
4. 简述中国古代建筑的旅游价值。

实训

# 第四章

# 中国古典园林文化

**学习目标**

**知识目标**

●了解中国古典园林发展历程及各时期的园林特征。

●了解中国古典园林的分类方法。

●掌握中国古典园林的艺术特征、构景要素和构景方法。

**能力目标**

●能够应用园林知识,欣赏代表性园林艺术精品。

●能够通过古典园林造园理论的学习,认知中国古代的哲学思想。

中国古代园林,或称中国传统园林或古典园林。它历史悠久,文化含量丰富,个性特征鲜明,而又多姿多彩,极具艺术魅力,为世界三大园林体系之最。在中国古代各建筑类型中它可算得上是艺术的极品。在近五千年的历史长河里,留下了它深深的履痕,也为世界文化遗产宝库增添了一颗璀璨夺目的东方文明之珠。

## 第一节　中国古典园林发展简史

中国园林历史悠久,发端于殷商,觉醒于魏晋,成熟于唐宋,兴盛于明清。中国园林是中国传统文化的再现,是传统文化的结晶。尤其是作为独具特色的人文园林,它的演进过程又必然与中国文人的价值取向、审美观念、人格追求以及艺术情趣的变化联系在一起。

### 一、萌芽时期

根据文献记载,早在商周时期我们的先人就已经开始了利用自然的山泽、水泉、树木、鸟兽进行初期的造园活动。最初的形式为“囿”和“苑”。“囿”是指在圈定的范围内让草木和鸟兽滋生繁育,同时挖池筑台,供帝王和贵族们狩猎和享乐;“苑”是指专门蓄养禽兽的地方。公元前11世纪,周武王曾建"灵囿",其中有巍峨的殿阁、高大的楼台、奇禽怪兽、名贵花木。"囿""苑"作为一种园林之初始,就具备了园林的基本功能和格局。但是,它建立的最初目的是供统治者的生活消费,是一种物质的满足。

随着生产力的发展,物质资料逐渐丰足,人类游娱观赏的审美价值开始趋升。苑和囿中的建筑开始凸显,其中最有代表性的便是"台",即用土堆筑而成的高台。《吕氏春秋》高诱注:"积土四方而高曰台。"其作用是通神和观察天象,是统治者对上天的膜拜与精神的寄托。传说中,尧、舜、启都曾经修筑高台。据史料记载,殷纣王建鹿台,"七年而成,其大三里,高千尺,临望云雨"。到了周代,天子与诸侯也纷纷筑台,其中著名的有周文王的灵台、周灵王的混昭之台、楚庄王的层台、吴王夫差的姑苏台;等等。登高通神的思想,是统治阶级筑台的初衷。有些高台上建置房屋,除通神之外可以登高远眺,观赏风景流云,所以大多数的高台建在"苑""囿"之中。如殷纣王所建的鹿台和沙丘苑台。苑和台共存,意味两者结合而构成了中国园林最初的形式。

春秋战国时期的园林中已经有了成组的风景,既有土山又有池沼或台。自然山水园林已经萌芽,而且在园林中构亭架桥,种植花木。园林的组成要素都已具备,不再是简单的囿了。

秦汉时代,国家一统,经济繁荣,于是大兴土木,营建宫室花囿。秦始皇率先在咸阳修建著名的上林苑,这是一座规模宏大的皇家苑囿。为了求得长生不老,秦始皇笃信方士,曾派徐福率童男童女去东海仙岛寻找仙药。与此同时,又在上林苑中挖池筑岛,取名蓬莱仙岛,象征人间仙境,开创了人工堆山之先河。

汉王朝在秦上林苑的基础上进行大规模扩建、改建,并开凿了昆明、太液两池。太液池中修建了三座仙山,分别命名为蓬莱、方丈和瀛洲。这种在秦王朝创造的"一池一岛"基础上发展起来的"一池三山"的造园布局,以及它所体现的神仙思想,一直是历代王朝营建皇家园林的指导原则。当时的园林建造是以生产、通神、狩猎、游憩合一的综合体构成。除帝王建有大量的宫廷园林以供欣赏外,王公贵族、富绅官僚之家即已兴起了建造私家园林之风尚。

## 二、奠基时期

魏晋南北朝时期是中国园林发展中的转折点。佛教的传入及"老庄"哲学的流行,使园林转向崇尚自然。私家园林逐渐增加,寺庙园林开始出现。

魏晋南北朝政治动荡,经济衰退,士人们的处境也是朝不保夕,因而他们纷纷仿效"老庄",以无为浪漫、归隐山林为高雅。在这样的时代思潮主导下,游山玩水便成了风气,名士们行吟于山水间,于是山水诗、山水画大量涌现。在这种思潮影响下,自然山水园林也就应运而生。在江南率先出现了将自然山水"搬"进自家庭院的私家园林,"不出城郭,而享山林之美。"造园目的从秦汉时期的综合性逐渐发展到以逃避现实、游赏娱乐、完善自我为主题。造园理论和山水画的紧密结合,使造园艺术的品位提高。此时园林受山水画影响,于是凭借湖岸布置假山、建造厅堂、点缀花木,其初衷是士大夫追求精神解脱,陶醉于山林田园之中,以山居隐逸为高雅。这种以水池为中心的"集景式滨水园林群落”竟成了我国古代园林的传统手法。

魏晋南北朝时期还形成了一种新的园林类型——寺庙园林。由于佛教盛行，僧侣们喜择深山水畔建立清净梵刹。出家人惯游名山大川，对于天然风致之美有较高的鉴赏能力。因此，寺院选址往往在树老林深、峰石古朴、涧壑深幽、丛林茂密的山林之中。于是，形成了峰峦隐映、松桧荫郁、岩壑幽胜的寺庙园林。另外，当时还流行“舍宅为寺”的风气，贵族、官僚们把自己的住宅捐献作为佛寺，宅园也就成了寺院的附属园林。

## 三、全面发展时期

隋唐时代是中国封建社会又一个繁荣兴旺的高潮，园林艺术进一步发展。但是，当时的皇家园林仍然没有脱离秦汉遗风，只是宫殿楼宇更显雄伟气魄，苑中山水的布设更加灵活；私家园林进一步与文学和绘画结合起来，更加注重诗情画意，追求淡雅、朴素。其中比较著名的有王维在秦岭北麓营建的郊野式的辋川别业、白居易在洛阳城里修建的宅园。

隋朝结束了魏晋南北朝后期的战乱状态，社会经济一度繁荣，加上当朝皇帝的荒淫奢靡，造园之风大兴。隋炀帝“亲自看天下山水图，求胜地造宫苑”。隋不仅在长安建苑囿，而且在东都洛阳大规模营建西苑。盛唐时代，宫廷御苑设计也愈发精致，特别是由于石雕工艺已经娴熟，宫殿建筑雕栏玉砌，格外显得华丽。唐朝在大力营建宫殿的同时，在都城营建了南苑、北苑、大明宫内苑以及园林性质的兴庆宫。此外，在骊山建有温泉宫。在城市与乡村日益隔离的情况下，那些身居繁华都市的封建帝王和达官贵人，为了逍遥玩赏大自然的山水景色，便就近仿效自然山水建造园苑，不出家门，却能享“主人山门绿，水隐湖中花”的乐趣。因而作为政治、经济中心的都市，也就成了皇家宫苑和王府宅第花园聚集的地方。

这一时期工商业发达，社会相对稳定，文化经济空前繁荣，绘画、诗歌等方面都达到高峰。园林艺术也是这样。官僚及文人墨客自建园林或参与造园工作，将诗与画融入园林的布局与造景中，反映了当时社会上层的诗意化生活要求。造园家与文人、画家相结合，运用诗画传统表现手法，把诗画作品所描绘的意境情趣，引用到园景创作上，甚至直接用绘画作品为底稿，寓画意于景，寄山水为情，逐渐把我国造园艺术从自然山水园林阶段，推进到写意山水园林阶段。另外，唐代写意山水园林在体现自然美的技巧上取得了很大的成就，如叠石、堆山、理水等。同时宫苑中所养禽兽不再供狩猎之用，而成了园林中的观赏之物。

## 四、成熟时期

宋代在唐朝的基础上向地方城市和社会深层延伸辐射，造园更为普遍。首都东京（开封）和西京洛阳园林最为兴盛。东京有艮岳、金明池、琼林苑等帝苑多达9处，其中宋徽宗时所建的艮岳最为著名。规模宏大，造型奇特，布局合理，叠石堆山技巧发挥到很高水平，太湖石的地位和作用受到青睐。它把大自然生态环境和山水风景加以高度概括、提炼和典型化，建筑发挥重要的成景作用。“艮岳”可称得起是一座山水、花木、建筑完美结合的具有浓郁诗情画意的人工自然园林。是古典写意自然园林的代表作。写意性自然园的形成与发展从本质上标志着中国园林步入了真正成熟的阶段。

宋代的私家园林已分为南北两支，北以洛阳为主，南以苏州为盛。洛阳私园常以花卉取胜，而且在园林布局上已经有了严格的规划，开始按景分区，各个景区都有自己的特色。苏州私园的造园艺术更为精湛，叠石假山常常以假乱真，园内的装饰更加考究。著名的沧浪亭园林就是宋代私园的杰作。民间由于北宋东京商业发达，传统坊里布局已名存实亡，到处都是热闹繁华的市街。一些茶楼酒肆附设池馆园林，以招徕顾客。

南宋偏安江南后，造园之风又大盛于临安、吴兴、苏州等地。临安西湖及周围山区日益开辟为游览区，皇家御苑、寺观园林、朝贵私园争占湖山之胜，见于《都城纪胜》和《梦粱录》的即有五十多座。

南宋造园技法日趋成熟，园林与诗、画的结合更为紧密，园林建筑种类日益繁多，用石材堆叠假山已成为园林筑山的普遍方式，几乎达到“无园不石”的地步。同事由于栽培、嫁接技术的发展，使园林花木品种也大量增加。

## 五、高峰时期

明朝的建筑、文学艺术、绘画等领域都有很大的开拓，特别是砖石建筑的普遍运用，大批能工巧匠的出现，促进了建筑业的发展。明太祖崇尚隋唐的豪华气魄，定都南京后也大兴土木，筑城郭，建宫室，凿池迭山，营造园林。明成祖迁都北京，宫廷御苑，也是兴盛一时。

明清时期，园林艺术进入精神发展阶段，无论是江南的私家园林，还是北方的帝王宫苑，在设计和建造上，都达到了高峰。现代保存下来的园林大多属于明清时代，这些园林充分表现了中国古代园林的独特风格和高超的造园艺术。

皇家园林创建以清代康熙、乾隆时期最为活跃。特别是乾隆对江南山水极有兴致，六次南巡，所到之处都留下“御笔”。北京颐和园、承德避暑山庄就是清王朝建造的皇家苑囿行宫。承德避暑山庄占地八千四百余亩，比颐和园的面积大近一倍，是我国现存最大皇家园林。私家园林是以明代建造的江南园林为主要成就，如“沧浪亭”“休园”“拙政园”“寄畅园”；等等，虽然规模不似皇家园林，但也堪称小巧精细之作。

园林从游赏到可游可居方面逐渐发展。大型园林不但模仿自然山水，而且还集仿各地名胜于一园，形成园中有园、大园套小园的风格。自然风景以山、水地貌为基础，植被做装点。明、清时期园林正是以这一特点和创造手法的丰富而成为中国古典园林集大成时期。

在长期的造园实践中，也造就了一批造园专家和工匠，计成的《园冶》、文震亨的《长物志》两书已对我国造园艺术进行系统地总结。它们在创作思想上，仍然沿袭唐宋时期的创作源泉，从审美观到园林意境的创造都是以“小中见大”“须弥芥子”“壶中天地”等为创造手法。自然观、写意、诗情画意成了创作的主导地位，园林中的建筑起了最重要的作用，成为造景的主要手段。

到了清末,造园理论探索停滞不前,加之由于外来侵略,西方文化的冲击,国民经济的崩溃等原因,使园林创作由全盛到衰落。但中国园林的成就却达到了历史的峰巅,其造园手法已被西方国家所推崇和模仿,在西方国家掀起了一股"中国园林热"。中国园林艺术从东方到西方被全世界所公认为园林之母,世界艺术之奇观。

中国造园艺术,是以追求自然精神境界为最终和最高目的,从而达到"虽由人作,宛自天开"的目的。它深浸着中国文化的内蕴,是中国五千年文化史造就的艺术珍品,是一个民族内在精神品格的写照,是我们今天需要继承与发展的瑰丽事业。

## 第二节　中国古典园林的分类

中国古代园林的分类,从不同角度看,可以有不同的分类方法。

### 一、按占有者身份分类

按园林占有者的身份,可划分为皇家园林、私家园林和寺观园林三大类。

#### 1. 皇家园林

皇家园林在古籍里面称为"苑""囿""宫苑""园囿""御苑",属于皇帝个人和皇家私有,是供帝王居住、处理政务和享乐的园林。如果从公元前 11 世纪周文王修建的"灵囿"算起,到 19 世纪末慈禧太后重建清漪园为颐和园,已经有 3000 多年的历史,可谓源远流长。在这漫长的历史时期中,几乎每个朝代都有宫苑的建置。一些建在京城里面,与皇宫相毗连,相当于私家的宅园,称为大内御苑;大多数则建在郊外风景优美、环境幽静的地方,一般与离宫或行宫相结合,分别称为离宫御苑、行宫御苑。

目前,保存较好、艺术价值较高的大多为明清时期所建。明清皇家园林的营造,其规模之大,数量之多,建筑之巨,是任何一个朝代都难以比拟的,包括紫禁城的御花园、颐和园、圆明园、承德避暑山庄等。从康熙到咸丰,苑囿实际上成了清帝的主要居住场所和宫廷政权的所在地。

古代中国社会,君权始终凌驾于神权之上,帝王君临天下,享有至高无上的权力。专制的王权政治渗透包括宫殿、陵墓、坛庙等所有皇室建筑中,园林自不例外。与其他类型的园林相比,皇家园林的皇家气派、皇家色彩十分浓重。概括起来,皇家园林有以下几个特点:

(1)规模宏大,富丽堂皇

清代所建圆明园占地 5200 多亩,颐和园占地 4350 亩,承德避暑山庄占地 8400 余亩。作为名垂千古的一代英王,康熙帝在追求山庄"博大"的心理美感方面不遗余力,营造避暑山庄时,圈进了 5.64 平方千米的山林沼泽。此外,皇家园林中宫殿式的建筑体型高大、威赫凛然,雍容华贵,而且形式极尽复杂多变之能事,色彩金碧辉煌,处处彰显着皇家的风范。

(2)采用真山真水布局

避暑山庄在这方面是集大成者。山庄虽是一座园林,却很大程度上保持了大自然的原生态环境。山川林泉都是自然的,雉兔鹿鹤等动物也未经人工驯化。山庄的湖区由上湖、下湖、澄湖、西湖、镜湖、如意湖、银湖、半月湖等风景各异的湖泊组成,水面面积达870亩。山峦风景区位于山庄西南面,占山庄总面积的4/5。整个山区峰峦叠起,丛林满坡,满山遍野苍松翠柏。这些真山真水使得避暑山庄形成了迥异于其他类型园林的独特风格,处处体现了天子帝王的磅礴大气。

(3)皇权象征寓意十分浓厚

皇家园林布局往往是宫苑合一,既可以满足帝王的休闲娱乐需求,也适合处理政务、接见外国使节,具有强烈的政治色彩。清朝著名的皇家园林——颐和园在总体上可以分为三个景区:第一景区是宫廷区,位于全园的东部、万寿山的脚下。这里有皇帝处理朝政的仁寿殿,皇帝、后妃居住的玉兰堂、宜芸馆、乐寿堂以及各种服务性建筑,建筑物体量高大雄伟,威严壮观,雍容华贵。在布局上,遵循宫殿式的中轴对称原则,采取前殿、中殿、后殿格局,突出皇权的至高无上。

(4)全面吸收江南园林造园技艺

康熙年间,江南著名造园家张然奉诏为西苑的瀛台、玉泉山静明园堆叠假山,稍后又与江南画家叶洮共同主持畅春园的规划设计,江南造园技艺开始引入皇家园林,而对江南造园技艺更完全、更广泛的吸收,则是乾隆时期,乾隆在位60余年,六下江南,由于他“艳羡江南,乘兴南游”,凡他所中意的园林,均命随行画师摹绘成粉本,作为皇家建园的参考,紫禁城里的宁寿宫花园便是乾隆皇帝参照江南园林建造的作品。

**2. 私家园林**

私家园林在古籍当中被称为园、池馆、山池、别业等,是指宗室外戚、王公官吏、富商大贾营造的供自家居住和享用的园林。现存著名的私家园林有苏州的拙政园、留园,上海豫园,北京的恭王府花园,山东曲阜的孔府后花园等。私家园林和皇家园林相比,有很多不同。

苏州古典园林

(1)规模虽小,却精巧细致,以小见大

私家园林规模比较小,大多占地一两亩到几十亩。园林规模虽小,却能做到小中见大。造园艺术家通过艺术创作,在有限的范围内创造出无限的景色来。即在有限的范围内运用含蓄、扬抑、曲折、暗示等手法来引导人们观赏,有效增加了园内的景观层次,造成一种似乎深邃不尽的景境,扩大人们对于实际空间的感受。始建于清末,后归苏州著名海派画家吴待秋所有,残粒园占地不足1/4亩,却也有山有水,有桥有阁。

(2)虽采用假山假水,却处处显露真山真水之情趣

私家园林虽多用假山假水,但通过园艺师叠山理水的技巧、建筑的点缀、植被的修饰,构成了一副充满诗情画意、意境淡雅的山水画,充满了真山真水的情趣。

(3)色彩清淡典雅

在色彩使用方面,私家园林也形成了自己独特的风格。根据古礼思想,色彩在古代中国具有政治含义。帝王建筑雕梁画栋,采用和玺彩画,色彩鲜亮浓重,多用金黄色、朱

红色，而私家园林中没有艳丽夺目的色彩，多为白墙、灰瓦、赭褐色的门窗和梁枋，没有金碧辉煌，也少有大红大绿。表现了作者追求清静无为，淡泊雅致的心态。

(4)浓郁的书卷气

私家园林园主多是文人士大夫出身，能诗善画，园林风格以淡雅脱俗为最高追求，充溢着浓郁的书卷气。清代园林评论家钱泳在《履园从话》当中说："造园如作诗文，必使曲折有法，前后呼应，最忌堆砌，最忌错杂，方称佳构。"

#### 3. 寺观园林

寺观园林，是指佛教寺院、道教宫观等宗教场所的附属园林，包括寺观内外的园林环境。杜牧的"南朝四百八十寺，多少楼台烟雨中"形象地说明了寺观园林自然秀丽、神秘朦胧的意境。

为了宗教修行，寺观多建在环境幽静、景色优美的山林深处（如少林寺）。喧闹的城市之中，也不乏景色秀丽的寺院，例如北京的潭柘寺、南京的栖霞寺、镇江的金山寺、苏州的戒幢律寺、扬州的大明寺，都是寺观园林的代表。

寺观园林不同于帝王苑囿和私家园林的私有性，寺庙园林对公众开放，具有公共性，这与宗教普度众生的终极关怀密切相关。寺观园林的布局多采用中轴对称的布局方式。讲究庭院内部的绿化，树木往往以松柏为主，突出肃穆、庄严的气氛。寺观园林意境超凡脱俗，往往能在都市之中创造出一片净土仙境，突出"跳出三界外，不在五行中"的宗教文化内涵。

### 二、按园林所处地理位置分

按照园林所处的地理位置可分为北方园林、江南园林和岭南园林。

#### 1. 北方园林

北方园林主要是指分布于我国秦岭淮河以北地区的园林，主要集中在西安、洛阳、开封、北京等古都，以北京为代表。北方园林以皇家园林为主，其特点前文已经说明。北方地形比较平坦、因自然气象条件所局限，湖泊河川、园石和常绿树木都较少，因此，北方园林显得粗犷而秀美则略显不足。总体来看，北方园林的艺术风格可以概括为"北方之雄"。

#### 2. 江南园林

自古以来，江南地区造园无论是在自然条件、经济条件还是人文方面都十分成熟。江南地区河流纵横，水网密布，气候温和湿润，树木四季常青，植物花卉品种繁多。江浙一带盛产石料，南京、杭州、湖州等地黄石远近闻名，苏州自古以来就以出产湖石著称，这些石料都是叠山的上等材料。江浙一带自古代起就是有名的鱼米之乡，手工业发达，商业繁荣。这里文风盛行，文化昌盛，自古以来文人才子辈出。宋室南迁之后，大批官吏富商涌入苏杭，文人画、山水诗盛行，掀起了造园的高潮。明清两朝，江南士子科举高中者为数不少，这批文人重归故里后，无不买田置地，建造园林，江南因此成为私家园林的集中地。

江南园林主要分布在长江下游三角洲地区，集中在苏州、扬州、无锡、杭州、南京、上海等城市，以苏州最为典型。"江南园林甲天下，苏州园林甲江南"。苏州园林大多建于宋、元、明、清时代，目前声名远扬的包括建于宋代的沧浪亭、建于元代的狮子林、建于明代的拙政园和留园，建于清代的网师园和怡园。关于江南园林的特点此前已经详述，总体上来讲，江南园林具有玲珑纤巧，轻盈秀丽，淡雅朴素，曲折幽深，富有田园情趣，可以概括为"江南之秀"。

### 3. 岭南园林

岭南地区出于五岭山脉以南，为亚热带气候，江水丰沛，主要植物终年常绿，造园条件十分优越，比北方、甚至比江南都要好。

岭南园林主要集中在珠江三角洲地区，现存著名的岭南园林有顺德清晖园、东莞可园、番禺余荫山房；等等。

功能与布局：岭南园林多为景观观赏与避暑纳凉相结合，布局往往以大池为中心，四周布置楼阁，高树深池，荫翳生凉。园林植物以岭南常见植物为主，有木棉、榕树、棕榈、凤凰木等，终年常绿、高大挺拔、五彩缤纷，具有南国情调、热带风光。

特点：岭南园林发展历史较晚，既有北方园林的稳重与华丽，也融会了江南园林的精巧，同时还带有某些西方园林的风格，因而形成了轻巧、通透、明快的综合型园林风格。

# 第三节　中国古典园林的艺术特征

中国古典园林注重布局的巧妙，技法的精致，文化的悠远，贵在自然，妙在含蓄，美在意境。

## 一、虽由人作，宛自天开

中国古典园林是自然山水园林。古代造园大师在造园时，首先要做的就是创造一个"木欣欣以向荣，泉涓涓而始流"的自然环境。中国明代著名造园大师计成在《园冶》中对这个理论做了精辟的阐述。在开篇的"园说"即造园总论中，计成提出造园无论从选地、堆山、挖池、开路还是建房、造墙、种植花木，都要达到"虽由人作，宛自天开""自成天然之趣，不烦人事之功"的意境。

如何才能达到这样一个境界？一是造园艺术，师法自然。山与水的关系以及假山中峰、涧、坡、洞各景象因素的组合，要符合自然界山水生成的客观规律。每个山水景象要素的形象组合要合乎自然规律，尽量减少人工拼叠的痕迹。水池常作自然曲折、高下起伏状。花木布置应是疏密相间，形态天然。乔木灌木也是错杂相间，追求天然野趣。二是园林建筑，顺应自然。所有建筑，其形与神都与周围的自然环境相和谐，同时又使园内各部分自然相接，以使园林体现自然、淡泊、恬静、含蓄的艺术特色。在中国古典园林中，无论哪一种类型的建筑，其形体、大小、比例、位置、疏密、高下，均以功能和构图需要而随机应变，灵活运用。然而，造型轻巧淡雅不求瑰玮庄严，装修精致灵动不求富丽华贵，空间开敞流通不求封闭森严，则是共同的基本要求，以便与淡泊的山林境界和谐一致，而且建筑与建筑之间，建筑与景物之间也因此能融为一体，相互生发，富于诗情画意。三是树木花卉，表现自然。松柏高耸入云，柳枝婀娜垂岸，桃花数里盛开，乃至于树枝弯曲自如，花朵迎面扑香，其形与神，其意与境都重在表现自然。

## 二、巧于因借，精在体宜

在《园冶》第一卷“兴造论”中，计成指出，“园林巧于因借，精在体宜”，以获自然之美。所谓“因”就是因地制宜，根据原有的地形地貌、树木水源，适宜堆山就堆山，适宜造池就造池，宜亭则亭，宜殿则殿。所谓“借”就是借景，即将园外的景物组织到园内所能看到的画面中来，与园内景物浑然一体，从而突破园子的有限空间，丰富园景的层次。借景包括远借、近借、仰借、俯借及应时而借等，以达到极目所至，俗者屏之，佳者收之，巧而得体的审美效果。在中国古代各种类型的园林中，借景都有杰出的范例。

皇家园林中首推颐和园的借景。颐和园西部数十里以外的西山群峰，从园内看去，一脉相承，北高南低，稍近的玉泉山和山顶宝塔浮现在群峰之前，使西山群峰层次分明，重点突出。在私家园林中，也有着许多成功的借景范例。无锡寄畅园将锡山上的龙光塔借入园中，开阔园中景物视野；扬州何园将隔墙的片石山房假山峭奇的主峰纳入园内的画面，造成园外有园、两园一体的错觉。这种一切从实际情况出发，利用已有条件精心设计的做法是中国古代自然山水园林的造园要领。

## 三、寓情于景、情景交融，充满诗情画意的意境之美

“寓情于景”，就是借那些经过创作的自然之景，融入园主的设计思想，既是计成在《园冶》当中所说的“三分匠心，七分主人”，借助自然景物来表达园主的意向和旨趣，从而满足人们的某种精神追求。例如苏州拙政园乃是明朝正德年间御史王献臣所建，王献臣因为仕途不得志，遂以西晋潘岳自比，取潘岳《闲居赋》：“筑室种树，逍遥自得……灌园鬻蔬，供朝夕之膳……此亦拙者之为政也”。（有朴实之人在自家花园为政的巧意。）题名“拙政园”，寄托了王献臣寄情山水，远避朝政，从此甘心过闲淡隐居生活的精神追求。

前来参观游览的客人，身处园林之中，触景生情，造园者的追求和思想通过园林景观影响到了游人，从而与之产生共鸣，进而达到情景交融的艺术效果。

中国古典园林经常用诗词书画、题额楹联渲染气氛，提升意境。借助字画、匾额、楹联、诗词描绘周围景物，从而更加富有情趣和发人遐想。比如拙政园的“远香堂”，就是取自宋代周敦颐的《爱莲说》中“香远益清”的句子。

## 四、空间布局错落有致、富有层次感

中国古典园林从整体布局上看，既不像宫殿、寺院那样采用井然有序的一正两厢的

布局形式，更不像西方古典建筑那样由于轴线对称的几何式园林而给人以严谨的感觉。乍看起来似乎很凌乱、很偶然，其实个中自有乾坤。

中国古典园林空间布局的特点是模仿自然追求山林野趣。园中建筑、山水、花木等结合地势灵活布局，使园中各景主次分明，突出重点。在一块不大的区域内运用各种漏景、障景、对景、借景等手法，使园景小中见大，以少胜多，在有限的空间内创造富有变化的风景。

采用抑景的手法把最好的景色藏在后面，不使游人一览无余，然后再通过曲径、回廊略展一角，撩人心弦，最后才豁然开朗，令人精神一振，达到移步换景的效果，给人以“柳暗花明又一村”的印象。拙政园迎门挡以假山，类似于居宅建筑中的影壁屏障，称为“山抑”；运用植物题材如一片树丛的，称为“树抑”；也可以利用建筑题材，称为“曲抑”。北京颐和园入园后，只见一座座华丽的宫殿，看不到一点园林的景致，绕过仁寿殿后，峰回路转，三两步间，一幅高阁、平湖、远山的壮丽图景才呈现在面前。抑景手法的运用，将园林划分成几个既分割又有联系的景区，随着游览的脚步，景区依次过渡展开，生动地表达了中国古典园林讲究含蓄、幽邃、深藏不露的审美追求。

漏窗的运用，使空间流通、视觉流畅，因而隔而不绝，在空间上起互相渗透的作用。在漏窗内看，玲珑剔透的花饰、丰富多彩的图案，有浓厚的地方特色和美学价值。透过漏窗，竹树迷离摇曳，亭台楼阁时隐时现，远空蓝天白云飞游，造成幽深宽广的空间境界和意趣。

## 第四节　中国古典园林的造园要素

中国古人追求生活的艺术化。作为艺术珍品的古典园林，既要满足人们居住、宴饮的需要，同时还必须满足人们吟诗作画、欣赏游玩的需要。可居、可游、可观等性能主要通过五种造园要素实现，即山、水、建筑、花木以及楹联匾额。

### 一、叠山

山是园林中的骨骼。古人称石头是天地之骨，它可以将园林分割成不同的空间，形成不同的景区。颐和园万寿山天然的分割作用形成颐和园南北两种不同境界。山南湖水波光粼粼，山北丛林茂密幽静。游人遨游园中，别有一番情趣。一座山往往是园林中的制高点，游人登高远望，园里园外别致景色映入眼帘，美不胜收。山自身又是园林的构景要素，是游人欣赏体味的审美对象。文人士大夫自古雅好山水，心醉神迷。这种文化心理伴随历代文人骚客遍寻名山，雄伟险峻、秀丽幽静，形态不同的山带给他们不同的审美体验，也留下大量脍炙人口的诗歌名篇。“天姥连天向天横，势拔五岳掩赤城。天台四万八千丈，对此欲倒东南倾。”“岱宗夫如何？齐鲁青未了。造化钟神秀，阴阳割昏晓。”无论是天姥山还是泰山，诗人登山则情满于山，寄情于景，抒情言志。山于园林的作用可见一斑。

中国悠久精湛的叠山技艺使得园林中的假山造型独特，具有真山的自然之美。叠石所用石料有湖石、黄石、房山石、青石、英德石、黄蜡石等。石料不同,能产生不同的造型风格与艺术效果。湖石由石灰岩溶蚀而成,最著名的是太湖石。鉴赏湖石的标准是瘦、透、漏、皱、丑。瘦,指山石体态苗条,有迎风玉立之势;透,指石的纹理纵横,有自然之势;漏,指石上大孔小孔,涡洞相套,上下贯穿,有玲珑之态;皱,指石的表面沟痕密布,有真山之气;丑,指怪、奇,"丑到极处,便是美到极处"。湖石假山最有名的要数苏州环秀山庄。环秀山庄位于苏州景德路,原为五代钱氏金古园故址,入宋归朱伯原,元时属张适,明时为杜东原所有,乾隆年间蒋楫居之,道光末年属汪氏,又名颐园。此园东南为湖石山区,体积雄巨,造型奇巧,由清代常州叠石专家戈裕良设计建造。逼真地模拟自然山水,将峡谷、岩洞、曲蹬、飞梁、危峰、峭壁等巧妙组合。山势的起伏、岩石的脉理浑如天成。山峰有主有从,层次分明,细部则叠有无数涡洞皱纹,极其自然。假山虽不足半亩,却辟有60余米的山径,盘旋起伏,山重水复,步移景异,变化无穷。陈从周对其评价极高,曰:"造园者不见此山,如同作诗者不见李杜。"

与湖石相比,黄石则美在厚重、笨拙。黄石假山比较雄厚、质朴,最著名的是上海豫园的黄石假山。豫园肇建于明代,园主潘允端,后屡经兴废,犹存明代风格。豫园布局以黄石大假山为主,出于明代叠山名家张南阳之手。这座假山主峰高达12米,立面感强,层次分明,垒砌峭壁,洞壑幽深,磴道迂回,坡陀突兀,山间瀑布淙淙而下,山上古木苍翠,宛若真山。他胸有丘壑,故能"转千钧于千仞,如片羽于尺布"。乔钟吴在《西园记》一文中以赞叹的笔调写道:"层崖峭壁,森森若万笏状,其金碧秀润之气,常扑人眉宇,遥望之若壶中九华,天造地设,几不知其为人力也。"

## 二、理水

为表现自然,理水也是造园最主要因素之一。不论哪一种类型的园林,水是最富有生气的因素,无水不活。自然式园林以表现静态的水景为主,以表现水面平静如镜或烟波浩渺的寂静深远的境界取胜。人们或观赏山水景物在水中的倒影,或观赏水中怡然自得的游鱼,或观赏水中芙蕖睡莲,或观赏水中皎洁的明月……自然式园林也表现水的动态美,但不是喷泉和规则式的台阶瀑布,而是自然式的瀑布。池中有自然的肌头、矶口,以表现经人工美化的自然。正因为如此,园林一定要省池引水。古代园林理水之法,一般主要有三种:

### 1. 掩

以建筑和绿化,将曲折的池岸加以掩映。临水建筑,除主要厅堂前的平台,为突出建筑的地位,不论亭、廊、阁、榭,皆前部架空挑出水上,水犹似自其下流出,用以打破岸边的视线局限;或临水布蒲苇岸、杂木迷离,造成池水无边的视角印象。

### 2. 隔

或筑堤横断于水面,或隔水净廊可渡,或架曲折的石板小桥,或涉水点以步石,正如计成在《园冶》中所说,"疏水若为无尽,断处通桥"。如此则可增加景深和空间层次,使水面有幽深之感。

### 3. 破

水面很小时，如曲溪绝涧、清泉小池，可用乱石为岸，怪石纵横、犬牙交错，并植配以细竹野藤、朱鱼翠藻，那么虽是一洼水池，也令人似有深邃山野风致的审美感觉。

## 三、建筑

古典园林都采用古典式建筑。古典建筑斗拱梭柱，飞檐起翘，具有庄严雄伟、舒展大方的特色。它不只以形体美为游人所欣赏，还与山水林木相配合，共同形成古典园林风格。

园林建筑物常作景点处理，既是景观，又可以用来观景。因此，除去使用功能，还有美学方面的要求。楼台亭阁，轩馆斋榭，经过建筑师巧妙的构思，运用设计手法和技术处理，把功能、结构、艺术统一于一体，成为古朴典雅的建筑艺术品。它的魅力，来自体量、外型、色彩、质感等因素，加之室内布置陈设的古色古香，外部环境的和谐统一，更加强了建筑美的艺术效果。

园林建筑不像宫殿庙宇那般庄严肃穆，而是采用小体量分散布景。特别是私家庭园里的建筑，更是形式活泼，装饰性强，因地而置，因景而成。在总体布局上，皇家园林为了体现封建帝王的威严，和美学上的对称、均衡艺术效果，都是采用中轴线布局，主次分明，高低错落，疏朗有致。私家园林往往是突破严格的中轴线格局，比较灵活，富有变化。通过对、呼应、映衬、虚实等一系列艺术手法，造成充满节奏和韵律的园林空间，居中可观景，观之能入画。

中国自然式园林，其建筑一方面要可行、可观、可居、可游，一方面起着点景、隔景的作用，使园林移步换景、渐入佳境，以小见大，又使园林显得自然、淡泊、恬静、含蓄。这是与西方园林建筑很不相同之处。中国园林建筑种类繁多，形式多样，有厅、堂、楼、阁、馆、斋、榭、轩、舫、亭、路、廊、桥等。

### 1. 厅堂

厅堂是待客与集会活动的场所，是全园的活动中心，也是园林中的主体建筑。“凡园圃立基，定厅堂为主。”（计成《园冶》）厅堂的位置确定后，全园的景色布局才依次衍生变化，造成各种各样的园林景致。厅堂一般建在地位突出，景色秀丽，足以能影响全园的紧要处所。坐北朝南，建筑的体量较大，空间环境相对也开阔，厅前凿池，隔池堆山作为对观景，左右曲廊回环，大小院落穿插渗透，构成一个完整的艺术空间。苏州拙政园中园部分，就是这样一个格局，以“远香堂”为主体建筑，布置了一个明媚、幽雅的江南水乡景色。

### 2. 楼阁

楼阁是园林中二类建筑，属较高层的建筑。楼和阁体量处理要适宜，避免造成空间尺度的不和谐而损坏全园景观。阁，四周开窗，每层设围廊，有挑出平座，以便眺望观景。

3. **书房馆斋**

馆可供宴客之用,其体量有大有小,与厅堂稍有区别;大型的馆,如留园的五峰仙馆,实际上是主厅堂。斋供读书用,环境当隐蔽清幽,尽可能避开园林中主要游览路线。建筑式样较简朴,常附以小院,植芭蕉、梧桐等树木花卉,以创造一种清静、淡泊的情趣。

4. **榭**

榭建于水边或花畔,借以成景。平面常为长方形,一般多开敞或设窗扇,以供人们游憩、眺望。水榭则要三面临水。

5. **轩**

轩是小巧玲珑、开敞精致的建筑物,室内简洁雅致,室外或可临水观鱼,或可品评花木,或可极目远眺。

6. **舫**

舫是仿造舟船造型的建筑,常建于水际或池中。南方和岭南园林常在园中造舫,苏州拙政园的香洲是舫中佼佼者。舫大多将船的造型建筑化,在体量上模仿船头、船舱的形式,便于与周围环境和谐协调,也便于内部建筑空间的使用。

7. **亭**

亭一种开敞的小型建筑物。汉代许慎《说文》:“亭,停也,人所停集也。”主要供人休憩观景。可眺望,可观赏,可休息,可娱乐。亭在造园艺术中的广泛应用,标志着园林建筑在空间上的突破,空间上独立自在,布局上灵活多变,建筑形式上不拘一格。亭集中了中国古代建筑最富有民族形式的精华,按平面形状分,常见的有三角亭、方亭、矩形亭、六角亭、八角亭、圆亭、扇面亭、梅花亭、套方亭。按屋顶形式分,有单檐亭、重檐亭、攒尖亭、盖顶亭、歇山亭,攒尖高耸,檐宇如飞,形象十分生动而空灵。按所处位置分,有桥亭、路亭、井亭、廊亭。凡有佳景处都可建亭,画龙点睛,为景色增添民族色彩和气质;即使无佳景,也可从平淡之中见精神,使园林更富有生气和活力。苏州的沧浪亭、拙政园中的松风亭都是著名的亭。

8. **路与廊**

路与廊在园林中不仅有交通的功能,更重要的是有观赏的作用,是中国园林中最富有可塑性与灵活性的建筑。

9. **桥**

园林中的桥,一般采用拱桥、平桥、廊桥、曲桥等类型,有石制的、竹制的、木制的,十分富有民族特色。它不但有增添景色的作用,而且用以隔景,在视觉上产生扩大空间的作用。同时过了一桥又一桥,也颇增游客游兴。特别是南方园林和岭南园林,由于多湖泊河川,桥也较多。

## 四、动植物

中国古典园林重视饲养动物。最早的苑囿中,以动物作为观赏、娱乐对象。魏晋南北朝的园林中有众多鸟禽,使之成为园林山水景观的天然点缀。唐代王维的辋川别业中养鹿放鹤,以寄托"一生几经伤心事,不向空门何处销"的解脱情趣。宋徽宗所建艮岳,集天下珍禽异兽数以万计,经过训练的鸟兽,在徽宗驾到时,能乖巧地排立在仪仗队里。明清时园中有白鹤、鸳鸯、金鱼,还有鸟、蝉等。园中动物可以观赏娱乐,可以隐喻长寿,也可以借以扩大和涤化自然境界,令人通过视觉、听觉产生联想。

花草树木是园林的毛发,中国古典园林很重视花草树木的栽培及其与建筑山水的交相呼应。花木可以围合空间,反映时间,点缀山池,修饰建筑,组织道路,对比尺度,陪衬主景,丰富层次,和谐色调,使人心情荡漾,精神愉悦。花草树木的自然属性更能给人以某种象征意义和精神寄托,如松柏的苍劲、梅花的高洁、翠竹的洒脱、杨柳的依恋、牡丹的高贵等。园林不可无花草,它给园林带来盎然生机。有了花草树木,整个园林都活了起来。几丛翠竹,几枝梅花,点缀在山石、楼阁之间,不仅使人感受到绿色的魅力,而且形成刚柔相济、虚实相生的情境。池中的莲花亭亭玉立,随风摇曳,不仅改变了水面的平静单调,而且与蓝天白云、厅堂楼阁的倒影相映生辉,形成一幅绚丽多姿又淡雅清丽的美丽画卷。

园林中的花木栽植要与其他要素协调,才能淡化人工造景的痕迹,使园林显现出自然情趣。如宽敞的庭院可种植牡丹、紫藤、玉兰、海棠、桂花等形体高大、色彩艳丽的花树;滨河低湿之地,宜柳条拂水,荻苇偃风;墙阴阶前,则以爬山虎、修竹、天竺、秋海棠等更为高洁耐赏。至于老梅宜冬,紫藤迎春,莲荷消暑,丹桂送秋,以配合时令,都是园林花木栽植的常见手法。此外,不同园林的花木品种方面,也有很大差异,如留园多白皮松,沧浪亭多箬竹,怡园多松、梅,个园多竹等。总之,园林中的花木栽植不仅仅是为了绿化,更是点缀、营造山林氛围所必不可少的要素,缺少了花木,园林便失去了秀媚和神采。

## 五、楹联匾额

中国古典园林是文化园林,这是举世公认的。除了因为它的本质是文人园林之外,拥有文字优美内涵深刻的匾额与楹联也是一个重要原因。匾额用简洁、婉转的语言将园林的妙处点明,有助于游客加深对园林主人造园时心理状态的理解和体悟。当然,受中国传统文化影响,这些题额往往非常含蓄,给人留下很大的遐想空间。匾额四字居多,最著名的是"西湖十景":苏堤春晓、平湖秋月、花港观鱼、柳浪闻莺、双峰插云、三潭印月、雷峰夕照、南屏晚钟、曲院风荷、断桥残雪。当然题额不限于四个字,五个字的也很多。比如拙政园的"荷风四面亭",身临其境,没有风也会感到四周有轻风吹过,荷花飘香。小小题额的点缀,为游人平添了多少兴致。

相比之下,由于字数较多,园林建筑中的楹联更能体现景点的风貌和意境。苏州狮子林“古五松园”西南有著名的“真趣亭”，唐寅曾为它撰写楹联：“苍松翠柏真佳客，明月清风是故人。”用平白朴实的语言，描绘了亭子周围的美景。苏州耦园东园东南角有“枕波双映轩”，轩外有砖刻楹联一副：“藕园住佳偶，城曲筑诗城。”表达了夫妻俩偕隐林下、读书明志的浪漫生活。上海豫园著名景点“点春堂”对面是小戏台，俗称打唱台。台的四面都有楹联，将东南西北四个方位与春夏秋冬四个季节巧妙的搭配起来，描绘了一年四季万紫千红的景色。东联为：“大地春回，看处处柳眠兰笑；小园苑住，听声声燕语莺歌。”此乃春景。南联为：“一曲薰风允矣，阜财能解愠；三生拳石宛然，含笑共争妍。”此乃夏景。西联为：“花扫闲阶，仰仙子凌波来去；榻悬高阁，迟诗人扶杖遨游。”此乃秋景。北联为：“遥望楼台，斜倚夕阳，添暮景；闲谈风月，同浮大白，趁良辰。”此乃冬景。总之，园林中的楹联匾额无不体现园林主人超凡的艺术造诣以及高洁的品格理想，引得游人赞叹不止，流连忘返。

## 第五节　中国古典园林的主要构景手法

中国园林造园构景中往往运用多种手段来表现自然，以求得渐入佳境、小中见大、步移景异的理想境界，以取得自然、淡泊、恬静、含蓄的艺术效果。构景手段很多，比如讲究造园目的、园林的起名、园林的位置、园林的布局、园林中的微观处理等。

### 一、抑景

中国传统艺术历来讲究含蓄，所以园林造景也忌讳“开门见山，一览无余”，抑景是中国园林中普遍采用的一种造园手法。所谓抑景，即先把园林中的景致隐藏起来，不使其被一览无余，然后再展现在你的面前，先藏后露，欲扬先抑，以此提高园林的艺术感染力和层次感。

抑景的手法很多，比如苏州园林，用厅堂建筑或假山遮住主景，让游人穿堂逾室，通过光线较暗的廊道或假山洞口，才能窥见园中景物。抑景不限于园林的起始部分，园中处处都能灵活运用，给游人以“山重水复疑无路，柳暗花明又一村”的感觉，从而激发观光者的游兴。

### 二、透景

透景也是一种造园的常见手法。运用到观景中，就是游览园林时，在假山上观赏山下美景，或坐在亭中观赏远处山水、建筑时，应注意在阻挡视线的树木或其他高于游人视线的地上物中间寻找一条或数条观景线，把远景引入观景者的视线中来，从而取得理想的观赏效果。实际上，园林中的任何一个风景点，同时也是观景点，其四周阻挡观景视线的景物、建筑中，都蕴藏着一个或数个极好的观景视线或视角，这是我们观景、赏景，取得美感的要点。

## 三、添景

当风景点在远方，或自然的山，或人文的塔，如没有其他景点在中间、近处作过渡，就显得虚空而没有层次；如果在中间、近处有乔木、花卉作中间、近处的过渡景，景色显得有层次美，这中间的乔木和近处的花卉，便叫作添景。如当人们站在北京颐和园昆明湖南岸的垂柳下观赏万寿山远景时，万寿山因为有倒挂的柳丝作为装饰而生动起来。

## 四、借景

借景是将园外的景致，巧妙地收进园内游人的视野中来，与园内的景物融为一体，让游人的观赏能任意流动与收放。在中国园林造园中，借景占有极重要的位置。《园冶》中说："园林巧于因借"。借景有远借、邻借、仰借、俯借、应时而借之分。借远方的山，叫远借；借邻近的大树，叫邻借；借空中的飞鸟，叫仰借；借池塘中的鱼，叫俯借；借四季花或其他自然景象，叫应时而借。借景不仅可以突破园内有限的空间，丰富园景的色调层次，而且可使园林具有象外之象、景外之景的艺术效果。

## 五、夹景

夹景是运用透视线、轴线突出对景物的欣赏的艺术手法。当其中并非全部景色都能引人入胜时，常用建筑物或植物把左右单调的风景屏障起来，只留中央充满画意的远景，从左右配景的夹道中透入游人的视线，以达到增强景深和障丑显美的作用。如泛舟颐和园后湖，远方的苏州桥主景被两岸起伏的山石和美丽的林带所夹峙，构成了明媚动人的夹景景色。

## 六、对景

在园林中，能够互相观赏、互相烘托的构景手法称为对景。在园林中，游人可登上亭、台、楼、阁去观赏堂、山、桥、树木，也可在堂、山、桥处观赏亭、台、楼、阁、榭。如在北京颐和园知春亭，能观赏园内的万寿山、夕佳楼园外的西山、玉泉山；在无锡寄畅园，能观赏园内景致和园外的惠山、锡山。对景有近景、远景之分。近景对景，其所对之景为小空间近景，则其画面多为竹石、花木、叠石小景或靠壁山；远景对景，则多为自然山水和建筑，这种对景不但有峰峦丘壑，深溪绝涧，竹树云烟，还有楼台亭阁等建筑。

## 七、框景

园林中建筑的门、窗、洞或乔木树枝抱合成的景框，往往把远处的山水美景或人文景观包含其中，这便是框景。框景能使散漫的景色集中，使自然美升华为艺术美。

## 八、漏景

漏窗是框景的发展,框景把自然美升华为艺术美,组成的是清晰明丽的画面。中国园林中,在围墙和穿廊的侧墙上,常常开辟许多美丽的漏窗来透视园外的风景。漏景则以隐现为胜,常以漏窗、花墙、漏屏风、漏隔扇、甚至枝影横斜之中取景。“春色满园关不住,一枝红杏出墙来”,一枝红杏即属漏景。

## 本章小结

我国园林历史悠久,属自然山水写意式园林。朝代不同园林风格不同,地域不同园林形式各异。中国园林运用叠山、理水、动植物、建筑等营造出独特的氛围,并充分运用各种构景手法来达到“虽由人作,宛若天开”的效果。

本章的重点:①熟悉中国园林发展的历史变革及各时期的特点;②掌握中国园林的分类及艺术特征。

本章的难点:中国园林的造园要素及主要构景手法。

实训

## 思考题

1. 简述中国古典园林的发展历史。
2. 简述中国古典园林的分类及特点。
3. 简述中国古典园林的艺术特征。
4. 中国古典园林的主要构景手法有哪些?

# 第五章

# 中国饮食文化

**学习目标**

**知识目标**

- 了解并掌握我国饮食文化的概况。
- 了解我国饮食文化的大概发展历史。
- 掌握我国八大菜系，了解及一些地方风味名吃。
- 熟悉并掌握酒和茶的相关知识。

**能力目标**

- 能在把握我国饮食文化的基础上，理解和解释相关的旅游文化现象。
- 理解饮食因素之于旅游文化的意义。

中国饮食文化源远流长，多姿多彩，覆盖面广，影响深远，是发展旅游业的一项用之不尽的文化资源。同样，在旅游六要素中，吃占到了头等重要的位置，可见，了解我国丰富的饮食文化对于旅游文化的重要性。

中国文化中，百姓日常生活中的第一件事就是吃喝，故有“开门七件事，柴米油盐酱醋茶”之说。在我国，不仅食前方丈、钟鸣鼎食之家把吃看成是一种享受，就是最为普通的百姓也颇有讲求吃喝者，可见饮食在国人生活中的地位。饮食文化在我国不只是吃饱喝足的问题，更是一种艺术，其涉及“饮”与“食”两个方面，“饮”主要指代表酒精饮料的酒和代表非酒精饮料的茶；“食”则是我国长期形成的以五谷为主食，蔬菜、肉类为副食的传统饮食结构，包括饮食观念、民情风俗、物产原料、烹调技术、饮食器具、餐饮礼仪、食疗养生及有关的人物轶闻、文献典籍、历史掌故等诸多方面的知识。

## 第一节　中国饮食文化概述

### 一、中国饮食文化概述

中国饮食文化是一种艺术，涉及饮与食两个方面。“饮”分别代表酒精饮料的酒和非酒精饮料的茶;“食”则是我国长期形成的以五谷为主食,蔬菜、肉类为副食的传统饮食结构,包括饮食观念、民情风俗、物产原料、烹调技术、饮食器具、食疗养生及有关人物轶闻、文献典籍、历史掌故等诸多方面的知识。

饮食之所以是文化有如下原因:首先,饮食是与人的生存同步的历史现象,人的历史就是饮食的历史;其次,每种菜系都是一种文化,其中积淀了无数厨师和文人墨客的心血。此外,饮食现象有一种丰富的结构。饮食器具有各种形式、各样色彩,饮食环境或简朴或豪华,可以说小到餐具大到环境再到整个菜系都构成了一系列文化。此外,饮食文化还包括食客,即消费者的心情、情绪;更深层次还包括哲学,如天人合一,中庸思想等。

“饮食文化”是一种特殊而又普通的社会现象,是一个涉及自然科学、社会科学及哲学的概念,是介于“文化”的狭义和广义概念之间,但又兼有二者的文化范畴。特殊之处是因食物、加工方式的不同,或地区、民族差异,产生不同的饮食风味、文化风格;其普遍是说饮食不分人种、地位、国家和民族,它还涉及政治、经济、哲学、文化艺术等多个领域。饮食文化是指食物原料开发利用、食品制作和饮食消费过程中的技术、科学、艺术,以及以饮食为基础的习俗、传统、思想和哲学,即由人们饮食生产和饮食生活的方式、过程、功能等结构组合而成的全部食事的总和。

## 二、中国饮食文化的发展与传播

### 1. 远古时代

根据考证,远在170万年前,至少在六七十万年前,我们的祖先就已开始在中华大地上谋食、生息、繁衍。在四五十万年前,他们就懂得用火烧烤食物。但在这以前,他们基本还是处于“茹毛饮血”的阶段,生活比较简单,基本上还是以生食为主。大约在1万多年前,人们学会了人工取火,并学会了驯养家畜。当时的家畜有马、牛、羊、鸡、犬、猪等。后来,人们又学会了种植水稻等粮食作物和蔬菜。在五六千年前,又学会了用海水煮盐。但是在这一阶段,人们只会“烹”,还不会“调”,还只是一种低级阶段的饮食文化。

考古证实中国人远在北京猿人阶段就已用火烧熟食,但当时是直接把食物放在火上烤。在距今8000年的裴李岗文化时期,人们已经学会了用陶器煮食物。当时的煮器有鼎、鬲、釜等。从一些历史传说、文献记载中也可以看到当时饮食文化发展的概貌,如:遂人氏教人钻木取火,以化腥臊;伏羲氏教人结网捕鱼,从事渔猎畜牧;神农氏尝百草,制作耒耜,教人种植五谷杂粮;黄帝教民烹饪,燔肉为炙等。这些传说和考古相印证,大体上是一致的。

### 2. 夏商周时期

夏朝时期的饮食内容已比较丰富。根据记载,我国夏朝已有韭、瓜、梅、杏、枣、桃、黍、稻、麦等。在夏朝前后,我们的祖先已学会了用粮食造酒。到了商代,食品就更加丰富了。根据对甲骨文的考证,有一次祭祀活动,就用了上百坛酒。而且在这一时期,一些用来煮食品的钟、鼎等器皿的做工也越来越精美。到了周代,仅《诗经》中提到的食品、植物等就有130多种，动物性的有200多种。当时人们在饮食已非常讲究，在上层社会，已有专管饮食的官员，如膳夫、庖人、鱼人、兽人、盐人等。

春秋战国时期的500多年间，不仅饮食上进一步丰富，而且在饮食和饮食礼仪上也十分讲究。当时孔子提出"七不食"，《论语·乡党篇第十》记载：食不厌精，脍不厌细。食饐而餲，鱼馁而肉败，不食。色恶，不食。臭恶，不食。失饪，下食。不时，不食。割不正，不食。不得其酱，不食……"这既是孔子饮食主张的完整表述，也是这位先哲对民族饮食思想的历史性总结。

### 3. 秦汉魏晋南北朝时期

秦汉魏晋南北朝时期，是我国饮食文化迅速发展和各民族乃至与外国饮食文化的大交融对期。汉代经济繁荣。使饮食文化得到了迅速的发展，烹调技术已达到相当的水平。当时的炖、炒、煮、酱、臁、炙等烹调手法已被充分掌握。根据文献记载，西汉时期，精美的菜肴已有上百种。由于经济的发展，中国人饮食也由原来的一日两餐变成一日三餐。魏晋南北朝时期，随着各民族之间的交流与融合，中原地区的饮食传到四面八方，各民族的饮食也传入内地，我们现在所食用的大部分食品，在当时都已出现。

同时，我国也开始了饮食文化的对外传播。据《史记》《汉书》等记载，西汉张骞出使西域时，就通过丝绸之路同中亚各国开展了经济和文化的交流活动。张骞、班超等人除了从西域引进了胡瓜、胡桃、胡麻、胡萝卜、石榴、菠菜、葡萄等物产外，也把中原的桃、李、杏、梨、姜、茶叶等物产及饮食文化传到了西域。

### 4. 隋唐五代两宋时期

隋唐时期，我国饮食文化的发展，在技艺上日趋成熟和完善，在文化上则是全方位、深层次的积累。其突出的成就，表现于精湛的加工技术。

我国唐代的食品，可以说是丰富多彩。盛唐时期人均粮食占有量已达到1000斤，当时不仅"饭"名目繁多，而且食品也是五花八门。如饼、酥、糕、凉面、馄饨等食品，皆已出现。仅馄饨一项，就有24种馅，制成24种样式。当时还出现了不少饮食专著，如韦巨源的《食谱》、杨晔的《膳夫经》等。到了宋代，据孟元老《东京梦华录》记载，当时北宋都城开封"集四海之珍奇，皆归市易，会寰宇之异味，悉在庖厨"。从张择端的《清明上河图》来看，街的两边饭店林立，有的饮食店已非常讲究，"酒店中心有庭院，廊庑掩映，排列小阁子，吊窗花竹，各垂帘幕"。这些店铺不仅白天经营，而且还开"夜市"，种类十分丰富。据《武林旧事》介绍，当时街市上日常供应的食品有：面食41种、果子42种，蔬菜21种、粥9种、糕19种、冷饮80种、酒类54种。可以说，名点佳肴，应有尽有。

### 5. 明清时期

在明清两代，农业有了更大的发展，食品资源更加丰富，手工业食品作坊有了较大的发展，在烹调方面积累了以前历代的经验，种类更加规范。在《古今图书集成》的饮食类中，将各类饮食分为米部、糠部、饭部、粥部、糕部等29大类，各分部又分列种名，并考其来源做法，实可谓集饮食文化之大成。

此外,其他一些关于烹调的技术和食品加工的著作也纷纷出现,其中最有代表性的为清代文学家袁枚的《随园食单》,记载了从明到清流行的326种南北菜肴饭点,而且对烹调技艺也提出了许多高明的见解。

## 第二节　主要菜系及风味小吃

### 一、八大菜系

在人类生食文化期,不存在主副食之分,也没有饭菜之别,即使到火陶熟食初期,人们的饮食还是“共煮一器”;后来有了“箅”,才出现有菜肴意义的所谓“菜”——羹汤。到唐宋,随着生产力水平的提高和人类饮食生活的丰富,特别是铁器的使用,菜的品种开始增多,菜的地方性便逐渐显现,出现了“胡食”“素食”“北食”“南食”“川味”等称呼;到明清,才出现了“京都风味”“姑苏筵席”“扬州炒卖”“湘鄂大菜”以及“帮”“帮口”“风味”“菜”等称谓。所谓“帮”,是指从业人员的地方性“行帮”;“口”指的是口味,即地方性风味特色。如“鲁帮菜”原指山东厨师烹制的山东风味的菜肴,后来外地厨师烹制的山东风味菜肴,也称“鲁帮菜”,其他菜亦然。中国烹饪由于原料生产、烹调技法、风味特点的差异,历史上形成了众多的帮口。“帮”表示菜的地方性,有其历史的必然性,但它带有旧制度下行帮、行帮意识、行帮习气的烙印。新中国成立后继续沿用“菜帮”这一称谓显然不合时宜,而“系”的概念正是在这种饮食文化转型的特定时期应运而生和流传开来的。“菜系”说产生于20世纪50年代,但最早正式以文字形式出现是20世纪70年代中叶以后。

菜系的形成是长期发展的结果。菜系的渊源可以追溯到很远的时期,因为菜肴的特色,是以物产这一自然条件为基础的。晋代张华的《博物志·五方人民》中说得明白:“东南之人食水产,西北之人食陆畜。”“食水产者,龟蛤螺蚌以为珍味不觉其腥臊也;食陆畜者,狸兔鼠雀以为珍味,不觉其膻也。”“有山者采,有水者鱼”。也就是说“靠山吃山,靠海吃海”。这是形成菜系的主要条件,正是“令天下四海九州,特山川所隔有声音之殊;土地所生有饮食之异。”

以物产为依据,形成了口味的差异是菜系发展的重要因素。《全国风俗志》称:“食物之习性,各地有殊,南喜肥鲜,北嗜生嚼(葱、蒜),各得其适,亦不可强同也。”这种饮食嗜好,成为人们难移的习性。“饮食——道如方言,各处不同。只要对口味,口味不对,又如人之性情不和者,不同一日居也。”(《履园丛话》)只有到了近百年来,交通之发达,经济之发展,科学之文明,才将地域之间的距离缩短,物产不再是一隅之产,使物产已不再成为其菜系的唯一依据,但这种千百年沿袭而成的食俗还是不易改变的。除上述因素外,烹调方法的差别,也是形成菜系不可忽视的重要条件。清代袁枚的《随园食单》中,曾写了南北两种截然不同的烹调方法,做猪肚:“滚油爆炒,以极脆为佳,此北人法也;南人白水加酒煨两炷香,以极烂为度。”可见在袁枚之前,早以形成以烹饪术为别的菜系的不同特色。

中国幅员辽阔,是历史悠久的多民族国家。由于气候、物产和风俗的差异,各地区人民的饮食习惯和品味爱好有很大不同,因而发展出多种多样、具有地方风味和特色的菜肴,以及与之相适应的烹调方法,形成了不同的地方风味。南北两大风味,始于春秋战国,形成于唐宋。清代初期,鲁菜(包括京津等北方地区的风味菜)、苏菜(包括江、浙、皖地区的风味菜)、粤菜(包括闽、台、潮、琼地区的风味菜)、川菜(包括湘、鄂、黔、滇地区的风味菜),已成为我国最有影响的地方菜,后称"四大菜系"。清末,加入浙、闽、湘、徽等地方菜,形成了"八大菜系"。

**1. 鲁菜**

鲁菜(包括京津等北方地区)又称山东菜,主要由济南和胶东地方菜组成,为中国八大菜系之一。

(1)形成与发展

鲁菜的历史十分悠久,影响非常广泛,是中国饮食文化的重要组成部分,以其味鲜咸脆嫩、风味独特、制作精细享誉海内外。齐鲁大地依山傍海,物产丰富,经济发达,为烹饪文化的发展及山东菜系的形成,提供了良好的条件。早在春秋战国时代,齐桓公的宠臣易牙就曾是以"善和五味"而著称的名厨。南北朝时贾思勰的《齐民要术》中,对黄河中下游地区的烹饪技术做了较系统的总结,记下了众多名菜做法,反映当时鲁菜发展的高超技艺。唐代的段文昌,山东临淄人,穆宗时任宰相,精于饮食,并自编《食经》50卷。到了宋代,都城汴梁所称"北食"即鲁菜的别称,已具规模。明清两代,已经自成菜系,成为宫廷御膳的主体,对京津、东北等地影响很大。随着历史的演变和经济、文化、交通事业的发展,鲁菜又逐渐形成了济南菜、胶东菜,分别代表内陆与沿海的地方风味。

(2)特点

鲁菜总的特点在于注重突出菜肴的原味,内地以鲜咸为主,沿海以鲜咸为特色。菜肴以清鲜脆嫩著名,原料多选用畜禽、海产、蔬菜等,善用爆、炒、烧、扒、炸、拔丝、蜜汁等烹调法,偏于用酱、葱、蒜调味,如葱烧、葱爆、蒜泥拌等。善用清汤、奶汤增鲜,口味咸鲜比较明显。菜品风格大方高雅,适应性强。

(3)代表菜品

代表菜有蟹黄海参、白汁裙边、山东蒸九、红烧海蚁、九转大肠、糖醋黄河鲤鱼、德州扒鸡、油爆双脆、油爆海螺、诗礼银杏、干蒸加吉鱼、孔府一品锅等。

**2. 川菜**

川菜(包括四川、云南、贵州、湖南和湖北等地在内)原料多选山珍、江鲜、野蔬和畜禽。善用小炒、干煸、干烧和泡、烩等烹调法。以善用"味"而闻名全国,味型较多,富于变化,以鱼香、红油、怪味、麻辣较为突出。其菜品风格朴实而又清新,具有浓厚的乡土气息,有"味在四川"之称,为我国八大菜系之一。

(1)形成与发展

概括地说,川菜发源于古代的巴国和蜀国,它是在巴蜀文化背景下形成的。按中国历史来说,川菜历经春秋至秦的启蒙时期后,到两汉两晋之时,就已呈现初期的轮廓。隋唐五代，川菜有较大的发展。两宋时，川菜已跨越了巴蜀疆界，进北宋东京、南宋临安两都，为川外人所知。明末清初，川菜运用引进种植的辣椒调味，对继承巴蜀早就形成的"尚滋味""好辛香"的调味传统，进一步有所发展。晚清以后，逐步形成一个地方风味极其浓郁的体系，与黄河流域的鲁菜，岭南地区的粤菜，长江下游的淮扬菜同列。

(2)特点

正宗川菜以成都、重庆两地的菜肴为代表，素以味广、味多、味厚著称，享有"一菜一格，百菜百味"的美誉。烹饪特别讲究火候，且以小煎、小炒、干烧、干煸见长。重视选料，讲究规格，分色配菜，主次分明，鲜艳协调。其特点是酸、甜、麻、辣、香、油重、味浓，注重调味，离不开三椒(辣椒、胡椒、花椒)和鲜姜，以麻、辣、酸、香脍炙人口，为其他地方菜所少有，形成川菜的独特风味。川菜善于综合用味，收汁较浓，在咸、甜、麻、辣、酸五味基础上，加上各种调料，相互配合，形成各种复合味，如家常味、咸鲜味、鱼香味、荔枝味、怪味等27种。川菜发展至今，已具有用料广博、注重调味、味型多样的特征，其中尤以味型多、变化巧妙而著称。"味在四川"，便是世人所公认的。

川菜之味，以麻辣见长。辣椒与其他辣味料合用或分别使用，就出现了干香辣(用干辣椒)、酥香辣(糊辣壳)、油香辣(胡椒)、芳香辣(葱姜蒜)、甜香辣(配圆葱或藠头)、酱香辣(郫县豆瓣或元红豆瓣)等多种不同辣味。四川常用的23种味型，与麻辣有关的达13种，如口感咸鲜微辣的家常味型，咸甜辣香辛兼有的鱼香味型，甜咸酸辣香鲜各味十分和谐的怪味型，以及表现不同层次麻辣的红油味型、麻辣味型、酸辣味型、糊辣味型、陈皮味型、椒麻味型、椒盐味型、芥末味型、蒜泥味型、姜汁味型，使辣味调料发挥了各自的长处，辣出了特色。

(3)代表菜品

川菜代表菜肴的品种有鱼香肉丝、黄焖鳗、怪味鸡块、麻婆豆腐、干煸牛肉丝、水煮牛肉、宫保鸡丁、酸菜鱼、干烧岩鲤、回锅肉、棒棒鸡、清蒸江团等。

### 3. 苏菜

即江苏菜系，简称"苏菜"，又叫"淮扬菜"。由徐海菜、淮扬菜、南京菜和苏南菜四种风味组成，是宫廷第二大菜系。今天国宴仍以江苏菜系为主。

(1)形成与发展

江苏东濒大海，西拥洪泽，南临太湖，长江横贯于中部，运河纵流于南北，境内有蛛网般的港汊，串珠似的淀泊，加以寒暖适宜，土壤肥沃，素有"鱼米之乡"之称。"春有刀鲚夏有鲤，秋有肥鸭冬有蔬"，一年四季都有丰富的水产禽蔬，这些富饶的物产为江苏菜系的形成提供了优越的物质条件。江苏菜系影响遍及长江中下游广大地区。起始于南北朝时期，唐宋以后，与浙菜竞秀，成为"南食"两大台柱之一。

(2)特点

用料以水鲜为主，刀工精细，注重火候，擅长炖、焖、煨、焐；追求本味，清鲜本和，咸甜醇正。菜品风格雅丽，形质兼美，酥烂脱骨而不失其形，滑嫩爽脆而益显其味。其特点是浓中带淡，鲜香酥烂，原汁原汤浓而不腻，口味平和，咸中带甜。其烹调技艺擅长于炖、焖、烧、煨、炒而著称。烹调时用料严谨，注重配色，讲究造型，四季有别。苏州菜口味偏甜,配色和谐;扬州菜清淡适口,主料突出,刀工精细,醇厚入味;南京、镇江菜口味醇和,玲珑细巧,尤以鸭制菜肴负有盛名。

(3)代表菜品

苏菜的代表菜有软兜长鱼、枪虎尾、水晶肴蹄、拆烩大鱼头、清蒸鲥鱼、野鸭菜饭、银芽鸡丝、鸡汤煮干丝、清炖蟹粉狮子头、双皮刀鱼等。

### 4. 粤菜

即广东菜,由广府、客家、潮汕三种风味组成,在中国大部分地区都有粤菜馆。在国内、海外影响极大。所以,也有不少人,特别是广东人认为粤菜乃八大菜系之首。不仅香港、澳门,而且世界各国的中菜馆,多数是以粤菜为主。粤菜是国内民间第二大菜系,地位仅次于川菜。在国外是中国的代表菜系。粤菜以广府风味为代表。

(1)形成与发展

广东地处东南沿海,气候温和,物产丰富。古代聚居于广东一带的百粤族,善渔农、尚杂食。秦汉以后,受到中原文化的影响,杂食之法更加发展、完善。近代又吸取西餐技艺,融会贯通,逐渐形成具有鲜明特色的南国风味菜系——广东菜系。

(2)特点

粤菜选料广泛广博奇异,善用生猛海鲜。取料之广,为全国各菜系之最。“不问鸟兽虫蛇,无不食之”。如在动物性原料方面上,除了常用的鸡、鸭、鱼、虾、猪、牛、羊外,还善用蛇、狗、狸、鼠等许多动物。善用鲜活原料为广东菜一大特色,其中以潮州菜用海鲜最为见长。同时,刀工干练,以生猛海鲜类的活杀活宰为见长,技法上注重朴实自然,不像其他菜系刀工细腻。口味上以爽、脆、鲜、嫩为特色,是广东菜系的主体口味。东江客家菜的口味则以咸、酸、辣为特色,多为家常菜。此外,粤菜的烹调方法多源于北方或西洋,经不断改进而形成了一整套不同于其他菜系的烹调体系。

(3)代表菜品

粤菜的代表菜有三蛇龙虎凤大会、五蛇羹、文昌鸡、东江盐鸡、两柠煎软鸡、梅菜扣肉、铁板煎牛柳、白灼基围虾、八珍扒大鸭、脆皮乳猪、豉汁茄子煲、蚝油扒生菜、潮州白鳝煲、清蒸大鲩鱼等。

### 5. 闽菜

闽菜是中国八大菜系之一,经历了中原汉族文化和当地古越族文化的混合、交流而逐渐形成。闽菜由福州、闽南和闽西三路不同风味的地方菜组合而成。其特点是清爽、鲜嫩、淡雅、偏于酸甜。如“茸汤广肚”“肉米鱼唇”“鸡丝燕窝”等菜肴,均具有浓厚的地方色彩。

(1)形成与发展

福建位于我国东南部,东临大海,西北有山,气候温和。丰富的山珍、野味、水产资源,为福建菜系提供了良好的物质条件。福建菜由福州、闽南、闽西三种不同的风味构成。以福州菜为代表。福州菜清鲜、淡爽,偏于甜酸。讲究调汤,汤鲜、味美,汤种多样。调味上善用糟,有煎糟、红糟、拉糟、醉糟等多种烹调方法。闽南菜以讲用调料,以善用甜辣著称,善用辣椒酱、沙茶酱、芥末酱,尤以用沙茶酱烹制,饶有风味。闽西菜则稍偏咸、辣,乡土风味浓郁。

(2)特点

闽菜以擅制山珍海味著称,尤以巧烹海鲜佳肴见长。在色香味形兼顾前提下,以味为纲,具有淡雅、鲜嫩、隽永的风味特色;刀工巧妙,寓趣于味;调味奇特,别具一方;烹调细腻,雅致大方。烹调方法不局限于熘、爆、炸、焖、氽、,尤以炒、爆、煨等技术著称。选料精细,泡发恰当,调味精确,制汤考究,火候适宜。

(3)代表菜品

福建菜系的代表菜有佛跳墙、烧片糟鸭、太极明虾、小糟鸡丁、白炒鲜竹蛏、生炒黄螺片、炒西施舌、清蒸加力鱼、荔枝肉等。

### 6. 浙菜

即浙江菜系,以杭州菜为代表。浙江菜系各地风味比较统一。主要流行于浙江地区。和江苏菜系中的苏南风味、安徽菜系中的皖南、沿江风味较近。

(1)形成与发展

浙江位于东海之滨,北部水道成网,素称鱼米之乡;西南丘陵起伏,盛产山珍野味;沿海渔场密布,海产资源丰富。浙江菜系由杭州、宁波、绍兴三个地方菜组成,其中以杭州菜为代表。

(2)特点

浙江菜具有色彩鲜明,味美滑嫩,脆软清爽,菜式小巧玲珑、清俊秀丽的特点。它以炖、炸、焖、蒸见长,重原汁原味。首先,浙菜的选料苛求细、特、鲜、嫩。其次,烹调方法上以南菜北烹为见长,口味上以清鲜脆嫩为特色,其中杭州菜制作精细,变化多,以爆、炒、烩、炸为主;宁波菜鲜咸合一,以蒸、烤、炖为见长,讲究鲜嫩软滑,注重保持原味;绍兴菜擅长烹制河鲜,入口香酥绵糯,汤鲜味浓,富有乡土气息。此外,在调味上,浙江菜善用料酒、葱、姜、糖、醋等。另外,形态讲究精巧细腻,清秀雅丽。许多菜肴都富有美丽的传说,文化色彩浓郁是浙江菜一大特色。

(3)代表菜品

浙江菜的代表菜有西湖醋鱼、干炸响铃、雪菜黄鱼、东坡肉、清汤越鸡、元江鲈莼羹、叫花鸡、生爆鳝片、龙井虾仁、蜜汁灌藕、嘉兴粽子、宁波汤团、湖州千张包子等。

### 7. 湘菜

即湖南菜系,以长沙菜为代表。湖南菜系各地风味统一。主要流行于湖南地区。在中国大部分地区都有湘菜馆,是民间第三大菜系。

(1)形成与发展

湖南位于中南地区,气候温暖,雨量充沛。湘、资、沅、澧四水流经该省,自然条件优越。湘西多山,盛产笋、蕈和山珍野味;湘东南为丘陵和盆地,农牧副渔发达;湘北是著名的洞庭湖平原,素称鱼米之乡。湖南菜由湘中、南地区、洞庭湖区和湘西山区三种地方风味组成。湘中、南地区的菜以长沙、湘潭、衡阳为中心,是湖南菜的主要代表。湘菜历史悠久，早在汉朝就已经形成菜系，烹调技艺已有相当高的水平。《史记》中曾记载，楚地“地势饶食，无饥馑之患”。“湖广熟，天下足”的谚语，更是广为流传。秦汉两代，湖南的饮食文化逐步形成了一个从用料、烹调方法到风味风格都比较完整的体系，其使用原料之丰盛，烹调方法之多彩，风味之鲜美，都是比较突出的。唐、宋以来，尤其在明、清之际湖南饮食文化的发展更趋完善，逐步形成了全国八大菜系中一支具有鲜明特色的湘菜系。

（2）特点

湘菜特点首推刀工精细，形态俊美。刀法有16种之多，使菜肴千姿百态，变化无穷。其次，湘菜调味上以酸辣著称。讲究原料的入味，调味工艺随原料质地而异。湖南菜口味上以酸辣著称，以辣为主，酸寓其中。善用菜油也是湖南传统菜的一大特色。另外，湘菜技法多样，有尤重煨的特点。因重浓郁口味，所以煨居多，其他烹调方法如炒、炸、蒸、腊等也为湖南菜所常用。

（3）代表菜品

湘菜的代表菜品有剁椒鱼头、腊味合蒸、东安仔鸡、酱汁肘子、麻辣仔鸡、冰糖湘莲、荷叶软蒸鱼、油辣冬笋尖、湘西酸肉、红烧全狗、菊花鱿鱼等。

### 8. 徽菜

徽州菜系，不等同于安徽菜。徽菜主要流行于徽州地区和浙江西部，和江苏菜系中的苏南菜、浙江菜系较近。

（1）形成与发展

徽菜的形成与江南古徽州独特的地理环境、人文环境、饮食习俗密切相关。绿树丛荫、沟壑纵横、气候宜人的徽州自然环境，为徽菜提供了取之不尽，用之不竭的徽菜原料。得天独厚的条件成为徽菜发展的有力物质保障，同时徽州名目繁多的风俗礼仪、时节活动，也有力地促进了徽菜的形成和发展。

徽菜起源于南宋时期的古徽州（今安徽歙县一带），原是徽州山区的地方风味。由于徽商的崛起，这种地方风味逐渐进入市肆，流传于苏、浙、赣、闽、沪、鄂以至长江中下游区域，具有广泛的影响。徽菜的形成、发展与徽商的兴起、发迹有着密切关系，徽商史称“新安大贾”，起于东晋，唐宋时期日渐发达，明代晚期至清乾隆末期是徽商的黄金时代。徽商富甲天下，生活奢靡，而又偏爱家乡风味，其饮馔之丰盛，筵席之豪华，对徽菜的发展起了推波助澜的作用，可以说哪里有徽商哪里就有徽菜馆。

（2）特点

首先是就地取材，选料严谨，原料立足于新鲜活嫩。其次是巧妙用火，功夫独特，以重色、重油、重火工为特色。徽菜擅长烧、炖，浓淡适宜，在讲究食补的同时，以食养身。

（3）代表菜品

徽菜的代表菜品有红烧头尾、黄山炖鸽、腌鲜鳜鱼、毛峰熏鲥鱼、符离集烧鸡、奶汁肥王鱼、葡萄鱼、清炖马蹄鳖、红烧果子狸、徽州毛豆腐等。

## 二、地方风味

人们常说“食在中国”。中国饮食文化不仅被国人视为民族文化的奇葩，也被公认为世界文化的瑰宝。我国幅员辽阔。不仅有举世闻名的八大菜系，更有众多地方风味小吃。各地的风味小吃各不相同、不胜枚举，要想书尽我国的地方风味几乎是不可能的任务，本书仅选取其中的部分加以叙述，希望大家有兴趣可以多多挖掘。

### 1. 北京风味

北京美食由山东风味和当地风味构成。北京风味的代表菜肴有：北京烤鸭、涮羊肉、三不粘等。北京的风味美食有250多种，较有地方特色的有：爆肚、炒肝、灌肠、白水羊头、芥末墩子、茶汤、豆汁、炒疙瘩、驴打滚、艾窝窝、小窝头、羊眼儿包子、五福寿桃、炸酱面等。如炒肝，是北京传统风味小吃，其特点是汤汁晶莹透亮，大肠肥烂，肝嫩鲜香，清淡不腻、醇厚味美，适宜与包子、火烧等同吃。

### 2. 天津风味

天津菜选料精细，技法考究，注重色泽，口味以咸鲜、嫩淡为主，重火候，质地多样。天津名吃号称“津门三绝”，即狗不理包子、十八街麻花、耳朵眼炸糕，后来煎饼果子入选非物质文化遗产，成为第四绝。除了“津门四绝”外，还有大量的风味食品，如：驴灯滚、张记果仁、曹记驴肉、陆记烫面炸糕、白记水饺、芝兰斋糕干、大福来锅巴菜、石头门坎素包等。

### 3. 上海风味

上海风味的口味较重，善浓油赤酱，糖色重艳，咸淡适口，具有与上海人生活同样精致的韵味。代表作有葱油饼、高桥松饼、排骨年糕、油炸糖糕、生煎馒头、酒酿圆子等。如著名的生煎馒头，松软肥大，底部金黄香脆，皮薄肉嫩，馅汁充足。其制作要领是面粉加沸水时，要边加入边搅拌，加酵母后要揉匀；同时，在煎制时要不断转动平底锅，以便受热均匀。

### 4. 重庆风味

重庆风味麻辣鲜香，极富地方特色。较著名的风味小吃有重庆麻圆、凉糍粑、山城小汤圆、熨斗糕、重庆小面、过桥抄手、鸡丝豆腐脑等。重庆小面是指以葱、姜、蒜、酱、醋、辣椒调味的麻辣素面。

### 5. 东北风味

东北地处我国北方寒冷地区，冬天以含热量较高的食物为食，主食为大米、白面、黏米和玉米等。其中辽宁菜鲜脆酥烂，口味较浓、一菜多味、咸甜分明，著名的有白肉血肠、炒酸菜粉、扒白菜、酥麻蛋饺、李连贵熏肉大饼、沟帮子熏鸡等。吉林风味以满族、回族、朝鲜族等风味为主，有猪肉炖粉条、小鸡炖蘑菇、田宝珍饺子等。黑龙江的风味小吃选料广、品种多，充分显示出地域风情，如松仁小肚、老鼎丰糕点、大面包、什锦马哈鱼卷、烤奶汁鳜鱼等。

## 第三节　中国茶文化

茶和咖啡、可可，为当今世界三大饮料，其中的茶，被尊称为“饮料大王”，可可的故乡在美洲，由印第安人最先利用，咖啡则原产非洲，当地人最先发现了这种红色浆果的功用。而茶的故乡在亚洲，确切一点地说在中国。因为中国不仅发现了野生茶树，而且世界上的产茶国均是直接或间接从中国引进茶种，世界上各地饮茶习俗，都是中国传去的。

### 一、茶的起源与茶类

中国茶

茶叶具有丰富的营养和药用价值，最早利用茶的历史可追溯到传说时代，据说神农尝百草时，一日遇七十二毒，得茶而解。这里的茶，就是被用作治病祛疾的药物。西汉时期，司马相如在《凡将篇》中，谈到二十一叶药，茶为其一，可见汉代蜀人视茶为药。王褒在《僮约》中，已明确地提到“烹荼尽具”“开阳买荼”等，可知茶叶已作为饮料供人们饮用。

古人是如何利用茶作为饮料的呢？这还得从古人对茶叶的品尝谈起，《尔雅·释木篇》：“荼，苦荼也。”晋代郭璞解释说，荼为早采之茶，则可知古人认为茶有苦味。《诗经》中有：“谁谓荼苦，其甘如荠。”《黄帝食经》已有“荼茗久服，令人少睡，有力悦志”的记载。从这些记载中，可知汉代以前，人们已陆续认识到茶的一些特征，诸如味苦，且苦中有甘，可提神解乏，这种饮茶习俗扩大到整个社会。

唐代茶业发展的一个里程碑，是陆羽的《茶经》问世。从《茶经》中可以看到，茶在唐代并非完全是因解渴提神才喝，而是带有明显的品赏色彩。后世茶艺、茶道的兴起，大约源于陆氏的首倡。

中国茶的种类繁多，分类方法比较复杂，习惯上常以茶叶的加工方式进行分类，一是基本茶类，二是再加工茶类。基本茶类分为绿茶、红茶、乌龙茶（青茶）、白茶、黄茶和黑茶等；再加工茶类包括花茶、紧压茶、萃取茶、果味茶、药用保健茶和含茶饮料等。

基本茶类

#### 1. 基本茶类

（1）绿茶　我国产量最多的一种茶叶，采取茶材的新叶或芽，未经发酵通过杀青、揉捻、干燥三个基本工艺流程生产而成。用高温破坏茶叶中的酶，制止其发酵而成，沏出的茶汤可保持鲜叶的翠绿之色，故得名“绿茶”。该类名茶最多，如江西的庐山云雾、浙江的西湖龙井、安徽的黄山毛峰和太平猴魁，河南的信阳毛尖、江苏的碧螺春等。

（2）红茶　全发酵茶，鲜叶经过萎凋、揉捻、发酵、干燥等工艺流程生产而成的茶叶，干叶乌黑油润，沏出的茶汤色泽红艳、香气浓郁，具有“叶红汤红”的特点。名茶有安徽祁门红茶和云南滇红等。红茶是世界茶叶贸易的大宗产品。

(3)乌龙茶　又称青茶,属半发酵茶,其工艺流程有晒青、摇青、轻发酵、杀青、揉捻、干燥等,人称"绿叶红镶边",冲泡后既具绿茶的清香,又有红茶的醇厚。名品有武夷岩茶中的大红袍,被誉为"中国茶王",是茶中极品;"台湾乌龙"有"东方美人"之称;"铁观音"是因色泽褐绿、"美如观音重如铁"而得名,据说有天然兰花香气。

(4)白茶　属轻微发酵茶,基本工艺是萎凋、晒干或烘干,特点是汤色清淡,滋味鲜醇,其名茶不多,主要是产于福建福鼎、政和、建阳的"白毫银针""白牡丹"和"寿眉"。

(5)黄茶　属轻微发酵茶,工艺与绿茶近似,只是在制茶过程中多了一道闷黄的程序。特点是叶黄汤黄,代表品种有君山银针、蒙顶黄芽、温州黄汤等。

(6)黑茶　属后发酵茶,是我国特有茶类,原料粗老,制作过程中因堆积发酵时间较长、叶呈黑褐色而得名。久负盛名的是云南普洱茶、四川边茶、湖南安化黑茶、陕西茯茶等。

#### 2. 再加工茶类

(1)花茶

再加工茶类是以绿茶,红茶等基本茶类为原料进行再加工的产品。花茶是用香花熏制而成的茶叶,又称"香片",如茉莉花茶、菊花茶、桂花茶等。

(2)紧压茶

紧压茶是以各种散茶或半成品茶为原料,用热水萃取茶叶中的可溶物,过滤弃去茶渣,获得茶汤,经浓缩、干燥而制咸的固态速溶茶,或不经干燥制成的浓缩茶,或是直接将茶汤装瓶形成的饮料茶。

(3)果味茶

果味茶是茶叶半成品或成品加入果汁后,经干燥制成。

(4)药茶

药茶是茶叶与某些中草药或食品拼合配制而成。

(5)含茶饮料

含茶饮料是在饮料中添加茶汁制成。

## 二、与茶有关的名人及著作

自古饮茶、爱茶、重茶之人不计其数。达官显贵爱茶重其珍,附庸风雅;文人学士爱茶重其韵,托物寄情;佛门高僧爱茶重其德参禅悟道;道家羽士爱茶重其功;养生延年,平民百姓爱茶重其味,消乏解渴。此所谓仁者见仁,智者见智,知山知水,各得其妙。

陆羽(733—804年),唐朝复州竟陵(今湖北天门市)人,著名的茶学家和鉴赏家,被尊为"茶圣"。传其幼为弃婴,智积禅师将他带回古寺,后托李公抚养,6年后回到寺院。嗜茶如命,常呼朋唤友,品茗鉴泉。青年时隐居浙江吴兴苕溪,朝廷曾征召他入朝为官,均未就职。陆羽本人志于儒学,而智积令其皈依佛门,两人遂不欢而散,后来陆羽逃离寺院,流落街头,为求生计,委身民间戏班,从此又与戏剧结缘,并很快艺名远播,后又随隐士邹夫子精研经吏,终成儒士。陆羽虽一生坎坷,但淡泊名利,醉心于茶文化的研究,历经三十春秋，写成了中国有史以来第一本茶学专著《茶经》三卷，此书被后人称为中国茶道的“圣经”。《茶经》集唐以前茶学之大成，为中国最早的茶学百科全书。书中叙述了茶之源、茶之史、茶之地，以及如何采茶、制茶、制茶具，如何选水、如何煎茶，如何品饮以及茶具的讲究；等等。可以说，茶使陆羽流芳千古，陆羽让茶源远流长。

卢仝（约 795—835 年），唐代诗人，初唐四杰之一的卢照邻嫡系子孙。出生于河南济源市。早年隐少室山，后迁居洛阳。自号玉川子，著有《茶谱》，被尊为“茶仙”。

此外，中国历史上的爱茶名人还有茶仙苏东坡、茶神陆游、茶怪郑板桥、茶皇乾隆等，近代名人也莫不爱茶，如孙中山、毛泽东、周恩来、郭沫若、鲁迅、冰心等。

### 三、茶艺与茶道

《红楼梦》之妙玉栊翠庵品茶

茶是当今世界的三大无酒精饮料之一，中国是最早发现茶的用途、最早实行人工栽培、最早加工茶的国度，所以茶是中国的国饮、国粹。茶，不仅仅是健康饮料，茶还可以如诗如画，茶是艺术，是文化。通过沏茶、品茶，可以联络感情，陶冶性情，涤神益思，品味人生，将茶事活动上升到哲学、伦理、道德层面，达到饮茶的最高境界——茶道。

功夫茶茶艺表演

茶艺是泡茶的技艺和品茶的艺术。其中又以前者为主体，因为只有泡好茶之后才谈得上品茶。“茶艺”一词有广义狭义之分：广义的“茶艺”即“茶之艺”，凡是有关茶叶的产、制、销、用等一系列的过程，都是茶艺的范围。例如茶山之旅、参观制茶过程，如何选购茶叶，如何泡好一壶茶，如何享用一杯茶，茶文化史，茶业经营，茶艺美学；等等都是属于茶艺。狭义的“茶艺”为“饮茶之艺”，是专指泡茶的技艺和品茶的艺术，是人在一定的环境条件下所进行的习茶——选茶、备器、择水、取火、烹制、品饮等艺术活动。

茶道源于中国的饮茶技艺，但又不同于茶艺。茶道不但讲究表现形式，而且注重精神内涵。茶道最早起源于中国，中国人至少在唐或唐以前，就在世界上首先将茶饮作为一种修身养性之道。在唐宋时期，中国茶道传到日本，经日本人总结提高，形成了日本茶道。中国茶道有“四谛”，即：“和、静、怡、真。”也就是说，五行调和理念是茶道的哲学基础，清静无为是中国茶道修习的必由途径，怡然愉悦是中国茶道修习中茶人的身心感受，真我本性是中国茶道的终极追求。

作家与茶

茶艺与茶道是茶文化的核心。“艺”指选茶、制茶、烹茶、品茶等茶之艺术，“道”是指茶艺所要贯彻的精神。二者相辅相成，茶艺重技，载茶道而成艺；茶道主理，因茶艺而得道。有道无艺则空乏，有艺无道则无神，形而上者谓之道，形而下者谓之艺，道艺兼备，形神自得。茶道以茶艺为载体，依存于茶艺。茶艺重点在“艺”，有名，有形，是茶文化的外在表现形式；茶道的重点在“道”，是指艺茶过程中所贯彻的精神，旨在通过茶艺修身养性、参悟大道，它经常是看不见、摸不着的，但你却完全可以通过心灵去体会。

## 第四节 中国酒文化

酒是一种古老的饮料，它香而醇厚，饮而得神。酒是一把双刃的利剑，因器成形，因人作志。酒是“杯中日月长”的精神，是“相逢千杯少”的情缘，是“杯酒释兵权”的策略，是“斗酒诗百篇”的灵感,是“醉翁之意不在酒”的高远,也是“酒池肉林”“灯红酒绿”的悲哀。酒是一种源于自然、归于天地的物质,更是一种渗透社会、植根民族的文化。

## 一、酒的起源

中国是酒的故乡,中华民族是世界上最早懂得酿酒的民族。酒先后经历了一个由天然食物到人工食物的转化过程。自古以来,人类对酒情有独钟,然而酒起源于何时,酒祖是谁,众说纷纭,莫衷一是。一说杜康,二说仪狄,三说神农。此外还有“天有酒星酒之作也,与天地并矣”之说。据现代专家考证,最原始的酒不是人工酿造的,而是野果自然发酵而成,即所谓“猿酒”。据载“平乐等府山中,猿猴极多,善采百花酿酒,樵子入山得其巢穴,其酒多至数石,饮之香美异常,曰猿猴酒。”

谷物酿酒应起源于新石器时代,“清盎之美,始于耒耜”。如今的白酒,俗称烧酒,是通过加热蒸馏后所得,始于宋代。

## 二、酒的种类

中国酒的种类繁多,现代酒的分类方法主要有三种:一是根据酿造方法不同,分为蒸馏酒、发酵酒和配制酒;二是根据酒精含量的高低分为高度酒、中度酒和低度酒;三是根据饮用传统或商业分类,分为白酒、黄酒、啤酒、配制酒、果酒、露酒和药酒等。此外,也有按酒的质量进行分类的,分为名酒、优质酒、一般酒等。每一种酒还可以根据不同因素进行细分,如露酒还可分为植物香源型、动物香源型、动植物香源型、再蒸馏型和直接调配型。果酒可分为葡萄酒、白兰地、香槟、马爹利和其他果酒,配制酒分为健康酒、鸡尾酒。药酒可分为植物性药酒、动物性药酒和毒酒等。

### 1. 白酒

我国白酒的分类方法有很多种,按照所用酒曲和主要工艺,可分为大曲酒、小曲酒、麸曲酒、混曲酒等;按酒度又可以分为高度白酒、低度白酒等。国家级评酒往往按照酒的香型即酒的主体香气成分,划分为如下几类。

(1)酱香型白酒

酱香型白酒因有一种类似豆类发酵时的酱香叶而得名,因源于茅台酒工艺,故又称“茅香型”。这种酒优雅细腻,酒体醇厚丰富,回味悠长。酱香型白酒的各种芳香物质含量较高且种类多,又分前香、后香。其代表是茅台酒、四川的郎酒等。主要原料有高粱、小麦,贮存 3 年以上。

(2)浓香型白酒

以泸州老窖特曲、五粮液等酒为代表,浓香干爽。发酵原料是多种原料,以高粱为主,发酵采用混蒸续渣工艺。发酵采用陈年老窖,也有人工培养的老窖。在名优酒中,浓香型白酒的产量最大,四川、江苏等地所产的酒均是这种类型。

(3)清香型白酒

清香型白酒是一种传统的老白干风格,以山西杏花村的汾酒为代表,又叫"汾香型",特点是清香纯正、多味协调、余味爽净。原料除高粱外,制曲用大麦、豌豆,采用清蒸清渣工艺,地缸发酵,贮存期为1年。

(4)米香型白酒

以桂林三花酒为代表,特点是米香纯正,入口柔绵,落口爽净、回味流畅。以大米为原料,糖化发酵剂采用传统的小米曲,发酵工业特点是半液态法,贮存期一般3~6个月。

(5)其他香型白酒

除了以上几种香型以外,还有一些因为工艺独特、风格独具而对其香型定义及主体香气成分有待进一步确定,或以一种香型为主兼有其他香型的白酒品种。如西凤酒、董酒等。

**2. 黄酒**

中国的黄酒,也称为米酒,属于酿造酒,与葡萄酒、啤酒并称为世界三大酿造酒。其酿造技术独树一帜,成为东方酿造界的典型代表和楷模。黄酒以稻米、黍米、黑米、玉米、小麦等为原料,经过蒸料,拌以麦曲、米曲或酒药,进行糖化和发酵酿制而成的各类黄酒。有人将黄酒这一名称翻译成"yellow wine。"其实这并不恰当。黄酒的颜色并不总是黄色的,在古代,酒的过滤技术并不成熟之时,酒是呈混浊状态的,当时称为"白酒"或浊酒。黄酒的颜色就是在现在也有黑色的、红色的,所以不能光从字面上理解。黄酒的实质应是谷物酿成的,因可以用"米"代表谷物粮食,故称为"米酒"也是较为恰当的。现在通行译作"Rice Wine"。黄酒常按酒的产地来命名,如绍兴酒、金华酒等。黄酒类型的划分依据也有很多,如按照原料划分为糯米酒、黑米酒、玉米黄酒等;按照酒的外观可分为清酒、浊酒、白酒、黄酒、红酒等;按黄酒的含糖量分为干黄酒、半干黄酒、半甜黄酒、甜黄酒、浓甜黄酒、加香黄酒等。

**3. 果酒**

果酒是以葡萄、梨、橘、荔枝、甘蔗、杨梅等各种果品和野生果实为原料,采用发酵酿制法制成的各种低度饮料酒,可分为发酵果酒和蒸馏果酒两大类。果酒在人类酿酒史中最为悠久,史籍就载有"猿猴酿酒"的传说,但那只是依靠自然发酵形成的果酒,而我国人工发酵酿制果酒的历史则要晚得多,一般认为是在汉代葡萄从西域传入后才出现的。唐宋时期除葡萄酒外,江南出现了椰子酒、黄柑酒、橘酒、枣酒、梨酒、石榴酒和蜜酒等品种,但未能在世界酿酒史上独树一帜,形成传统的风格。清末烟台张裕葡萄酿酒公司的建立,是我国开始果酒类生产规模化的标志。新中国成立后我国果酒酿造业有了长足的发展,以张裕、长城和王朝最为著名。

**4. 啤酒**

啤酒是以大麦和啤酒花为原料制成的一种有泡沫和特殊香味、味道微苦、含酒精量较低的含酒精饮料。啤酒于19世纪末20世纪初传入中国,属外来酒种。啤酒是英语

Beer 音译成中文“啤”，称为“啤酒”，沿用至今。由于人们日益重视饮品的保健作用，啤酒的发展也有着品种味型多样化、口味清淡、低糖、少酒精或无酒精的趋势，被称为“液体面包”。

## 三、酒文化的概念与表现形式

酒在我国有着悠久的文化传承，西周倡导的“酒礼”“酒德”，后来同儒家的伦理道德思想融合，成为数千年来中国酒文化区别于西方酒文化的最大特色。西周酒业的发展状况基本奠定了中国酒文化发展的两个方向：一是用曲发酵，从古到今，这是中国的国酒——黄酒和白酒与用菌种发酵的洋酒生产工艺的根本区别；二是把酿酒和饮酒、用酒都纳入法制化、礼制化、礼仪化的轨道，大大增加了酒的精神文化价值，减少了酒的负面作用。几千年来，中国酒文化历经无数次的发展变化，但是万变不离其宗，它始终是沿着这样两个方向不断变革，曲折发展，逐步完善的。

《红楼梦》之刘姥姥行酒令

秦汉对期，随着制曲技术的发展，造酒技术也得到了进一步的发展，酒的品种也有所增加。在马王堆西汉墓中出土的《养生方》和《杂疗方》中，发现了迄今为止最早的有关酿酒工艺的记载。同时说明，当时的人对酒的药用功能已有一定的认识深度，药酒已是常见之物。在东汉时的画像石和画像砖上，酒事是常见的题材。最引人注目的是山东诸城凉台出土的“庖厨图”中的酿酒场景，它是对当时酿酒全过程的描画。东汉末年，曹操诗云“何以解忧，唯有杜康”也是出自这个时代。

魏晋时期，伴随着饮酒风气的盛行，出现了所谓的魏晋风度，而体现魏晋风度的一个主要标志就是文人喝酒成风。比如当时的竹林七贤中的阮籍、刘伶等都酷嗜喝酒。据《世说新语·任诞》篇记载：七人常集于竹林之下，肆意酣畅，故世谓“竹林七贤”。北魏贾思勰在《齐民要术》中，记录了 40 多种酒的酿造方法，其中有作者亲历的，亦有辑自古籍的。此书对研究古代酿造技术极为重要。上面的例子都证明了魏晋时期造酒技术的发展以及饮酒风气的广为盛行。

到了唐代，除了粮食酒外，还开始酿造果酒和药酒，如葡萄酒、天门冬酒等等。据《新唐书》记载，唐代诗人王绩写过一本《酒经》，此书“追述(焦)革酒法为经，又采杜康、仪狄以来善酒者为谱”。唐代文人嗜酒成风，据元稹《元氏长庆集》中《黄明府诗序》记载：“小年曾于解县连日饮酒，予常为觥录事。曾于窦少府厅中，有一人后至，频犯语令，连飞十二觥，不胜其困，逃席而去。”唐代酒诗颇多，如李白的《客中作》：“兰陵美酒郁金香，玉碗盛来琥珀光。但使主人能醉客，不知何处是他乡。”杜牧的绝句《清明》：“清明时节雨纷纷，路上行人欲断魂。借问酒家何处有？牧童遥指杏花村。”

天宝五年(746 年)，杜甫初到长安时，写了一首《饮中八仙歌》。当时李白、贺知章、李适之、李琎、崔宗之、苏晋、张旭、焦遂八人俱善饮，称为“酒中八仙人”。写他们的平生醉趣，充分表现了他们嗜酒如命、放浪不羁的性格，生动地再现了盛唐时代文人士大夫乐观、放达的精神风貌。全诗如下：

知章骑马似乘船，眼花落井水底眠。汝阳三斗始朝天，道逢曲车口流涎，恨不移封向酒泉。左相日兴费万钱，饮如长鲸吸百川，衔杯乐圣称避贤。宗之潇洒美少年，举觞白眼望青天，皎如玉树临风前。苏晋长斋绣佛前，醉中往往爱逃禅。李白一斗诗百篇，长安市上酒家眠，天子呼来不上船，自称臣是酒中仙。张旭三杯草圣传，脱帽露顶王公前，挥毫落纸如云烟。焦遂五斗方卓然，高谈雄辩惊四筵。

宋代不仅造酒业得到进一步发展，文人喝酒的风气也不亚于唐代。朱弁的《曲洧旧闻》中有一条谈酒的笔记，其中列举了210多种名酒；窦苹的《酒谱》则是一部杂叙酒之故事的书，共有15篇，始于《酒名》，终于《酒令》；朱翼中的《北山酒经》则是论述造酒的专著。此外还有《宋史·艺文志》中著录的无求子《酒经》一卷、大隐翁《酒经》一卷；等等。在我们熟悉的人物当中，如豪放词的两个代表人物苏轼和辛弃疾，都是好酒的人物。苏轼专门写过谈酒的《东坡酒经》。同样，他的诗词也与酒结下了不解之缘。如著名的《水调歌头》："明月几时有，把酒问青天。"南宋伟大的爱国词人辛弃疾也是一位爱喝酒的人，他的词中也经常写到酒，如《西江月·遣兴》：

醉里且贪欢笑，要愁那得功夫。近来始觉古人书，信著全无是处。昨夜松边醉倒，问松我醉何如？只疑松动要来扶，以手推松曰去。

元代出现了蒸馏酒——即烧酒。李时珍《本草纲目》中记载："烧酒非古法也，自元间始创其法。"或谓烧酒是元代自阿拉伯传入我国的，或谓元以前已有烧酒。一般认为，"烧酒"自元代起逐步传入中原地区。明中叶以后，以高粱为原料，以大麦制曲，用蒸馏的方法制造的"烧酒"在北方发展根快，并渐渐取代黄酒而占据主导地位。南方虽仍以黄酒为主，但白酒的酿造也有所发展。

明清时期，伴随着造酒业的进一步发展，出现了不少地方名酒。明代王世贞曾写过《酒品前后二十绝》，分别介绍了桑落酒、羊羔酒、章丘酒、金华酒、麻姑酒等名酒的产地、来历及特点；等等。

酒是社会文明的标志。研究社会的文明史，不可不研究酒文化史。中华酒文化中的丰富内涵，会给人们带来乐趣和启示。

## 四、中国名酒鉴赏

古代名酒多是籍文人墨客之笔而得名，现代名酒则是严格根据感观指标与理化指标进行品评而定的。从汉代的菊花酒到唐宋的剑南春酒、金陵酒，再到元代的翠涛饮、琼花浓等，元人宋伯仁在《酒小史》中列酒名百种有余。至于明清及其以后，由于蒸馏技术的提高，酒中珍品更是层出不穷。五粮液、剑南春、汾酒、泸州老窖、西凤酒等。

### 1. 茅台酒

茅台酒产于贵州省仁怀市茅台镇贵州茅台酒厂。此酒历史悠久，早在两汉时，该地区即以"药酱酒"而闻名。明嘉靖年间，茅台镇已有酿酒的作坊，到清道光年间发展到20多家，因其酒入口不辣、入喉不燥、醉后不渴而声名鹊起。有诗云："茅台香酿酽于油，三五呼朋买小舟，醉到绿波人不觉，老汉唤醒月斜钩。"该酒为典型的酱香型白酒，酒精度53度，酒液微黄晶亮，酱香扑鼻悠长，口味幽雅细致，酒体丰满醇厚，留香经久不绝，素有"国酒"之称。1915年至今，茅台酒共获得15次国际金奖，连续五次蝉联中国国家名酒称号。

2. 五粮液

五粮液酒产于四川省宜宾市五粮液酒厂。五粮液得名是因为以五种粮食即高粱、糯米、大米、玉米、小麦为原料精酿制成。宜宾古称戎州、叙州，早在汉代即有人在此酿酒。宋朝时，当地人就用多种谷物为原料混合酿酒，称"荔枝绿"。诗人黄庭坚曾饮此酒，誉为戎州第一，评著有《荔枝绿颂》，1926 年，清朝遗老杨惠泉嗜饮此酒，嫌当时酒名"杂粮酒"不雅，建议主人邓子均改名为五粮液，从此沿用至今。五粮液属浓香型白酒，酒精度分 39 度、52 度、60 度三种。酒液清澈透朗，酒香浓烈扑鼻，酒味醇厚谐调，入口甘绵净爽，评酒家称："五粮液吸取五谷之精华，蓄积而成精液，其喷香、醇厚、味甜、于净之物质，可谓巧夺天工，调和诸味于一体。"

3. 剑南春

剑南春酒产于四川省绵竹市剑南春酒厂。绵竹古属绵州，隶属剑南道。早在唐高祖武德年间，即以出产美酒著称。玄宗开元年间，所酿的"剑南烧春"便为贡品。1958 年绵竹酒厂在原大曲酒的基础上，改进原料与工艺，推陈出新，得名剑南春。该酒无色透明、芳香浓郁、醇和回甜、清冽净爽、余香悠长，属浓香型白酒。评酒家们认为此酒有芳、冽、醇、甘四大特点。酒精度分 60 度、52 度、38 度等。多次被评为全国名酒。

4. 汾酒

汾酒

汾酒产于山西省汾阳市杏花村汾酒厂。汾阳古称汾州，自古即是美酒生产之地。南北朝时就有"汾清酒"。至唐代，杏花村酿酒业空前繁荣，有酒坊 70 多家。诗仙李白曾到此地留有"琼杯绮食青玉案，使我醉饱无归心"的诗句。汾酒的酿造工艺最具传统色彩，除蒸馏工序外，其他工序与黄酒的生产工序相差无几。从古至今保留着七条秘诀：人必得其精、水必得其甘、曲必得其时、粮必得其实、陶必得其洁、缸必得其湿，火必得其缓。汾酒属清香型白酒的典型，"汾香"就是清香。酒精度分 60 度、53 度、48 度、38 度四种。酒液晶莹透明，兼有清香醇厚、醇甜柔和、余味爽净的特征，以"色、香、味"三绝而闻名。

5. 泸州老窖

泸州老窖酒产于四川省泸州酒厂，泸州古称江阳，酿酒的历史可追溯至秦汉之时，到宋代泸州酒业已相当发达，黄庭坚诗曰："江安食不足，江阳酒有余。"泸州老窖特曲酒为浓香型白酒之典型，团而浓香又叫"泸香"。酒精度分 60 度、52 度、38 度三种。其窖香浓郁持久，回味悠长，评酒家称之具有浓香、醇和、味甜、悠长四大特色。多次被评为中国名酒。

6. 西凤酒

此酒产于陕西省宝鸡市凤翔县西凤酒厂。凤翔古称雍城，是青秋战国时秦国都城。其名源于典故"凤鸣岐山"。苏轼在凤翔为官时，曾赋诗"柳林酒，东湖柳，妇人手"，其中"柳林酒"即如今的西凤酒。该酒集浓香型和清香型白酒的特点于一身，清而不淡、浓而不艳，是凤香型白酒的典型代表。酒精度分65度、55度、39度三种。西凤酒清芬甘润，五味俱全，且恰到好处，酸不涩，甜不腻，苦不黏，辣不呛喉，香不刺鼻，一直是我国名酒之一。

## 本章小结

饮食文化是中国旅游文化的重要组成部分，饮食在“食、住、行、游、娱、购”中是居于首位的。通过本章的学习，目的在于了解我国饮食文化的概况，知道我国饮食文化的大概发展历史。同时，要深入挖掘中国旅游文化，必须了解我国的八大菜系和地方代表风味小吃，还要深入理解酒和茶在我国旅游文化中的重要地位。

本章的重点：①我国的饮食发展概况；②八大菜系和地方风味小吃；③茶和酒的分类。

本章的难点：①酒文化；②茶文化。理解旅游文化的概念及旅游与文化的关系，这是本课程学习中的一个理论基点问题，是学好中国旅游文化课程的重要前提。

## 思考题

实训

1. 我国饮食文化大概的发展历史？
2. 简述八大菜系。
3. 简述川菜的特点、历史和代表菜品。
4. 简述我国酒的发展。
5. 说说家乡风味小吃。
6. 简述茶的分类。

# 第六章

# 中国民俗文化

**学习目标**

**知识目标**

- 了解民俗及民俗文化的概念。
- 了解民俗文化与旅游的关系。
- 了解并掌握我国人际礼仪和节日礼仪的形式。
- 熟悉我国婚姻习俗。

**能力目标**

- 能用旅游文化的基本理论,理解和解释相关的民俗文化现象。
- 掌握我国的一些基本民俗文化。

## 第一节　中国民俗文化概述

民俗是一种集体性的文化积淀,是人类物质文化与精神文化的一个重要的组成部分。它产生于民间。传承于社会,是一种悠久的历史文化传统。随着中国旅游事业的发展和人们旅游需求的丰富化和多样化,旅游者对丰富多彩而又略带神秘感的中国民俗文化产生了浓厚的兴趣,从而使民俗旅游成为中国旅游资源的重要组成部分,而且发展前景极为广阔。

民俗文化是旅游文化的基础部分,同时也是旅游者最感兴趣的部分之一。人人都有猎奇的心理,人人都想从旅游中获得新奇特异的体验和感受,作为具有异国他乡情调的民俗文化,正好满足广大旅游者猎奇的心理需要。本章内容着重介绍民俗的概念与特点、汉民族和其他少数民族的民俗、民俗旅游的相关内容。

### 一、民俗与民俗文化释义

民俗,顾名思义,是民间风俗的简称。民俗,作为学术专用名称,最早由西方学者汤姆斯于1846年提出，其原意为“在普通人们中流传的传统信仰、传说及风俗以及如：古时候的举止，风俗，仪式、迷信，民曲，谚语；等等”（《人类学辞典》，台湾商务印书馆1975年版）。1922年，北大歌谣协会创办的《歌谣》周刊率先运用“民俗”一词，以代替风俗、土俗等说法，该词系从日文转译而来。

民俗文化是广大中下层劳动人民所创造和传承的民间文化，是在共同地域、共同历史作用下形成的积久成习的文化传统。这种民族的、时代的文化既有物质的标识、制度的规范，又有具体社会行为、风尚习俗的鲜活体现。《礼记·王制》说“中国夷狄，五方之民皆有性也，不可推移”，都是先辈对民俗文化的明确指认。

## 二、民俗文化的基本特点

民俗具有如下特征，即多样性、传承性、社会性、变异性和民族性。

(1)民俗具有丰富的多样性特点

不同的国家、不同的民族、不同的区域各有自己独特的风格习惯，古人所说的“百里不同风，千里不同俗”（《汉书·王吉传》）就是指的这种现象。

(2)民俗具有传承性特点

传承性是指某一民俗的历史发展，纵向的延续。泛指历代相传，积久而成的风尚、习俗。它具有一定的习惯性和稳定性，因此才构成了各个地区、民族的性格、特点和风貌。它是各民族、各地域人民在长期的劳动生产和日常生活中逐渐形成并通过习俗、习惯等形式逐渐沉淀下来的，具有代代相传的特点。

(3)民俗具有社会性特点

民俗是社会约定俗成的习惯和习俗，是集体创造的产物，个人的倡导和奉行固然很重要，然而如果得不到集体和社会的认可，就很难散布和流传，更不用说成为一种历代相传的习俗了。有时只留存在几个村寨或一个民族中，有时广泛传播于全国，因此也是群众性的。

(4)民俗具有变异性特点

民俗是一种社会现象，同其他社会现象一样，民俗随着时代的变迁、人们认识水平的提高，政治、经济、文化状况的不同而不断发生变化。这种变化有积极的一面，也有消极的一面，而以积极的变化为主。

(5)民俗具有民族性特点

民俗的民族性是指我国民族的众多，由于各个民族历史发展过程不同，居住的自然环境和生活方式不同，物质、文化生活也不同，所以就形成了自己特有的风俗习惯。它在一定程度上反映了各个民族历史、经济、文化和心理状态，客观上构成了民族差别的特征，在少数民族聚居区尤为明显。

## 三、民俗文化与旅游文化的关系

### 1. 民俗是重要的旅游资源

民俗代表了各民族文化的主体特征，既能丰富旅游者的文化知识，又使旅游者得到高层次的精神享受。旅游者出游，除了在吃、穿、住等方面的基本需求外，更重要的是追求享受，这种享受既包括欣赏自然景观的“自然美”，还包括人文景观的“文化陶冶”。

我国是一个多民族的国家，各个民族都有灿烂的文化，多彩的民俗风情。不同的民族有不同的民俗，同一民族的不同区域，民俗也有差异。民俗文化的差异性是吸引广大旅游者外出旅游的原因之一。当前民俗旅游已成为一种极具特色、前景看好的新兴旅游项目，吸引了大批国内外游客，创造了可观的经济效益。在民俗旅游资源丰富的省份如云南、广西等省区，为结合实际开发了多种民俗旅游的项目，已经取得良好的效果。随着西部大开发的深入，西部少数民族地区丰富的民俗旅游资源也必将会得到开发，到那里去的旅游者将会大大增加。

### 2. 旅游文化丰富了民俗内容

中国有悠久的旅游史，“读万卷书，行万里路”是我国文人的优良传统、他们借助于游历，了解各地山川风貌、风土人情、神话传说、民间生活，以增长见识，广交朋友；并且留下许多游记文献，如明代大旅行家徐霞客的《徐霞客游记》，对山川源流、地形、地貌、风俗民情、民族关系进行了全面而又详细的记载，成为人们研究明代地理、风俗的必读书。古人在长期的旅行活动中，逐渐形成模式化的旅行行为和旅行思维，并经久传承，成为民俗的重要内容。

现代旅游已成为一种大众化的行为。人们外出旅游，本身就是一种大规模的文化活动，从原始部落到现代大郡市，从乡村民歌到好莱坞电影，都可以成为吸引旅游者的因素。因此，现代旅游也是对民俗文化的一种传播方式，并使民俗意识向着健康、娱乐的方向发展。随着旅游业的发展和进步，旅游对民俗的贡献也一定会愈来愈大。

# 第二节　礼仪民俗

中国历来就有“礼仪之邦”的美称，早在数千年前，中国已经形成了一套系统而规范的人生礼仪。俗语说：“习俗易人，贤君难免。”凡是社会的一员，上至达官贵人，下至平民百姓，无不受民俗的浸染、熏陶。一个人从呱呱落地到生老病死，无时无刻不在民俗的事项中生存，民俗可以说是人生的百科全书。通过民俗的传承和活动，祖辈积累的生产经验、劳动技能和生活知识得以代代相授、世世相传。在人的一生中，从其诞生来到世间，至死亡离开世间，各个不同的重要环节，都要举行与之相适应的不同的仪式和礼节。其中重要礼仪包括诞生礼、成年礼、婚礼、寿礼与丧礼，合称“人生五礼”。从世间的新生到生命的结束，人生的礼仪如影随形，陪伴着一个人从生命的起点走到终点。

## 一、诞生礼仪民俗

诞生礼仪是人生的开端之礼，是为获得进入社会的资格而举行。这种礼仪一般包括婴儿出生前和出生后成长过程的一些礼仪，实际上主要表现在产妇和婴儿两个方面。具体内容包括求子、怀胎、分娩、报喜、命名、满月、抓周及洗礼等仪式。其中满月、百日较为隆重，“满月”，指婴儿出生后满一个月，为孩子做满月酒，是汉族的一种育儿礼仪，做满月时，来祝贺的亲友要携带食物、小儿衣饰等礼物，为庆祝家庭添人进口的大喜事，满月当日设宴款待亲朋好友，将婴儿抱给来宾看望，表示答谢意愿；婴儿诞生 100 天摆“百日酒”，本身含有祝愿孩子长寿的意思，人们又把“百日”视为一个新的起点，对孩子的未来充满了信心。

## 二、婚姻礼仪民俗

世界上每个民族都有独特的婚姻民俗。我国传统婚姻民俗是在中华民族长期的历史文化积淀中形成的，凝聚着中华民族五千年文明史的精华和中华民族的传统美德，也沉淀了几千年封建社会遗存下来的糟粕，至今仍影响着人们的婚姻生活。

“男大当婚，女大当嫁”。婚姻是人生礼仪中的大礼，历来为中国人所重视，它构成两性共同生活的社会关系，自古以来就是人类社会的重要生活内容。婚姻礼仪作为一种世代相传的文化现象，在演进过程中具有相当的传承性和稳定性。好的合情合理的婚姻礼仪，会受到人们广泛的承认而历久不衰；一些恶风陋俗也凭借旧的观念袭衍留下来。

早在两千年前，制礼作乐的先贤圣哲们就指出：“昏礼者，将合二姓之好，上以事宗庙，而下以继后世，故君子重之。”（《礼记·昏义》）由此，古人创设了一整套烦冗复杂的婚姻礼仪，并在封建社会演进过程中具有相当的稳定性。经过近、现代的洗礼，传统婚姻礼仪渐趋简化，代之以符合现代生活的，或与国际接轨的婚姻形式，但仍保留了大量传统的礼俗。

中国传统婚俗在婚礼前有“三书六礼”之说。“三书”是指定亲之书，又称聘书，指男女双方正式缔结婚约；过礼之书，又称礼书，即礼物清单；迎娶新娘之书，又称迎亲书，结婚当日接新娘过门时用。“六礼”，即纳采（今称“提亲”）、问名（今称“合八字”）、纳吉（今称“过文定”）、纳征（今称“过大礼”）、请期（又称“乞日”，今称“择日”）、亲迎（今称“迎亲”）。

古代婚礼的深刻含义

从议婚至完婚过程一般经过三个阶段，即议婚阶段，又称“议亲”；订婚阶段，即“许亲”和成婚阶段，进行成婚仪式。

汉族民间结婚的日子多选择在秋冬季节。结婚前一天，女家派人前往男家送嫁妆。结婚当天，男女两家张灯结彩，宴请宾客。新郎去女家迎娶新娘。新娘将发式梳成成年妇人型，戴红色盖头，哭别娘家。上下轿时，要撒谷豆、铺红毡、跨马鞍、不能足踏红尘等，以求避邪免灾、日子过得“安安稳稳”。

进门之后，举行拜堂仪式，牵“同心结”进入洞房。新婚夫妇进入洞房前，将枣、栗子、花生等撒向寝帐,吟唱“撒帐歌”。枣子、栗子、花生取其谐音,有早得贵子、儿女双全之意。撒帐之后,新人进入洞房,行合卺礼。卺就是瓢,新婚夫妇各执一瓢共同饮酒,象征夫妻合二为一,并蕴含新婚夫妇同甘共苦之意。到宋代以后,以喝交杯酒代替。新婚之夜,各地还有闹房和听房的习俗。结婚第二天,新娘拜见本家长辈。第三天,新郎与新娘同去女家,谓之“回门”。日落之前或小住几日,二人一起返回夫家。

纵观传统婚姻礼仪,十分烦琐,某些礼节还带有封建和迷信色彩。但它有两个明显特色,一是讲究红火热闹;二是祈求吉祥如意。随着时代的变迁,年轻人的婚姻形式越来越多样化,如集体婚礼、户外婚礼、西式婚礼等多种形式,追求浪漫、时尚、个性。

同时,在我们多民族的大家庭中,还有一些其他特殊的婚姻礼俗。

**1. 抢劫婚**

抢劫婚是一种原始社会残留下来的婚姻形态。在母系氏族社会向父系氏族过渡时.妇女嫁到男方氏族,出现抢劫婚。这种风俗发展到后来,只是保留了“抢”的形式,实际上成为两相情愿的佯战,并非真正去抢劫。抢劫婚遗俗在汉族中早已消失,但在少数民族中依然遗风很盛。景颇族把抢妻称为“迷鲁”,而且抢婚时事先不通知女方,也不管女方家庭及女子本人是否同意,先去强行抢回。如果同时有几个男子看中一个女子,抢婚时还常发生械斗。景颇族把偷婚称为“谜考”,娶妻称之为“迷确”,两者差别不是很大。一般先遣媒人求婚、兑台,如果女方家不同意,就把女儿藏起来,男方和媒人在设法把女子引诱出来后也成婚。迫使男女双方家庭及本人都愿意,举行婚礼还要进行“抢劫”仪式。此外,瑶族、壮族、彝族、黎族、苗族和高族都流行过各种各样的抢劫婚。

**2. 转房婚**

转房婚是指弟纳兄嫂或兄娶弟媳的一种寡妇内嫁制的婚姻。我同历史上各个时期、各个民族中都曾流行过,而且持续时间很长,近代仍屡见不鲜。

**3. 表亲婚**

表亲婚是指平辈表兄表妹间的联姻。这种表亲婚在历史上十分普遍,直到《婚姻法》颁布才从法律予以禁止。表亲婚从血缘关系上看分两种,一种是姑表兄妹的通婚,一种是姨表兄妹的通婚。

**4. 交换婚**

交换婚源于原始社会中的父系氏族社会,即将女子嫁入对方氏族为妻,对方氏族则回嫁一女子到本氏族为媳妇。历史上交换婚也十分普及,持续时间也较长,交换婚也是重亲联姻的一种方式,但是它不同于表亲婚。尽管互为婚姻,亲上加亲,但两对夫妻间没有直接的血缘关系。所以按照现代《婚姻法》,只要两相情愿,仍然可以结婚。换亲习俗现在民间仍然存在,尤其是偏僻落后地区,屡见不鲜。之所以换亲,有的是因为婚姻聘礼太重,若以女儿换媳,双方都不吃亏;有的是因为儿子痴呆、面丑或有其他生理缺陷,娶妻困难,是以女儿交换成婚。所以在换亲中,悲剧层出不穷,大多数换亲都属父母包办婚姻。

### 5. 买卖婚

买卖婚是男方以相当数量的钱财为代价，娶女方为妻的婚姻形态。这是一种以经济因素为先决条件的婚姻，是私有制社会的经济行为在婚姻上的反映。财礼聘金多少取决于当事人家庭的政治和经济地位，买卖婚姻在历史上很普遍，因为它不是以爱情为基础，所以造成许多婚姻悲剧，而且也带来了不少社会问题。在我国近现代社会中，仍存在买卖婚姻和变相的买卖婚姻现象。

### 6. 服役婚

服役婚姻是娶妻的男方在婚前或婚后的一定时间内，到妻家服劳役，作为对女方家庭损失劳动力补偿的一种婚姻形态，也即以役代聘，是一种变相的买卖婚姻。服役时间的长短没有规定，一般以双方缔结婚姻时的契约而定，少则一年，多则几年。我国少数民族，如彝族、瑶族、傣族、壮族、普米族、拉祜族、纳西族等都曾流行过服役婚习俗。

### 7. 招赘婚

招赘婚是一种男嫁女娶的婚姻形态。从男方来看，因兄弟多或穷困，拿不出足够的聘礼娶妻成家，便只好入赘到女方家。从女方的角度看，多因为家中无男子给女儿招赘夫婿，以养老送终。还有一种情形是，寡妇丧夫后招赘夫婿，抚养原夫全家子女。入赘女家的男子大多要改女家姓，并享有财产继承权，赡养女家双亲，为女家传宗接代传香火。目前，这种婚姻形态在部分农村依然存在。

### 8. 童养婚

童养婚是有儿子的家庭抱养别人的女儿为养女，待孩子长大到适婚年龄，令他们结为夫妻，俗称“圆房”。童养媳一般都出身于贫穷又多女之家，将女儿送给人家做童养媳，既减轻抚养负担，又可以得到一些彩礼补助。此外，收养童养媳也是种补充劳动力不足的办法。童养婚多是小男大女。直到新中国成立前夕，童养婚在民间仍较流行。

## 三、寿辰礼仪民俗

寿辰俗称“过寿”“过生日”。20 个世纪 70 年代之前，过生日只是吃鸡蛋和长寿面。80 年代后，随着经济的飞速发展，人民生活水平不断提高，人们逐渐重视过生日。过生日、买礼物、分吃生日蛋糕、吹蜡烛、唱《生日快乐》歌等成为常见的庆祝方式。

汉族人注重 60 大寿和 66 大寿。60 大寿要宴请亲朋。66 岁生日要用 6 两肉、6 两面包 66 个饺子给寿星吃，并邀请亲朋好友喝祝寿酒，一般在家里或在饭店摆设丰盛的酒菜招待客人，席间客人要向寿星敬酒，祝寿，欢声笑语，喜气洋洋。

## 四、丧葬礼仪民俗

丧葬礼仪,按照民俗学的说法,既是人生最后一项“通过礼仪”,也是最后一项“脱离仪式”,表示一个人完成了他或她一生的全部行程,最终脱离社会。中国历来重视丧葬,礼仪尤其是长辈的丧葬礼仪。早在春秋时期就已经形成了一套完整的丧礼礼仪:从初终到大殓、殡葬、葬后,约有40余项。其中出殡较为隆重出殡这一天,亲友、邻里汇集丧家,礼送奠仪,以示哀悼。随着社会的发展,现在丧葬礼仪的一系列程序主要有:

●报丧:人临终前要穿上寿衣,断气后送至医院太平间存放。

●吊丧:死者生前好友、亲属得知噩讯,都要前往吊唁,亲属臂戴黑纱,腰系白带。

●守灵:死者未火化前,亲属轮流守候死者身边,守灵三天。

古人为何要等待七天才下葬?

●出殡:出殡日清早,亲友跪于灵车前,众人将死者移入棺匣抬上车,长子上灵车后,手执死者遗像站立。火化前,亲友瞻仰遗容,进行遗体告别。火化后进行安葬。以后每七日为一祭日,共“五七”。逢周年要祭奠。子女为死者尽孝,三月内不办喜事,不着艳装。

回族普遍实行土葬。至今,回族死亡皆按伊斯兰教风俗安葬。一般人家丧期不过三天,以体现“亡人为土安”之意。要请阿訇主持殡葬,将死者净身,用白布包身土葬,用移尸匣运入回族公用墓地。七日、四十日、百日、周年月日祭日。

# 第三节　岁时节日民俗

## 一、岁时节日民俗文化与旅游的关系

节庆民俗与旅游有着非常紧密的联系,自古以来,游乐便是节庆的重要内容之一。现代社会,旅游更是人们过节时的首选活动,而形成一种新的旅游形式——“假日旅游”。人们喜欢节日旅游,不仅是因为节日有较多的闲暇时间,而且由于节日有着丰富多彩的民俗风情。

节日是人类生活的一种重要文化现象,是人类社会发展到一定阶段的产物。凡是有人群居住的地方就有节日,节日是群众性、周期性和相对稳定性的特殊日子。它在一定的文化环境中生成,带有鲜明的文化烙印,不同文化环境下生成的节日民俗具有不同的特点。我国的节日民俗文化丰富多样,色彩斑斓,是一座丰富的宝藏,其中有许多资源可以开发利用,使其为旅游事业的发展发挥应有的效能。节日民俗与旅游具有天然的联系。首先,从节日与旅游的关系看,旅游本是节日民俗活动的内容之一,许多节日都以其特殊的有利条件和多姿多彩的民俗内容吸引旅游者,使其成为最佳的旅游日期。其次,从旅游对节日的影响来说,旅游能吸引更多的人参加节日活动,能使传统民俗节日焕发新的活力,并能促使新的节日及新的节日民俗的形成和发展。节日民俗和旅游可说是一对亲密的伙伴,两者存在着互相依赖、互相促进的联系。

### 1. 节日是旅游的载体

节日有各种各样的民俗活动,旅游是其中之一。春节是一年最热闹的大节,据《梦粱录》记载,南宋时,临安(今杭州)人已有春节出外游玩的风俗,"不论贫富,游玩琳宫梵宇,竟日不绝。"《清嘉录》记载清代苏州人过春节,"诸丛林各建岁醮,士女游玩琳宫梵宇,或烧香答愿。自此翩翩征逐,无论远近,随意所之。"《燕京岁时记》也称,清代北京过春节,有钱的官宦人家纷纷乘车马外出游玩,"貂裘蟒服,道路纷驰,真有车如流水、马如游龙之盛。"这些记载描述了古人春节游玩的快乐景象。

古代的春节活动从正月初一开始持续到十五,与元宵节相连。元宵节晚上张灯结彩,大放焰火,把娱乐活动推向高潮。古代城市为了维护治安,平时有宵禁,但元宵节破例允许士民通宵观灯,形成了家家外出,万人空巷的观灯盛景,连平时不大出门的妇女这时也纷纷联袂而出,结伴群游,俗称"走百病""走三桥"。从旅游的角度看,古人的元宵节是古代特有的全民夜游节日。

元宵过后至的清明,是春游的大好季节。《武林旧事》记载,南宋都城自收灯后,贵宦巨室皆争先去郊外游玩,谓之"探春"。"探春"过后,又有"放春""蹈春",都是春游之意。此段日子春游虽多,但相对集中的日子是花朝节和清明节。花朝节在农历二月份,《梦粱录》称,这一时节城里居民纷纷赶往郊外或城内名园观花赏柳。三月三日上巳节是古代的春游节日,人们多去郊外水边游玩。古人对清明踏青的记载就更多。如清明及霜降时节,杭州城仕女尽出西郊,逐队寻芳,荡桨于西湖中,歌声满道,萧鼓相闻。北京三月清明,男女外出扫墓,完毕后不急于回去,而是"趋芳树,择园圃,列坐尽醉"。《陶庵梦忆》也记载,绍兴人扫墓之后,必定就路之所近,游览庵堂、寺院与士大夫家的花园,这些扫墓实际成了变相的旅游。

现代的节日旅游比古代更加丰富。现代社会不仅有自古传承下来的传统节日,而且有许多现代节日。国庆节、劳动节、元旦等节日都放假,节日期间,街上人流熙攘,商场、餐馆、公园、剧场、电影院、展览馆等场所到处可以见到游玩的人,不少人去外地甚至国外旅游度假。现代的新兴地方节日也有许多旅游活动的内容。旅游作为时髦的名词,在新兴节日中频频亮相。这也说明,在现代节日民俗中,旅游的地位越来越重要。

### 2. 节日是最吸引旅游者的旅游最佳时期

旅游可以在节日进行,也可以在平日进行,但节日旅游的人数总要超过平日,主要是受以下因素的影响。

节日有丰富多彩的民俗活动。节日期间,人们可以参加各种平日没有的活动,特别是庆贺性、娱乐性的民俗活动,从中感受到欢快、热烈的气氛。节日还能见到平日不易见到的许多民俗风情,这对于人们愉悦身心的旅游要求和猎奇、思古等旅游心理是十分重要的。

节日期间人们有较多的闲暇时间。我国传统的岁时节日多处于农闲季节,与农耕生产的时间相协调。古代的政府机构、学校等,逢重大节日大多休假。我国古代社会,国家对许多重要的纪念节日或传统节日也规定了休假制度。因此,节日时期,人们有较多的闲暇时间,能够参加旅游娱乐的活动。

节日期间人们的消费观念异于平日。节日是一些特殊的日期,成年累月的节日民俗文化积淀在人们头脑中形成了强烈的过节意识。过节时,人们花钱也总是比较大方,有异于平日。过节的花费增加不仅用在吃、穿、送礼方面,而且用在旅游娱乐方面,这也是节日旅游兴旺因素之一。

节日旅游无论在古代或是现代,都深受人们的欢迎。《雍洛灵异小录》记载,唐代元宵节,京城内的寺观街巷到处张灯,仕女倾城出游,车马塞途,观灯者被人流裹挟着前行。《清嘉录》亦记载,端午节苏州人看划龙船,“男女耆稚,倾城出游。高楼邃阁,罗绮如云。山塘七里,几无驻足之地。河中画楫,栉比如鱼鳞,亦无行舟之路。欢呼笑语之声,遐迩振动。入夜,燃灯万盏,灿星吐丹,波月摇白,尤为奇观。”古人过节游乐的热闹景象可见一斑。

现代节日旅游的盛况比古代更胜一筹。经中国旅游研究院(文化和旅游部数据中心)发布的《2018 年国庆假期旅游大数据报告》,国庆 7 天全国共接待国内游客 7.26 亿人次,同比增长 9.43%;实现国内旅游收入 5990.8 亿元,同比增长 9.04%。

古今节日旅游的盛况表明,节日是对大众最有吸引力的旅游佳期。

#### 3. 旅游赋予传统节日新的活力

现代社会中,一些传统节日由于种种原因日趋衰落,特别是一些地方性的传统节日,有自然消亡的趋势。拯救传统节日的出路何在?有些地方部门想到了旅游。他们把传统节日与旅游相结合,让传统节日中富有特色的民俗活动成为旅游观光的内容,这些尝试有的取得成功,如金华斗牛是浙江省金华市的传统民俗娱乐活动,起源于宋朝。近半个世纪以来,此项活动已销声匿迹,渐为人们淡忘。1986 年,金华市设立斗牛节,恢复了传统的斗牛活动,以后每年举行。斗牛节期间,全市挑选 100 头壮牛参加角斗,场面壮观,吸引大批中外游客前来观光。金华斗牛节这颗古老习俗的明珠,在现代旅游的带动下又恢复光彩。

旅游对于一些现代社会仍然流行的传统节日也有相当的促进作用。近年来,许多地方在旅游上大做文章,把端午节赛龙舟的活动推向世界。如湖南岳阳举行的汨罗江龙舟竞赛已发展为国际性的龙舟节。自 1989 年开始,每年都有来自全国和世界各地的龙舟队参赛。龙舟节期间,前来参赛和观光的中外游客齐集汨罗江畔,给古城岳阳带来了前所未有的繁盛景象。

#### 4. 旅游促进新兴节日产生发展

旅游对新兴节日(准民俗节日)及新的节日民俗的产生发展更是作用巨大。新兴节日的设置大都与各地发展旅游、商贸的目的有关,其中有许多是直接以旅游节来冠名的。各类新兴节日有许多是取材于传统民俗,也有许多是以旅游或国际交流为目的的,还有许多新兴节日尽管名称中没有旅游和国际交流的字眼,但活动中有与旅游相关的内容。如河南洛阳,春有传统的牡丹文化节,秋有新兴的河洛文化旅游节,是洛阳市最具地方特色的两大经贸文化旅游盛会。

## 二、我国节日民俗的主要内容

### 1. 汉族的传统节日

中国悠久的历史，使得节日文化的内涵极为丰富。这些节庆充满了诗情画意，反映了中国劳动人民的生活、劳动、智慧和愿望。这些节日文化在一定程度上增加了旅游文化的内容。

传统节日及主要上元节民俗

(1)春节

春节即大年初一，这是一年的开始。在新年之际，一般老百姓都要换上新衣，连普通的杯、杓、碗、筷也要添换新的。多数人家要在门前挂爆竹数串，还要挂"桃符"、贴"门神"。

(2)上元节

正月十五为上元节。当日晚上，叫"元宵""元夜"，有月圆的意思。唐代以后便有在此日晚上观灯的习俗，所以，又叫"灯节"。在这天晚上，万家灯火伴着人们通宵出游。各种游艺活动如舞龙灯、跑狮子、踩高跷、放烟火、太平鼓等，热闹非凡，映出一幅美妙的图景。

(3)清明节与寒食节

清明是二十四节气之一，清明节前一天(一说前两天)是寒食节。关于寒食节的来历是：相传，春秋时的晋文公流亡时，大臣介子推功劳颇大。晋文公即位后，别人都争功邀赏，唯独他不肯做官，带着母亲隐居绵山，晋文公知道他十分孝顺，就放火逼他母子一起出来。谁知，介子推还是不肯出来，母子竟被活活烧死。晋文公十分悲伤，下令每逢这天禁止生火。寒食节后第二天就是清明节。古人认为说："万物至此，皆洁齐清明。"唐宋以后，清明节逐渐代替了寒食节，每到此日，家家都要插柳、扫墓、祭祀祖先以及春游。

(4)端午节

阴历五月初五是端午节(又名"端阳""重午")，最普遍的说法是为了纪念战国时楚国大夫屈原。相传屈原在这天投汨罗江而死，人民为了纪念他，到此日划龙舟，用竹筒贮米和粽子，投入江中喂鱼虾，以保护屈原的尸体不被吞食。

(5)七夕节

阴历七月初七，也叫"乞巧节"，相传是牛郎和织女相会的日子。乞巧节的晚上，人们洒扫庭院，陈瓜果、酒饵、肴馔，点燃香蜡，进行礼拜。特别是年轻姑娘，她们虔诚地准备好水果、巧饼、糕点，带到古井旁边、树丛或葡萄架下，把供品摆在地上，拜上两拜，希望能从织女那里乞求到织布的技巧。

(6)中秋节

阴历八月十五日，在秋季之仲月，故称"中秋"。关于中秋节的来历，一般来说，是源自"唐明皇游月宫"之说。此夜月色皎洁，人们借皓月来表达对亲人的思念之情，因此，又叫"团圆节"。每到此日，家家户户酌酒赏月．亲朋好友以月饼相赠，取团圆之意。

(7)重阳节

阴历九月初九是"重阳节"，又叫"重九"。到这一天，到处都摆满了菊花，挂菊花灯，饮菊花酒,人们都要登高、赏菊、佩带茱萸,据说这样可以辟邪。

(8)腊八节

阴历十二月初八叫"腊八节",又叫"佛成道节"。在这一天,寺僧和一般群众都用胡桃、松干、柿和栗之类作粥,谓之"腊八粥"。这是为了纪念佛教创始人释迦牟尼而流传下来的习俗。

(9)除夕

一年最后一天的晚上叫"除夕"。它是中国古老而隆重的节日。节前几天,人们纷纷准备年货。到了此日,千家万户洒扫门庭,去尘秽、净庭户、换门神、挂种植、贴春联、祭祀祖先,全家聚餐,吃"团圆饭";晚上爆竹声声,各种烟火把天空照得五光十色,人们尽情欢乐。

**2. 少数民族的传统节日**

(1)蒙古族的传统节日

大部分地区的蒙古族人也过春节、端午节和重阳节。每年六月至九月,是牧闲季节,一年一度的传统的那达慕盛会便于此时举行,会上有物资交流。敖包会是流传于内蒙古地区的具有重要含义的集会,既是宗教节日,又是文娱活动。每逢节日,摔跤、赛马、射箭、歌舞是必不可少的娱乐活动。

(2)藏族的传统节日

藏历年如汉族春节一样,是一年中最盛大的节日。除夕前一天,各家在太阳落山时,把一切污水脏物倒掉,他们认为这是人丁兴旺、万物生长的保证。除夕这天,人们穿上鲜艳的服装,戴着奇形怪状的假面具,以唢呐、海螺、大鼓伴奏,举行隆重的跳神会,表示辞旧迎新。人们相互拜年,相互问候祝福,祝贺新年人寿年丰、万事如意。

雪顿节又名藏戏节,"雪"藏语意为酸奶子,"顿"藏语为宴,"雪顿"意为吃酸奶子的节日。藏历每年七月初一举行,延续四五天。原为百姓向喇嘛们施舍酸奶子和喇嘛们纵情玩耍的节日,后演变为人们聚集罗布林卡,看藏戏、饮青稞酒、嬉戏歌舞、尽情玩耍的节日。

望果节又叫旺果节。"望"藏语意为田地,"果"藏语意为转圈,望果即转地头的意思。每年八月(秋收前夕),藏族村民手持青稞穗或麦穗,在手举缠绕哈达木棒和羊右腿的教主的带领下,绕着本村土地转圈游行。绕圈后,把谷穗插在谷仓或神龛上,祈求一年获得好收成。

洗澡节又称沐浴节。每年七月上旬以金星(又称弃山星)出现到隐没结束,为期一周。节日期间,雨过天晴,惠风和畅,正是雪域高原最清爽的日子,人们纷纷走向附近的江河沐浴、洗衣,并在水边野餐玩耍,这就是藏族人民特有的洗澡节日。

(3)回族的传统节日

回族的开斋节又称"肉孜节"。回历九月为斋月,需斋戒一个月,禁动烟火,白天不吃任何东西,到第29天黄昏时,如果望见新月,第二天就过开斋节,否则,就推迟一天。

古尔邦节,又称"宰牲节"。在回历十二月十日举行,这一大要宰牛、羊、骆驼。过节前,家家户户都把房舍打扫得干干净净,忙着精制节日糕点。节日清晨,穆斯林要沐浴熏香,严整衣冠,到清真寺去参加会礼。会场四周另有一番景象:色彩缤纷的伞棚、布棚、布帐、夹板房内,铺设着各式各样的木桌、板车、地毯、毛毯、方巾,上面备有花式繁多的食品小吃。

(4)苗族的传统节日

苗族的节日很多,除过汉族的节日外,还有自己的节日,如苗年、芦笙节、姐妹节等。苗年多在农历月第一个卯日或亥日举行。此节是苗民庆丰收的节日。过节首先祭祀祖宗,其次走亲访友,同时举行各种庆祝活动,如踩鼓、斗牛、跳芦笙舞、赛马、斗鸡,男女可"游方"谈情说爱。

芦笙节在农历春节后的正月十六到二十一日举行。节日里,芦笠吹起,带着银花首饰,穿着艳丽服装的姑娘和小伙子伴着悠扬的芦笙翩翩起舞,欢声一片。小伙子向意中人索取花带,姑娘们将花带系在小伙子芦笙管上,而后,青年男女,各自选择自己的意中人,情侣们自由谈唱,交流感情,互送信物。

苗族妇女每年春季要过一次姐妹节,吃一顿姐妹饭。节日里,姑娘们身着盛装,打扮得漂漂亮亮,带着亲手做的"姐妹饭"结伴来到村头的空场上,亲密交谈,吹奏乐器,翩翩起舞。

此外,彝族的"火把节""祭山节"也比较有特色。壮族的赶歌圩是壮乡的一次盛会。傣族的泼水节、白族的三月街等都是著名的节日。

## 本章小结

我国历史悠久,有灿烂的文化,民俗文化是一个典型代表。通过本章的学习,要了解并掌握民俗文化的定义和特点,要知道民俗文化和旅游文化的重要关系。同时,还需了解并掌握一些有特点的民俗文化,在了解并掌握汉族民俗习惯的同时,还需把握各具特色的少数民族的相关特点。

本章的重点:①掌握民俗文化的概念及其与旅游文化的关系;②重点掌握一些有特色的民俗文化习惯。

本章的难点:识记有特色的民俗文化习惯。

## 思考题

实训

1. 民俗文化和旅游文化的区别?
2. 简述民俗文化和旅游文化的关系。
3. 简述汉族的节日民俗。
4. 简述汉族的人际礼仪民俗。
5. 介绍自己家乡的民俗习惯。

# 第七章

# 宗教文化

**学习目标**

**知识目标**

- 了解宗教文化的概念。
- 了解佛教产生及发展的历程，知道现在我国佛教的具体情况。
- 了解道教的产生和发展，知道其和旅游文化的关系。
- 了解基督教和伊斯兰教的大概产生和发展，知道其对于旅游文化的作用。

**能力目标**

- 能应用旅游文化的基本理论，理解相关的宗教文化现象。
- 明确学习宗教文化的意义所在。

宗教是人类社会发展到一定历史阶段所产生的一种文化现象，属于社会特殊意识形态。一般宗为主观的、个人的主义信念；教则有客观教说之意。

宗教对旅游业有重要影响。首先，宗教文化本身就是具有特色的有着强大吸引力的人文旅游资源。宗教文化旅游资源的开发和利用，可形成鲜明特色的旅游产品，开拓旅游市场，吸引游客，对旅游业的发展具有重要意义。其次，虔诚的宗教信仰和强烈的求知欲望很容易激发和转化为旅游动机。使大量的宗教信徒成为旅游者。而许多知名的宗教圣地也很容易变为旅游目的地。

宗教文化的许多内容还是旅游纪念品的极好素材，这些宗教纪念品，既能丰富旅游商品，又能增收创汇，产生极大的经济效益。利用宗教节日，促进旅游业的发展，是旅游促销的重要手段。一些重要的宗教节日，其新奇感和神秘感颇具魅力，符合大众的心理需求而成为民间流行的节日，同时也是旅游节日。宗教文化还可以通过间接的艺术形式影响旅游的发展，如众多的宗教人物、故事和传说，通过电影、电视和文学作品被广为传播。

宗教文化对旅游饭店也有一定的影响。不同信仰宗教的旅游目的地，所设的饭店要有相应的设施和膳食供应，绝对不能违反和触犯该地的宗教信仰和风俗习惯。在承担接待宗教信徒的饭店中，管理者和员工都要具备丰富的宗教文化知识，这样管理者可以根据不同宗教信仰的客人采取相应的接待方案,服务员根据客人的要求提供满意的服务,导游为游客做好高质量的讲解。

历史上,世界三大宗教先后传入中国,加上我国独自发展的具有上千年历史的道教,我国共有四大宗教。但自始至终,不论是佛教、伊斯兰教、基督教还是道教,在中国都只有一部分人信仰,但这些宗教活动对我国的民族文化却有着重大的影响。

世界三大宗教

# 第一节 佛教文化

## 一、佛教产生及发展

### 1. 佛教的创立

佛教创建于公元前6—公元前5世纪的古印度,是世界三大宗教之一,在三大宗教中创教最早,广泛传播于亚洲很多国家和地区,对中国乃至亚洲各国的社会文化生活特别是旅游产生重大影响。

公元前6世纪,雅利安人征服了南亚次大陆,民族矛盾尖锐,城邦林立,种姓制(瓦尔纳)将人分成婆罗门(僧侣)、刹帝利(骑士)、吠舍(工商业者)、首陀罗(被统治者)四个等级,各等级之间矛盾尖锐复杂,而婆罗门的反动统治成为其余阶层反对的对象。这样,为佛教的产生创造了有利的因素。

佛教创始人释迦牟尼,姓乔达摩,名悉达多,是古印度北部(今尼泊尔境内)小城邦国家迦毗罗卫国的太子。相传,他自幼受传统的婆罗门教育,其父净饭王对他寄予厚望。但他感到人世间充满苦难,变幻无常,为摆脱人生苦难,29岁时出家修行,6年后得道成佛,在鹿野苑初转法轮,向首批教徒传教,并在印度河、恒河流域向在大众宣传自己悟出的真理,拥有越来越多信徒。80岁时,入灭。佛教界有“八相成道”的传说:兜率天降、白象入胎、住胎说法、右肋出胎、逾城出家、树下成道、初转法轮、双林入灭。人们将释迦牟尼出生地蓝毗尼花园、成道地菩提伽耶、初转法轮地鹿野苑、涅槃地拘尸那迦称为佛祖四大圣迹。

释迦牟尼,是佛教信徒对悉达多·乔达摩的尊称,意为释迦族的圣人,简称释尊、佛陀、佛,即为三觉圆满的智者。他既是创立佛教的教主也是佛教崇拜和供奉的对象。

### 2. 佛教的发展

印度佛教的发展主要分为四个时期。

(1)原始佛教时期

这是佛陀及其弟子所宣扬的佛教,称为根本佛教。佛陀去世后,弟子们奉行四谛、八正道等基本的教义,维持佛陀在世时的惯例。

(2)部派佛教时期

公元前4世纪—前1世纪,由于佛陀在世时在不同场合对不同对象有着不同说法,弟子便对此产生不同的理解。佛陀去世后的100年,佛教分裂为上座部和大众部两大派(根本两部),此后又陆续分裂,形成18部,成为枝末部派。

(3)大乘佛教与小乘佛教时期

公元前1世纪—7世纪,"乘"即为运载之意,"大乘"旨在运载一切众生达到涅槃境界的彼岸,而"小乘"只求自我解脱。在这一时期,佛教徒中流行着对佛塔的崇拜,从而形成大乘最初的教团——菩萨众。他们中的一部分教徒根据《大般若经》《维摩经》《妙法莲花经》等阐述大乘思想和实践的经籍,形成了中观派(空宗)和瑜伽行派(有宗)两大系统。而将早期佛教贬称小乘。佛陀逝世500年后,大乘中观派兴起,创始人龙树,阐发"空""中道"和"二谛"的思想。佛陀去世900年后,瑜伽行派兴起,奠基人是无著和世亲两位大师,弘扬"万法唯识""三界唯心"的唯心论。

(4)密教时期

大约7世纪以后,印度密教开始流行,8世纪后与印度教相接近,波罗王朝在佛教中心那烂陀寺以外另建超戒寺,作为研习和宣传密教的中心。9世纪后,密教开始形成金刚乘、俱生乘和时轮乘。11世纪初,伊斯兰教进入印度各地,13世纪初超戒寺等重要寺院被毁,佛徒星散,佛教在南亚被灭。

佛教传入中国内地的年代,有两种说法。传说阿育王曾派使者到秦国面见秦始皇传播佛教,被秦始皇杀死。据司马迁《史记》记载,西汉哀帝元寿元年(公元前2年),大月氏使臣伊存向中国博士弟子景卢口授《浮屠经》,佛教开始传入中国,史称这一佛教初传的历史标志为"伊存授经"。但另又说法为东汉永平年间,佛教传入中国。据史料记载:汉明帝夜梦神人,醒后询问群臣,大臣告之神人为西方号称"佛"的得道者。于是汉明帝派人西行求法,在大月氏抄回佛经四十二章,收藏在皇室图书档案馆"兰台石室"中。据说蔡愔等、秦景等使臣在大月氏遇见高僧摄摩腾、竺法兰,邀请他们在汉地传授佛教。67年,二僧用白马驮着佛像和经卷来到洛阳。汉明帝为表示欢迎,在洛阳建起我国内地首座佛教寺院"白马寺"。这就是"白马驮经"的传说。综上所述,可知佛教传入我国内地当在两汉之际,即公元1世纪前后。

中国佛教包容了佛教在印度的三个时期,世界上最完整的佛教在中国,世界上最完整的佛教经典也在中国。可以说佛教诞生在印度,发展在中国。佛教在中国的发展大致经历了译传、创造和融合阶段。

两汉魏晋南北朝时是译传阶段。天竺、安息等地高僧先后到洛阳,从事翻译佛经工作。同时,中国僧人也开始了西行求法,朱仕行成为中国西行第一人。

隋唐两代是中国佛教的创造和鼎盛时期。中国僧人分别以一定的印度佛经为经典,开宗立派,形成了三论宗、天台宗、华严宗(贤首宗)、法相宗(慈恩宗)、律宗、净土宗、禅宗(真言宗)等八个主要宗派,号称中国佛教的鼎盛时期。但此时佛教思想与中国固有的传统思想协调不够,出现佛教与儒学、道教对峙有余,相融不足的局面。

唐代以后,中国佛教即内地汉传佛教处于融合时期。佛教在此时与中国文化全面结合,一方面,佛教与儒学趋融合,成为"三教合一"历史背景下的佛教;另一方面,佛教借助文学、绘画、雕塑和建筑等艺术形式,成为民间风俗习惯、民族心理与思维及语言素材构成的重要有机成分。唐代以后,黄河流域佛教开始削弱,但此时中国西南佛教迅速升起。

特别是清王朝对汉传佛教采取限制政策,使佛教进一步中国化。近代社会,对于佛教的信仰,也逐渐由单纯修来世、求解脱、向往“西方极乐世界”,演变为同时追求现世利益,祛病消灾,延寿增福。“有求必应”已成为民间佛教对“佛”和“菩萨”“神力”的一种信念。

佛教在印度走向衰落是在 7 世纪以后,12 世纪末到 13 世纪初,由于伊斯兰教的传入,佛教在印度彻底消亡。直到 19 世纪,又从缅甸、斯里兰卡重新传入,但与印度原来的佛教已有所不同。

从世界范围来说,佛教的传播有三条路线:

●北传佛教:从古印度向北传入中国,再由中国传入朝鲜、日本和越南。

●南传佛教:由古印度向南传入斯里兰卡、缅甸、泰国等东南亚、南亚国家以及中国云南傣族等地。

●藏传佛教:生要是由印度密宗佛教与藏区苯教融合形成的具有西藏地方特色的佛教,生要流传于中国的西藏和内蒙古以及锡金、尼泊尔、蒙古等国。

## 二、佛教文化艺术及殿堂欣赏

佛教的基本理论是逐渐形成的,核心是宣扬人生充满着苦,而只有信佛才能找到摆脱苦的途径。

### 1. 佛教文化

佛教文化基本教义为“四谛”,又称为“四圣谛”,是佛教各派共同承认的基础教义。“谛”即真理,“四谛”包括“苦谛”“集谛”“灭谛”和“道谛”。苦谛、集谛说明人生的本质及其形成的原因;灭谛、道谛指明人生解脱的归宿和解脱之路。

(1)苦谛

“苦谛”就是认为人生一切本性都是苦,有生、老、病、死等多种“苦”(佛典有四苦、五苦、八苦、九苦等分类法),还有 108 种烦恼。

(2)集谛

指造成人生无尽苦恼的原因,是人的欲望。人的物质追求和精神享受,也就是七情六欲,使人们自寻烦恼、制造痛苦,加上不信佛教,不懂教义,就只能永堕苦海,不能自拔。佛教对造成痛苦与烦恼原因的分析,大体概括有“十二因缘说”“五阴聚合说”“业报轮回说”。

(3)灭谛

是讲结束苦难的办法。灭就是涅槃。佛教把涅槃看成修行的最高理想境界,是人生的归宿。通过涅槃超越时空、超越生死轮回,以摆脱世间的一切烦恼与痛苦。

(4)道谛

即通向涅槃之路。被总结为“八正道”,指出了八种解脱苦难、断绝轮回、达到涅槃境界的途径和方法。“八正道”后来被简要归纳为戒、定、慧“三学”。戒学是用来约束佛教徒日常生活的纪律;定学是一种神定的修行方法;慧学是一种智慧,能使佛教徒消除苦恼、达到解脱。“三学”从身、口、意三个方面规范佛教徒的日常行为和思想活动。

**2. 佛教文化和旅游**

佛教的传入,给中国的文化带来巨大的影响。千百年来,各阶层的人们为了信佛、拜佛、敬佛,花费巨资,建造了无数的石窟、佛像、佛塔、佛寺,留下了许许多多的佛教文物和佛教胜迹。佛教思想文化也影响到人们衣、食、住、行、思想等各个方面,构成了中国人文旅游资源的重要内容。

**3. 佛教四大名山**

四大名山与佛教文化

佛教主张超凡脱俗,因此,寺院多建在深山密林之中,形成"天下名山僧占多"的局面,其中山西五台山、四川峨眉山、安徽九华山、浙江普陀山被称之为中国佛教四大名山。

(1)五台山

五台山位于山西省五台县东北,相传是文殊菩萨显灵说法的道场,从东汉开始在山中建寺,从此一直是我国的佛教中心。五台山佛教寺院众多,最多时达 300 多座,现存大小寺院 100 余座,其中规模较大的有 47 座(台内 39 座,台外 8 座),最著名的是台怀镇周围的"五大神寺"(显通寺、菩萨顶、殊像寺、罗睺寺、塔院寺)和台外五台县附近的南神寺、佛光寺等。所有寺院均通过某种方式指向台怀,从而形成以台怀为中心,再由台怀向四周辐射的寺院网。

(2)峨眉山

峨眉山位于四川省峨眉市西南 7 千米处,以"峨眉天下秀"而著称于世,相传是普贤菩萨的道场,极盛时拥有寺院近百座,僧尼数千人。现存大小寺院 50 余座,可供游人参观的有十余座,主要寺院有报国寺、伏虎寺、清音阁、洪椿坪等。峨眉山金顶是寺院和景点最集中的地方,为峨眉山精华所在,明成化年间(1465—1487 年),峨眉山曾铸铜殿一座,置于峰顶,金顶檐瓦镏金,阳光照射下金光闪闪,这就是"金顶"之名的由来。登上金顶,还可领略到金顶四大奇观——日出、云海、佛光和圣灯。

(3)普陀山

普陀山是浙江东海舟山群岛中的一个小岛,是观音菩萨的道场,素有"海天佛国"之誉。

相传唐大中年间(847—859 年),有印度僧人来此,"亲睹观世音菩萨现身说法。"另据传说,在五代后梁时,日本僧人慧愕入五台山朝圣,请木雕观音像一尊乘船回国,当道经莲花洋时,水面风浪大起,阻挡去路,慧愕悟觉是观音显灵不肯东渡,于是下船上岸,在岛上建"不肯去观音院"一座,从此,普陀山有了专供观音的寺院。宋代以后开始大兴土木,至清末已有兰大寺、普济寺、法雨寺、慧济寺等,寺内都供观音像。由于观音菩萨在我国民间的广泛影响,现在的普陀山一年四季游客不断,香火不绝,尤以农历二月十九(观音菩萨圣诞)、六月十九(观音菩萨成道日)、九月十九(观音菩萨出家日)三大香会期间,信徒香客蜂拥而至,法会场面隆重宏大。

(4)九华山

九华山位于安徽省青阳县西南,相传是地藏菩萨显灵道场。据《九华山志》记载,唐天宝年间(742—756 年),诗人李白偕友来到九子山。观其山秀异、九峰如莲花,写了"昔在九江上，遥望九华峰。天河挂绿水，秀出九芙蓉”的佳句。九子山自此更名为九华山。唐开元年间，新罗国（今韩国境内）国王近亲金乔觉卓锡九华，潜心修持75年，99岁圆寂，佛门认证他是地藏菩萨化身，九华山由此被辟为地藏道场，明、清鼎盛时期，寺院多达360余座，僧尼四、五千人。“胜境层层别，高僧院院逢”，香火之盛甲于天下。现存古寺庙99座，佛像1万余尊，文物2000余件，僧尼700余人，素称“佛国仙城”。

# 第二节 道教文化

## 一、道教的产生及相关派别

### 1. 道教的产生

道教是以“道”为最高信仰的中国本土宗教，是在中国古代宗教信仰的基础上逐渐形成的。道教将老子及《道德经》加以宗教化，称老子为教主，尊为神明，奉《道德经》为主要经典，相信人经过一定修炼有可能长生不老，成为神仙。在它产生之时的东汉，曾经流行于民间并和当时的农民起义相结合。魏晋以后，一部分道教逐渐与上层社会相联系，成为统治阶层，一部分转化为秘密宗教组织，成为农民和平民起义的旗帜或纽带。道教的经籍为中华民族保留下了大量的文化遗产。唐代以来，道教曾流行我国周边的朝鲜、日本、越南和东南一带。近年，国外研究道教的学者和学术团日益增多，成为中国国内与国外文化交流的又一座桥梁。

早在汉武帝时，儒家思想成为封建社会的统治思想，但此时的儒家思想经过董仲舒改造走上了宗教化的道路，这为道教的产生提供了有利条件。同时，两汉之际，佛教传入中国，给当时的方士很大的刺激和启发，促使他们利用中国古代的宗教信仰和思想资料去创造中国的本土宗教。加上东汉后期，社会矛盾空前激化，广大人民群众生活悲惨，使宗教有了现实社会的需要。

东汉顺帝时，张陵在四川鹤鸣山奉老子为教主，以《道德经》为主要经典，自称出于太上老君口授，造做道书。同时吸收了巴蜀少数民族的原始宗教信仰，创立五斗米教。张陵死后，其子张衡、其孙张鲁在川西和陕南一带传道，特别是张鲁割据汉中20多年，传播五斗米教，实行政教合一，政局稳定，得到当地人民的支持。215年，张鲁归降曹操，被拜将封侯，这样五斗米教也获得了合法地位。与五斗米教产生、壮大的同时，即汉灵帝时侍奉黄老道的张角，创立太平道，以《太平清领书》即《太平经》为主要经典，自称大贤良师。教徒数十万，于184年发动起义，史称“黄巾起义”。起义失败后，太平道被封建统治残酷镇压，逐渐衰微。无论是太平道还是五斗米教，两派教义基本一致，其思想和道术都来源于中国古代社会中的鬼神思想、巫术、神仙方术谶纬思想和黄老思想；等等。

魏晋以后，一部分道教向上层化发展，东晋葛洪建立了一套“成仙”的理论体系。他以神仙方术与儒家纲常名教相结合，认为道教徒要忠孝、仁恕、信义、和顺，否则虽勤修炼也不能成仙。南北朝时，北魏嵩山道士寇谦之在太武帝主持下，制订乐章诵诫新法，拜张陵为天师,为北天师道。南朝刘宋、庐山道士陆修静,仿效佛教仪式,依据封建宗法思想和制度,改革五斗米教,为南天师道。经过寇、陆的修订,道教教规逐步定型,道教的内容更加丰富。对后来道教的发展有深远的影响。在道教走向上层化的同时,民间依然流传着"通俗道教"。东晋末年,孙恩就是利用民间五斗米教组织进行的起义,后遭镇压。

唐宋时,不少帝王崇奉道教。唐代统治者称老子后裔,从而奉行道教为国教。北宋时,宋真宗称赵玄朗为其族祖,奉作道教尊神。宋朝统治者的崇道措施,对道教的发展起了促进作用。这时道士人数大增,宫观规模扩大,神仙系统也更为庞杂;经书数量也日渐增多。研究道经并修炼有成的著名道士和道教学者也相继出现,如唐代的吕洞宾、北宋的陈抟、张紫阳;等等。

明代中叶以后,道教逐渐转衰,清朝重佛抑道。乾隆时,将正一真人的官阶由二品降到五品。道光时,停止道教的朝觐,道教在上层社会地位日渐衰落,但民间通俗形式的道教仍很活跃。

### 2. 道教相关派别

道教初创时便有太平道和五斗米道之分,两晋南北朝时又有上清、灵宝等派先后出现,但各道教派教义思想基本一致,只是有的在道法道术的侧重点不一,有的师承系统有别。道教真正的教派是从南宋开始。南宋偏安江南,在与金元南北对峙的形势下,道教内部的宗派纷起。新兴的宗派力图改革教理,大多主张道、儒、释三教结合;在修炼方术方面,着重于内丹,强调于精、气、神的修炼。主要教派有:

(1)正一道

正一道或称正一教、正一派,原为五斗米道。元以后,为道教上清派、灵宝派和天师派的总称。正一道以《正一经》为主要经典,以降福驱鬼、祈福禳灾为主要活动。相传张陵创教时,自称太上老君,援以三天正法"教以正一新出道法"。张陵第四代孙张盛徙居江西龙虎山,为道教龙虎宗,尊张陵为"正一天师"。唐宋时,南北天师道与上清、灵宝等道派逐渐合流,宋理宗敕天师张大可,提举三山(龙虎山、阁皂山、茅山)符箓,兼御前诸宫观教门事,龙虎山正一天师遂为各道派之首;元世祖命 36 代天师张宗演"主江南道教事",天师道遂与全真教相抗衡;与上清派、灵宝派、净明道逐渐合流。元成宗大德八年(1304 年),授 38 代天师张与材"正一教主,主领三山符箓"。此后,江西龙虎山传天师法箓的龙虎宗,江西樟树阁皂山传灵宝法箓的灵宝派和江苏句容传上清法箓的茅山宗(上清派)皆统一于正一派,天师值从此亦名正一道,其道士可不居宫观而有家室。

(2)全真道

金初道士王重阳于 1167 年创立儒、释、道兼容的全真道,也称全真教或全真派。王重阳,山东宁海人(今山东牟平),自题所居庵堂为全真堂,凡入道者皆称全真道士。该派汲取儒、释部分思想,声称三教同流,主张三教合一。以《道德经》《般若波罗蜜多经》《孝经》为主要经典,教人"孝谨纯一"和"正心诚意,少思寡欲"。早期以个人隐居潜修为主,不沿符箓,不事黄白之术。

全真教认为清静无为乃修道之一,除情去欲,心地清静,才能返璞归真,识心见性。在教规上,严格要求入道者不娶妻,不吃荤,出家住丛林。主张修道者必须出家,并忍耻含垢产己利，戒杀戒色、节饮食、少睡眠。全真道的支派较多，包括属于依托北五祖的正阳派，吕洞宾的纯阳派，重阳祖师的重阳派。

王重阳死后，其弟子马钰等七人分别在陕西、河南、河北、山东等地进行传值，创下北七真，所创的有马钰的遇仙派，谭处端的南无派，刘处玄的随山派，邱处机的龙门派（现在保存完整的北京白云观是镇道龙门派的祖庭），王处一的箭山派，郝大通的华山派，孙不二的清净派，教旨与方法基本相似。此外北宋时张紫阳撰《悟真篇》传紫阳派，本不属全真道，但金末时陈致虚兼受王重阳所传，统归全真，自称张紫阳所传为南宗，王重阳所传为北宗。

元太祖十五至十八年（1220—1223 年）间，邱处机应诏赴西域大雪山谒见成吉思汗，受到礼遇，命其掌管全国道教，在各地大建宫观，全真道进入全盛时期。但在其发展过程中，因不断侵占佛教寺院和宣传老子化胡之说，引起僧人不满，导致元宪宗和元世祖时两次僧道辩论及全真道的失败，全真道遭到沉重的打击。元成宗时全真教才见恢复，明时重视正一道，清时虽有王常月中兴之举，但总的趋势更加衰落。

（3）大道教

金初，沧州刘德仁创立大道教，崇尚《道德经》，并吸收部分儒、释思想，不尚符箓，不重飞升化练之术，也不讲长生久视之事，百颇重默祷召劾为人治病，一时信奉者甚多，元末逐渐衰落。

（4）太一教

卫州萧抱珍创教于金初，该派道士必须出家，以传“太一三元法箓之术”著名，以符箓为人治病，近似天师道，传至七祖萧天佑后逐渐与正一道合流，其后即湮没无闻。

## 二、道教文化

道教文化纷繁绚烂，包罗万象，其内容庞杂多端，概括起来，主要有以下几个方面：

### 1. 道教神学

在道教文化杂而多端的内容当中，有一个核心，就是道教神仙信仰。道教作为一个成熟的宗教，具有一套自己的神学理论，有一种能够吸引人们进行追求的宗教信仰目标。这种信仰就是，人可以通过努力追求而成为长生不死、功能广大的神仙。这种神仙信仰乃是道教所阐发的神学理论核心。道教产生之初，即以确立了其神仙信仰，同时这一时期的道教还从古代哲学、原始宗教及古人的养生锻炼等行为中吸取了许多成分，用来组建其有关神仙信仰的理论和行为体系，奠定了道教神学发展的基础。在“神仙信仰”这块“磁石”的吸引之下，道教徒进行了种种吸收、创建文化的活动，营造出一个庞杂的道教文化体系。

道教文化

### 2. 道教伦理

道教的伦理道德思想，反映在道教的教规、戒律当中。道教的伦理道德观念，既吸收了道家的伦理道德观念，同时也吸收了儒、释二家的，故其内容愈来愈多，亦愈来愈复杂。

其中对道教伦理观念影响十分显著的是儒家以忠孝为主轴的三纲五常思想。但和儒家不同的是,道教的伦理道德,主要是靠神灵的威力来贯彻的。道教一方面以长生成仙的美好幻想来引导人们自觉地遵守伦理道德;另一方面又用赏善罚恶的神灵威力来迫使人们遵守伦理道德。正面引导与反面恐吓相结合,使它的道德伦理准则,在社会上发生更大的影响。此外道教的劝善书,使道教的伦理道德思想更集中、更系统化和更通俗化。

### 3. 道教哲学

以往道教被认为是一种低级通俗的民间宗教,只有一些近于巫术的符水、斋教、科仪,谈不上哲学思辨。但如今大部分的学者皆认为道教有其哲学性的内容。道教哲学是为其教义服务的,是其教理教义的思想理论基础,换言之,对道教教义的哲学论证就是道教哲学。道教哲学的思想素材一开始就来自中国哲学,主要是道家哲学。道教大量地利用了道家哲学的理性论证,使道教思想中包含世界观、认识论、伦理学、人生论等丰富的哲学内容,这些内容是道教哲学的基本范围和构成成分。其中神仙不死之“道”是道教哲学的中心范畴,神仙存在和人能成仙不死是基本的命题,论证人有无成仙的内在根据、人成仙取何途径是其思想体系中最主要的一面。

### 4. 道教金丹术

金丹术是道教的一项重要方术,包括外丹和内丹。外丹即通常所说的炼丹术,也称外丹黄白术。外丹以丹砂、铅、汞、硫为主要原料与其他药物相配合置于炉鼎之中,运用飞、抽、伏、封、淋等手段加以烧炼,以求制得服药后能使人长生不死、羽化登仙的仙丹妙药。因相信服食金丹才能长生成仙,故历来道士莫不投入毕生心力加以炼制。虽然服食金丹最后并不能长生不老,但道士在炼丹过程中,却意外地推动了中国古代科学的发展。随着外丹术的逐渐衰落,代之而起的是炼养人体精、气、神的内丹术。内丹术继承综合了服气、胎息、守一、存思等功法,对后来的气功影响很大。

### 5. 道教医学

自道教创兴之时,道教就把医术作为其传道济世的工具。而且随着魏晋神仙道教理论体系的建立,道教徒更是把医药视为其追求和达到长生的必要辅助手段和必备知识。道教医学“道法自然”的思想为理论指导,加以进一步发展,从而形成了极富道教特色的人体医学思想。道教医学家经过长期济世行医的医疗实践活动,积累了丰富的医疗经验,并且发明创新了各种能强身健体、延年益寿道教医学养生功法,如房中术、服食、辟穀;等等。

### 6. 道教文艺

道教文学艺术就是以宣传道教教义、神仙长生思想以及反映其宗教生活为题材的内容的各种形式的文学艺术作品。文学艺术可以扩大道教的社会影响,进而提高道教的宗教素质。反过来,道教的神仙信仰也给中国文学艺术的发展巨大的影响。在道经中,不仅有些道经本身就是文学作品,而道教中的音乐、宫观建筑、神仙图像等,也有很高的艺术价值。在中国的文学艺术作品中，以道教和神仙为内容的作品更是不可胜计，从中也可以看出道教与文学艺术的密切关系。

**7. 道教宫观**

道教祀神和做法事的处所，称作道宫或道观。道教宫观的建筑形式和布局与佛教寺院的建筑大体相仿，也采用中轴线，院落式布局，只是殿堂的名称与所供奉的神像不同而已。道观从山门开始，先后依次排列着龙虎殿或灵宫殿、三清殿或玉皇殿、四御殿、纯阳殿、重阳殿或老律堂。佛教的"藏经阁"，道教称"三清阁"。

现存主要宫观约40座，大多修建于明清两代。主要奉祀三清、四御等道教尊神。较著名的有：北京白云观、山西永乐宫、南阳玄妙观、陕西楼观台、河南鹿邑太清宫、陕西周至楼观、四川青城古常道观、江西龙虎山上清宫、江苏茅山元符宫、苏州玄妙观、南京朝天宫、浙江余杭洞霄宫、成都青羊宫、陕西重阳宫、武汉长春观等。

# 第三节　基督教文化

## 一、基督教的产生和发展

**1. 基督教的产生**

基督教，是对信奉耶稣基督为救世主的各教派的统称，其前身是犹太教，与佛教、伊斯兰教并称世界三大宗教，现在全球有15～21亿的人信仰基督教，占世界总人口25%～30%。最早期的基督教只有一个教会，但在基督教的历史进程中却分化为许多派别，主要有天主教（中文也可译为公教、罗马公教）、东正教、新教（中文又常称为基督教）三大派别，以及其他一些影响较小的派别。

基督教发展简史

**2. 基督教在中国的传播**

基督教传入中国的时间是唐朝初年。当时传入中国的是基督教的一个小教派——"涅斯托利派"，在中国的名称是景教。

13～14世纪，当时流行的主要有两派：一是景教。景教教堂整齐华丽，有十字架及圣像，用以供奉天主。另一派是天主教的圣方济各派，这是天主教首次传入中国，时间是1289年。当时的基督教在中国的传播者无论规模与速度都远胜于唐朝，信众涉及达官贵人、名门望族、良医、学者、义士等各阶层各领域的人物，地域分布几乎遍及全国。到了元代，基督教徒大都是外来移民和我国的维吾尔、蒙古等少数民族群众，汉人信奉者仍不多。它的传播对中国以及中国文化并没有产生深远的影响。

明清之际，随着葡萄牙、西班牙、荷兰等国对我国的殖民入侵，基督教再次传入我国。天主教的耶稣会在这一时期是主要流派。到了19世纪，基督教新教开始大规模地传入中国。

## 二、基督教的宗教经典与教义

### 1. 基督教的经典标记

圣经

“圣经”可以指代犹太教的宗教经典，如《塔纳赫》（或称《希伯来圣经》），而基督教的则指《旧约全书》和《新约全书》两部分。是全球范围内发行量最大，翻译成语言种类最多的书。基督教的圣经包括《旧约》和《新约》。

### 2. 基督教的教义

（1）上帝创世说

每个宗教都有关于世界诞生的理论体系。基督教认为，宇宙中的一切均有上帝创造。在宇宙被创造出来之前，世界上一片虚无，不存在任何物质，上帝是造物主，他用6天时间创造出宇宙中的万事万物，第7天上帝停止了创造活动，这一天便成了安息日。

（2）原罪说

上帝按照自己的形象造人，治理地上的万物。可是，人类的始祖亚当和夏娃受到了化身为蛇的魔鬼撒旦的引诱，违背了上帝禁止吃“知善恶树上的果子”的告诫，结果被逐出伊甸园，结束了无忧无虑的幸福生活。这一罪过累积给他们的子孙后代，成为人类的原始罪过，也是现实生活中各种苦难的根源。即便是刚刚降临人间的婴儿，在上帝面前也是有罪的，人通过自身无法获得拯救，需要外来的救赎。上帝慈爱的属性使他在人类堕落后，差遣爱子耶稣基督降世为人，来到世间施行拯救。

（3）三位一体说

所谓三位一体，指的是基督教宣称信仰的是一位独一无二的真神——上帝，虽说本质只有一个，可又有圣父、圣子、圣灵三个位格。这三个位格互不混淆地连接成一体。其三又一的关系，只能凭信仰接受，无法用理性说清。

（4）天堂地狱说

基督教认为，信仰上帝而得救的人死后可以升入天堂。天堂是上帝的住所，黄金铺地，宝石盖屋，人们在这里过着幸福快乐的生活，反之，不信仰上帝的人，在末日审判的时候会被投入地狱，在地狱中忍受精神和肉体上的折磨与痛苦。

（5）爱人如己说

爱人如己来源于爱上帝。爱上帝是指在宗教生活方面全心全意地侍奉上帝，甚至不惜抛却尘世的财富，相信上帝才是人类唯一的真正的父。爱人如己是爱上帝的必然表现。人类都是上帝的儿女，就应当彼此相爱，严于律己，宽以待人，饶恕他人的罪过，其至爱自己的仇敌，而不要以恶报恶，而要以善胜恶。

## 三、基督教的宗教活动

### 1. 基督教的称谓

天主教最高首领称为教皇或教宗,最高级主教称为“枢机主教”(俗称红衣教主),管理一个教省的负责人叫作大主教,管理一个教区的负责人叫作主教,管理一个堂区的负责人叫作神甫(司铎),离家进修会的男教徒称为修士,离家进修会的女教徒称为修女。

东亚教最高首领称为牧首,重要城市的主教称过都主教,地位略低于都主教的叫作大主教,教堂负责人叫作主教或神甫。

新教称教区负责人为主教,教堂负责人为牧师,离家进修会的男教徒称为修士,女教徒称为修女。

教皇国和梵蒂冈

### 2. 基督教的礼仪

基督教认为圣礼是圣灵借以净化人的礼仪。天主教规定七件圣事:圣洗、坚振、告解、圣体、圣品、终傅和婚配。东正教圣礼也是七件。抗罗宗的古典派信义会、圣公会和归正会只采用两种圣礼,即洗礼和圣餐。

### 3. 基督教的节日

基督教的节日很多,因教派不同有所区别。其中有些节日成为世界性的节日,如圣诞节、复活节、情人节和感恩节等。

## 四、中国著名教堂

### 1. 北京东堂

在北京王府井大街74号,坐落着一座由50多年历史的天主教堂,世称“东堂”。旧时,北京天主教共有东、西、南、北四堂,东堂一名来源于此。东堂又称王府井天主堂,由利类思和安文思两位神甫于1655年创建。

### 2. 哈尔滨圣索菲亚教堂

圣索菲亚教堂位于哈尔滨市内,是远东地区最大的东正教堂,通高53.35米,占地面积721平方米,是拜占庭式建筑的典型代表。始建于1907年3月,是沙俄东西伯利亚第四步兵师修建的随军教堂。后被重新修建为一座全木结构教堂。

### 3. 天主教西开总堂

西开教堂全称天主教西开总堂,又称老西开教堂、法国教堂。位于天津市和平区滨江道独山路,坐西南朝东北。西开教堂是天津市最大的天主教堂,也是天主教天津教区主教座堂。

4. 徐家汇天主堂

位于徐汇区蒲西路158号的徐家汇天主堂是上海最大的天主教堂,也是中国第一座按西方建筑方式建造的教堂。它坐西朝东,平面呈十字形,是一座仿法国中世纪哥特式建筑,红色的砖墙,白色的石柱,青灰色的石板瓦顶,两座钟楼,南北对峙,高耸入云。徐家汇天主教堂以其规模巨大、造型美观、工艺精湛,在当时被誉为上海的第一建筑。

5. 南京石鼓路天主堂

南京石鼓路110号天主堂,是一座典型的天主教堂建筑,为法国传教士于1870年建成。该建筑外观厚实,体形简洁。平面为正统拉丁十字形,属欧洲早期修道院形式。结构采四分拱顶、拱券肋、集束柱,是南京仅存的一座"罗曼式"建筑。

6. 青岛圣弥爱尔天主教堂

青岛天主教堂建于20世纪30年代初,也称圣弥爱尔大教堂,它是青岛地区最大的哥特式建筑,同时也是基督教建筑艺术的杰作。

7. 沈阳南关教堂

沈阳天主教堂,亦称沈阳南关教堂,位于沈阳市沈河区小南街南乐郊路40号。教堂原建于1878年(清光绪四年),是法国传教土方若望所建。1900年被义和团焚毁,现存建筑为1912年由南满教区法国苏悲理斯主教利用《辛丑条约》中的庚子赔款在原址上重建的。

8. 石室圣心大教堂

石室圣心大教堂坐落于广州市区中心的一德路,是天主教广州教区最宏伟、最具有特色的一座大教堂,由于教堂的全部墙壁和柱子都是用花岗岩石砌造,所以又称之为"石室";或"石室耶稣圣心堂""石室天主教堂"。

9. 茨中教堂

茨中村中间,矗立着一座法国天主教堂,这就是德钦茨中天主教堂。天主教堂原址在茨中南约15千米的茨姑村,为1867年(清同治六年)修建,当时许多的欧洲传教士跋山涉水、历尽艰险在云南西北部高原传教。他们建立教堂、发展教徒,在强大的藏传佛教势力中,艰难的存在着。清咸丰年间,天主教开始传入德钦地区,茨中村以南15公里的茨姑村教堂作为"云南驿区天主教主教座堂",几乎成了西方传教士在德钦乃至西藏进行宗教活动的大本营。

10. 盐井天主教堂

盐井天主教堂是西藏唯一的天主教堂,位于芒康县纳西乡上盐井村,国道214线旁,占地面积6000多平方米，是中西文化交流融合的典范。

## 第四节　伊斯兰教文化

伊斯兰教、佛教与基督教并列为世界三大宗教，与犹太教、基督教同属亚伯拉罕系。7世纪初兴起于阿拉伯半岛，其使者为先知穆罕默德。信奉伊斯兰教的人称为穆斯林，意为顺从者，中国穆斯林普遍尊称穆罕默德为“穆圣”。伊斯兰教主要传播于西亚、北非、西非、中亚、南亚、东南亚等，第二次世界大战后，在西欧、北美、非洲以至澳洲等地区迅速传播。

穆罕默德

### 一、伊斯兰教的产生及发展

**1. 伊斯兰教的产生**

伊斯兰教诞生于阿拉伯半岛的社会大变动时期。四方割据，战乱频繁。内忧外患，危机重重。在宗教信仰上，原始宗教盛行，人们崇拜自然物体，并且各个部落都有自己的神，同时，犹太教和基督教也开始向半岛传播，但它们的学说并不适合这种形势。因此实现半岛的和平统一和社会安宁是阿拉伯社会的出路。这时候先知穆罕默德出现了，他以“安拉是唯一的真神”为口号，提出禁止高利贷，“施舍济贫”“和平安宁”等主张，反映了当时社会的要求。伊斯兰教就是在这样一个转折的时刻诞生的。伊斯兰教认为除了安拉再没有神，反对信多神、拜偶像，伊斯兰，是阿拉伯语的音译，本意“顺从”。顺从安拉旨意的人，即“顺从者”，阿拉伯语叫“穆斯林”，是伊斯兰教徒的通称。在中国，穆斯林也称安拉为“胡大”或“真主”。穆斯林都相信穆罕默德是“先知”，是“安拉的使者”，是奉安拉之命向人类传布伊斯兰教的。

伊斯兰教的历史，从穆罕默德开始传教之年算起，至今已有近一千四百多年历史，全世界的伊斯兰教徒，分布在90多个国家和地区，但不论在什么地方，穆斯林之间都互称兄弟，或叫“朵斯梯”，彼此见面出“色俩目”，或简称道“色兰”，以示问候。“色俩目”或“色兰”，阿拉伯语意作“安色俩目尔来库姆”，即“愿安拉赐给你平安”，回答时说“瓦尔来库姆色俩目”，意思是“愿安拉也赐给你安宁”。

**2. 伊斯兰教在中国的发展**

从7世纪初直到17世纪，在伊斯兰的名义下，以阿拉伯半岛为中心，曾经建立了伍麦叶王朝、阿拔斯王朝、印度莫卧尔王朝、土耳其奥斯曼帝国等一系列大大小小的王朝帝国；随着时代变迁，这些盛极一时的王朝都已成为历史陈迹。但是，作为世界性宗教的“伊斯兰教”却始终没有陨落，它从一个民族的宗教成为一个帝国的精神源泉，尔后又成为一种宗教、文化、政治的力量，一种人们的生活方式，并且在世界范围内不断地发展着。

据史书记载，唐高宗永徽二年(651年)曾在京城长安接见阿拉伯政教合一国家的首领——哈里发派来中国的使节，来使谈及本国建立的经过、社会风习和宗教信仰，故中国学者一般均认为这一年是伊斯兰教传入中国的标志。

在中国，伊斯兰教曾被称为“清真教”，穆斯林用来礼拜的场所叫“清真寺”，还有清真学堂、清真幼儿园、清真书店、清真商店，等等。一些留日学生还组织有“留东清真教学会”。在穆斯林聚居的地方，“清真”一词更是随处可见。究竟在什么时候，中国穆斯林选定“清真”为自己信仰的专名，至今还不能确考。南京净觉寺内有一块明太祖御制《至圣百字赞》碑，其中有“教名清真”一语，所以坊间也有一说，以“清真”命名伊斯兰教的当从明太祖开始。从明人普遍以“清真”称伊斯兰教的情况推知，由于明太祖的百字赞而使“清真”二字遂成为伊斯兰教的专名。

“清真”作为中国伊斯兰信徒的标志，非常精妙地传达了中国穆斯林的信仰和生活操持。伊斯兰教对人的日常生活安排得尤其细致，在礼拜、工作、交际、婚姻、饮食等等各方面都提供了规则和方法。单就食品而言，要求穆斯林要食用佳美的食品，不饮酒，不食猪肉，不食非诵真主之名宰杀和自死的动物，不食动物的血液等。所以穆斯林对饮食非常讲究，因为这也是信仰的具体体现。

## 二、伊斯兰教的经典和教义

### 1. 伊斯兰教的经典标志

古兰经

《古兰经》(又译《可兰经》)，阿拉伯语意味“念诵”，共有 30 卷 114 章 6236 节，从降示到现在存在 1300 多年了，它是穆罕默德最伟大的奇迹。《古兰经》是穆斯林唯一的根本经典。它是穆罕默德在 23 年的传教过程中陆续宣布的“安拉启示”的汇集。《古兰经》是伊斯兰教最有权威、影响最深远的一部教科书，是穆斯林精神生活和物质生活的准则。由于它指导着全世界 12 亿多穆斯林的一种自成体系、相沿成风的特殊文化方式和生活习惯，现代科学，很多都受到《古兰经》很大影响。

### 2. 伊斯兰教的基本教义

伊斯兰教的基本教义可以概括为“六大信条、五大功课”，简称“六信五功”。

(1)六大信条

六大信仰伊斯兰教基本信条为“万物非主，唯有真主，穆罕默德是安拉的使者”，这在中国穆斯林中视其为“清真言”，突出了伊斯兰教信仰的核心内容，其主要内容包括：信安拉、信天使、信经典、信先知、信末日、信前定。

1)信安拉。伊斯兰教是严格的一神教，要相信除安拉之外别无神灵，安拉是宇宙间至高无上的主宰。信安拉是伊斯兰教信仰的核心，体现了其一神论的特点。

2)信天使。伊斯兰教认为天使是安拉用“光”创造的无形妙体，受安拉的差遣管理天国和地狱，并向人间传达安拉的旨意，记录人间的功过。《古兰经》中有四大天使：哲布勒伊来、米卡伊来、阿兹拉伊来及伊斯拉非来，分别负责传达安拉命令及降示经典、掌管世俗时事、司死亡和吹末日审判的号角。

3)信经典。伊斯兰教认为《古兰经》是安拉启示的一部天经,教徒必须信仰和遵奉,不得诋毁和篡改。伊斯兰教也承认《古兰经》之前安拉曾降示的经典(如《圣经》),但《古兰经》是比其他一切经典优越的,《古兰经》是包罗其他一切经典的意义,信徒即应依它而行事。

4)信先知(圣人)。《古兰经》中曾提到了许多位使者,其中有阿丹、努哈、易卜拉欣、穆萨、尔撒(即《圣经》中的亚当、诺亚、亚伯拉罕、摩西、耶稣),只有安拉知道他们的数目,使者中最后一位是穆罕默德,他也是最伟大的先知,是最尊贵的使者,也是安拉"封印"的使者,负有传达"安拉之道"的重大使命,因为他是被安拉派遣到人神两类的使者,只要信仰安拉的人都应服从他的使者。所以伊斯兰教是集闪族宗教(犹太教、基督教、哈尼夫思想、伊斯兰教)之大成的宗教。

5)信末日。伊斯兰教认为安拉所创造的现实的物质世界终将会终结,那时也就是末日。末日来临时所有死去的人的灵魂都将复活,并接受安拉的审判,行善的入天园,作恶的下火狱。这样思想是穆斯林一生追求行善以求死后进入天园的原因。

6)信前定。以上五大信仰是《古兰经》明文直接提出的,把前定列入六大信仰是因为《圣训》中有依据的。穆斯林大众和正统派对前定的主张处于宿命论和自由论中间,认为世间的一切都是由安拉预先安排好的,任何人都不能变更,唯有对真主的顺从和忍耐才符合真主的意愿。不可更改的前定,如:美丑、大小、生死。通过施舍、祈祷等因素可以更改的前定,如:福祸、善恶、言行、动静有一定的自由;按客观规律行事是人类有意志自由的选择,因为客观规律本身也是真主赋予的。总之,尽人事听主命,不怨天尤人。

(2)五大功课

五功又称五善功,伊斯兰教五项基本功课的总称,亦称"五桩天命""五常"。即念功、礼功、斋功、课功和朝功。中国穆斯林简称为念、礼、斋、课、朝五件天命。

1)念功。穆斯林以口头表白自己的信仰纲领:"万物非主,唯有真主,穆罕默德是真主的使者"(中国穆斯林称"清真言")。穆斯林要经常口诵此言,以坚定其信仰。不论何人,只要接受这一信仰纲领,并当众口诵,即可成为一个穆斯林。

2)礼功。礼行拜功,是穆斯林敬拜安拉的一种仪式。规定每日必须分别在日升以前、正午之后、下午4时许以及太阳刚落时和夜晚礼拜五次(称为晨礼、晌礼、晡礼、昏礼、宵礼)。另外,每星期五正午后须举行一次聚礼。每年开斋节、古尔邦节分别举行一次会礼。礼拜前须沐浴、洁衣,如在清真寺外,礼拜要选洁净的地方;礼拜时要朝向麦加克尔白。每一拜由肃立诵经,一次鞠躬和两次叩头组成。每次礼拜的拜数不一,依教法规定,各有定数。

3)斋功。教法规定成年穆斯林男女,每年在教历莱麦丹月(即九月)封斋一个月,即每天从日升前至日落,禁止饮食和房事等。旅行者和患者可以例外。

4)课功。教法规定的施舍,又称天课(济贫税)。凡理智健全的穆斯林,财产达到规定限额时,均应按一定税率缴纳。天课主要用来周济穆斯林中的贫困者。

5)朝功。朝功就是朝觐。穆斯林朝觐麦加克尔白的一系列宗教礼仪活动的总称。教法规定凡理智健全、身体健康的穆斯林,在经济条件许可和路途安全的情况下,一生中应前往麦加集体朝觐克尔白一次。朝觐的主要仪式有:在指定的地点受戒、巡礼克尔白、奔走于萨法与麦尔卧两山丘之间,并于教历12月9日进驻阿尔法特山集体参加大典(不履行此仪式,朝觐无效)。次日即为古尔邦节,宰牲开戒,朝觐功课基本结束。此外,任何时候,个人都可单独前往麦加朝觐,称为小朝、副朝或巡礼。

## 三、伊斯兰教建筑

清真寺,也称礼拜寺,伊斯兰教建筑群体型制之一。是伊斯兰教穆斯林礼拜的地方,词根为“拜倒”的意思,因为穆斯林礼拜时需要拜倒叩拜。中国唐宋时期称为“堂”“礼堂”“祀堂”“礼拜堂”,元代以后称“寺”“回回堂”“礼拜寺”,明代把伊斯兰教称为“清真教”,遂将“礼堂”等改称“清真寺”,沿用至今。

早期清真寺建筑简朴无华,主要由围墙圈成院落,房顶供唤拜,再设一简单讲台供宣教即可。其后结构严整、雄伟壮丽和带有装饰艺术建筑群相继出现。清真寺主体建筑是礼拜大殿,方向朝向麦加克尔白。大殿正面墙中有凹壁(米哈拉布),左前方有阶梯形讲坛(敏白尔),较大的清真寺还有宣礼塔,塔顶呈尖形,故称尖塔,系唤拜之用。一般清真寺有1~4个尖塔,土耳其伊斯坦布尔的素丹艾哈迈德清真寺有6塔,麦加圣寺有7塔。还有沐浴用的水房。在伍麦叶王朝哈里发瓦利德时期(705—715年)出现穹窿建筑,多数是由分行排列的方柱或圆柱支撑的一系列拱门,拱门又支撑着圆顶、拱顶,外表敷以彩色或其他装潢。

中国清真寺,目前见到的绝大多数为元以后、特别是明清以来创建或重建。明代清真寺,在建筑的整体布局、建筑类型、建筑装饰、庭院处理等各方面,都已具有鲜明的中国特点。而清代则是中国伊斯兰教建筑大发展的高峰时期,中国清真寺的特有建筑型制正是在此时完全形成的。

中国清真寺绝大多数采用中国传统的四合院并且往往是一连串四合院制度。其特点是沿一条中轴线有次序、有节奏地布置若干进四合院,形成一组完整的空间序列:每一进院落都有自己独具的功能要求和艺术特色,而又循序渐进,层层引申,共同表达着一个完整的建筑艺术风格。这类完整的建筑布局,从北京东四清真寺、牛街礼拜寺、云南大理老南门清真寺、河南沁阳清真北寺、郑州清真寺、安徽寿县清真寺、山东济宁和济南的清真寺中,都基本上得到反映。院落的循序渐进,使清真寺显得深邃尊严;建筑物的井然有序,突出了清真寺的严肃整齐和丰富性;整个艺术形体的重重叠落,又加强了主要建筑高大雄伟的姿态和巍峨气势。这种布局充分显示出中国传统建筑注重总体艺术形象的特点。

## 本章小结

掌握宗教文化是掌握旅游文化的基本要求之一,本章介绍了佛教、道教、伊斯兰教和基督教的产生和发展以及在我国的具体情况。目的在于让大家能了解和掌握中国旅游文化中的关于宗教文化的一些基本概念与理论问题,也便于后面章节内容的学习。

本章的重点：①基本掌握宗教文化的概念，宗教文化与旅游文化的关系；②重点是三大宗教以及本土道教的具体情况。

本章的难点：各个宗教的产生和发展，理解其和旅游文化的关系，这是本章学习中的一个理论基点问题，是学好中国旅游文化课程的重要组成部分。

## 思考题

实训

1. 宗教文化的定义是什么？
2. 简述宗教文化与旅游文化的关系。
3. 简述佛教的情况。
4. 试结合具体景点，详细解释和宗教文化的关系。

# 第八章

# 艺术文化

**学习目标**

**知识目标**

- 掌握艺术文化的基本概念、内涵及其功能。
- 熟悉中国艺术文化的基本发展脉络。
- 了解书法、绘画、雕塑和戏曲的审美特征。
- 了解中国传统艺术和民间工艺的基本内容。

**能力目标**

- 掌握中国主要传统艺术(书法、绘画、雕塑和戏曲)的艺术特色。
- 使学生初步具备传统艺术品的欣赏能力。

艺术文化是中国旅游文化的重要组成部分。中国的艺术包括书法、绘画、雕塑、戏曲音乐、民间工艺等,不仅以品类浩繁、流派众多著称于世,而且也以它淳美的艺术风格和刚健直率的审美情趣丰富了世界文化宝库,从而赢得了世界各国人民的赞誉和喜爱。了解中国艺术文化,对于旅游业的从业者们开发旅游产品、丰富旅游资源有着重要的指导意义。

## 第一节　艺术文化概述

### 一、艺术的含义

艺术是一种文化现象,大多为满足主观与情感的需求,亦是日常生活进行娱乐的特殊方式。其根本在于不断创造新兴之美,借此宣泄内心的欲望与情绪,属浓缩化和夸张化的生活。文字、绘画、雕塑、建筑、音乐、舞蹈、戏剧、电影等任何可以表达美的行为或事物,皆属艺术。而与旅游活动相关的艺术形式,我们称之为旅游艺术。

## 二、艺术的功能

艺术是一种很重要、很普遍的文化形式，有着非常复杂而丰富的内容，与人的实际生活密切相关。艺术作为一种精神产品，具有无限发展的趋势，并在整个社会产品中占有越来越大的比重。艺术价值是很重要的精神价值，其客观作用在于调节、改善、丰富和发展人的精神生活，提高人的精神素质（包括认知能力、情感能力和意志水平）。艺术的欣赏就是人对艺术品的价值进行发现和寻找，是欣赏者、创作者及表演者之间的情感交流与情感共鸣。在艺术欣赏过程中，作者或表演者用动作、色彩、声音以及言词把自己所曾经体验过的感情表达出来，以感染观众或听众，使别人体验到同样的感情。艺术欣赏所产生的情感从表面上看具有超功利性，但它不是对功利性的否定，而是对功利性一种更为广泛、更为深刻的肯定。

# 第二节　书画艺术

## 一、书法艺术

书法是我国特有的艺术瑰宝。世界文字中，只有中国的文字没有停留在符号意义上，而有自己独特的审美价值。中国书法艺术已有3000多年的历史。书法是以汉字为载体，以线条造型为表现形式的艺术。中国书法在长期的发展过程中，就字体而言，由象形演变成篆书、隶书、楷书、草书、行书五大类，各具不同的风格特色。

**1. 中国书法的审美特征**

（1）以字为根的形态美

汉字是书法艺术的根基，书法是汉字书写的艺术化，构成独特的艺术形态美，集中体现在三个层次：

1）运笔。用笔既要合法度规则，又要灵活自由，或中锋或侧锋，或方笔或圆笔，或轻提或重按，或疾速或徐缓等种种技法上的差别，更辅以用墨的或浓或淡，或润或枯，加上不同的运笔力度，可以产生极为多样化的艺术效果。

如何欣赏中国书法

2）造型。中国书法造型的精髓在于，在对立统一中求得均衡。均衡讲求整体性的效果，字的不同部分之间必须呼应配合，确立起有机的内在联系；均衡在于是对不均衡因素的和谐处理。注重主从、偏正、纵横、大小、疏密、繁简、向背、疏敛、同异、虚实等辩证关系的妥善处理，进而实现均衡。

3）布局。布局之美体现了更大范围内的书法有机整体美。布局美基本要求是连贯而富于变化，整幅作品必须前后呼应，左右映带，气势贯通，血脉相连；又必须错落有致，变化有方。书法篇章布局美的最高境界是意境的创造，而关键则是处理好虚实关系。

(2)寓动于静的气韵美

书法的形态美是一种直观的静态美,可以在想象中转化为一种动态的气韵美。书法作品透过笔画、造型、布局的无穷变化,可以令人体会到活跃的笔力和笔势,领悟到弥漫、鼓荡、流动、飞扬的内在气韵。

书法的动感和气韵,依存劲健的笔力和笔势,以及有节奏的形态变化。笔力侧重在运动的力度,笔势侧重在运动的趋向,笔力赋予笔画以立体感和强劲感,笔势则强化了笔画与笔画之间联系的连贯性和流畅性。节奏体现着运动力度和速度变化的规律性。书法艺术成功地将节奏凝固成了静态形式。笔画藏与露、轻与重、刚与柔、逆与顺、徐与急、肥与廋、枯与润的辩证统一,造型奇与正、横与纵、收与放、疏与密、向与背、温与险的辩证统一,篇章布局虚与实、断与连、错杂与匀齐的辩证统一,借助于人们的想象力就构成了自身的气韵美。

(3)借字传情的抽象美

书法可以通过非写实的抽象形态来抒发感情,书法的笔力可以透露出情感的力度,书法的多种变化可以传达出情感的起伏波动,书法的整体格调可以暗示出情感的基本走势。元代陈绎曾在《翰林要诀》描述书法与情感的对应关系:“喜怒哀乐,各有分数。喜即气和而字舒,怒则气粗而字险,哀即气郁而字敛,乐则气平而字丽。情有重轻,则字之敛舒险丽亦有浅深,变化无穷。”

**2. 中国书法发展史**

传说汉字由黄帝时期的仓颉创制。陶器发明以后,人们在器皿上刻画的符号叫“陶文”,但不成熟。

殷商时代,刻在甲骨上的卜辞、铭文文字已开始注意以美的方式安排结构,字与字注意平正、稳定,照顾到整体的章法布局,体现了对称的美。西周的钟鼎文又叫“金文”,较之甲骨文,点画圆浑,结构工整,表明此时的人已开始注意文字的笔画和结构。西周时还出现了大篆体,相传为周王室的太史籀所作,故又称“籀文”,其字体已摆脱了象形因素,笔画也更为挺拔工整。

秦朝李斯创制小篆,成为通用的公用书体,秦末赵高狱吏程邈创制隶书,书写更为简便。汉代以隶书为主,其笔画粗细均匀,字体均衡,有对称之美。汉代法令规定,上书的文字必须工整清晰。由此可见,那时人对书写已引起注意。

书法发展至汉末魏晋,出现了以书法为纯艺术的书法家。东汉时期的张芝擅写草书,被尊为“草圣”。蔡邕独创“飞白书”,即写字时笔画中故意露出丝丝白道,如枯笔写成。三国时魏国钟繇不仅擅长行书、草书,还创制了楷书。其书法“高古纯朴,超妙入神”,深得后世书家称赞。东晋王羲之博采众家之长,创造出笔法内敛、俊秀飘逸的行书体,被后人称为“书圣”,与钟繇并称“钟王”,《兰亭序》帖代表了他书法的最高水平,对后人影响很大。其子王献之在行草方面也有不菲的成就。北魏的楷书结构繁密、刚猛有力,后世称“魏碑体”。大批追求“为艺术而艺术”的书法家的出现,标志着我国书法艺术的成熟。

唐代科举设有“书学”一科,极大地促进了书法艺术的发展。唐代书法名家辈出,“初唐四大家”欧阳询、虞世南、褚遂良、薛稷，皆以楷书见长。欧阳询书法结构严谨、劲拔平正，端庄遒劲，世称“欧体”，传世作品有《九成宫醴泉铭》《皇甫诞碑》等。虞世南用笔内刚外柔、遒劲有力，代表作是《孔子庙堂碑》。褚遂良笔致内敛、摇曳多姿，代表作有《孟法师碑》《雁塔圣教序》等。薛稷“用笔纤瘦，结字疏通”，代表作是《信行禅师碑》。孙过庭则是著名的草书家和书法理论家，著有《书谱》，对唐以前的书法艺术进行了总结。唐中期的书法家有张旭、怀素、李邕、颜真卿等。张旭和怀素以狂草书著名，张旭的名作有《晚复帖》，怀素的《自叙帖》《苦笋帖》是其草书精品。李邕善写行草，代表作是《叶有道碑》。颜真卿精楷书，用笔雄浑、粗拙、肥厚，内含筋骨，代表作有《多宝塔感应碑》《颜勤礼碑》等。唐后期的书法家有柳公权、张彦远等。柳公权的楷书棱角分明，骨力劲健，代表作有《玄秘塔碑》《神策军纪圣德碑》等。因颜、柳二人书法风格明显，造诣颇高，后人把他们的书法并称为“颜筋柳骨”。

五代书法家杨凝式，他学习王羲之、颜真卿和柳公权极为成功，被苏轼称为“有二王颜柳之余”。但他又不拘于前人，删繁就简、破方为圆，个性强烈。传世作有《夏热帖》《韭花帖》等。

宋代行书盛行，书法成为文人士大夫普遍爱好的一门艺术。代表有“北宋四家”：苏轼、黄庭坚、米芾、蔡襄。苏轼写字以中锋运笔，字体有流动之美，作品有《赤壁赋》《黄州寒食帖》等；黄庭坚的书法既洒脱又稳重，名作有《松风阁诗帖》等；米芾写字“八面出锋”，潇洒自如，变化多端，极富韵味，传世作品有《苕溪诗帖》等；蔡襄工楷、行、草、隶四书，常以散笔作草书，且“飞白”，世称“散草”或“飞草”，主要作品有《离都帖》；宋徽宗赵佶虽然不是一个称职的皇帝，却是一流的书法家，他创制的“瘦金体”影响深远，他下令编成的《宣和书谱》整理并保存了前代书法作品。

元代书法走向复古，书法家们努力复活各种古书体，缺乏创新。代表人物是赵孟頫，擅长篆、隶、楷、行、草各体书法。其楷书笔力沉着而妩媚动人，被称为“赵体”，传世书迹较多，有《洛神赋》《兰亭十一跋》等。

明初书法以“三宋”（宋克、宋璲、宋广）为代表，皆擅长小楷。明中期书法以“吴门三家”（祝允明、文征明、王宠）为代表，“祝书在奇，文书在雅，王书疏逸”，他们是明代书法中兴的代表。明后期书法代表人物首推董其昌，用笔瘦劲湿润，极富变化。邢侗的书法造诣也很高，时有“南董北邢”之说，其作品在高丽“与黄金同价”。

清代书法基本上沿袭明代。清初王铎和傅山都善写长条幅的草书，章法错落有致，笔力刚健。乾嘉以后，“馆阁体”“碑学”盛行，字体乌黑、光洁、均匀，呆板、单一，严重阻碍了书法艺术的发展。敢于追求自我特色的书法家有“扬州八怪”中的金农和郑燮。金农写字剪去毛笔的尖毫，如用刷子写字，其字方整而风格明快，被称为“漆书”。郑燮综合草隶篆楷四体，再加入兰竹笔意，写来大小不一，歪斜不整，自称“六分半书”，以“乱石铺街、浪里插篙”形容其书法的变化与立论的依据。

汉字形体先后经历了甲骨文、金文、小篆、隶书、楷书等字体的变化，出于书写方便，还出现了行书和草书。中国书法艺术体现了我们文化精神中的“中和之美”，不仅讲究用笔，如有侧锋、中锋等，还讲究字体结构，注意字形上下、左右、大小、疏密的和谐自然。同时注重章法，讲究字间距、行间距的合理安排，力求产生最佳的艺术效果，这都显示了我国书法艺术独特的艺术追求。

### 3. 中国著名书法作品鉴赏

（1）王羲之《快雪时晴帖》

王羲之，东晋书法家，琅琊临沂人，官至右军将军，世称“王右军”。其草书浓纤折中，真书势巧形密，行书遒劲，千变万化而体势自然，对我国书法艺术的发展具有继往开来的巨大贡献，有“书圣”之誉。传世作品有《兰亭序》《快雪时晴帖》（图 8-1）等。

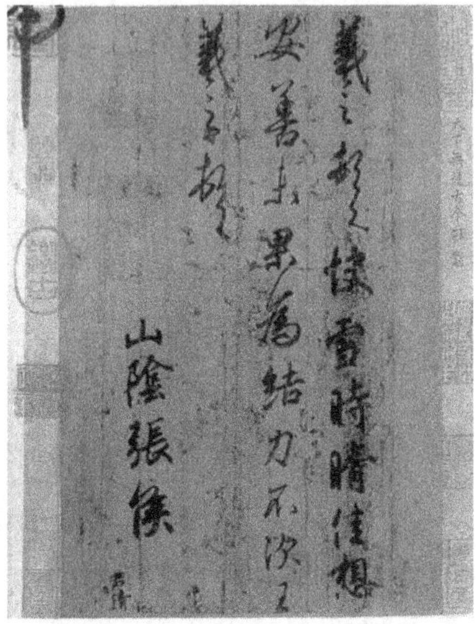

图 8-1　王羲之《快雪时晴帖》

《快雪时晴帖》册，现藏台北故宫博物院，纸本行书四行，共 28 字，纵 23 厘米，横 14.8 厘米，是王羲之致山阴张侯的一封书札，其内容是作者写他在大雪初晴时的愉快心情及对亲人的问候。该帖书法精美，久负盛名，历经多人题跋、藏鉴，并为《清河书画舫》《式古堂书画汇考》《大观录》《石渠宝航初编》等书所著录。

（2）张旭《古诗四帖》

张旭，中唐书法家，精通楷法，以草书名世，有“草圣”之誉。《古诗四帖》，传世品（图 8-2），纸本，五色笺，狂草书，纵 28.8 厘米，横 192.3 厘米。笔法奔放不羁，现藏于辽宁博物馆。其气势大开大合、大收大敛，通篇线条狂放，用笔圆转流利，含蓄而奔放，线条周旋于顾盼呼应之间，动静交错，起伏迅捷，俯仰有度，进退有序，令人叹为观止，实乃草书巅峰之篇。

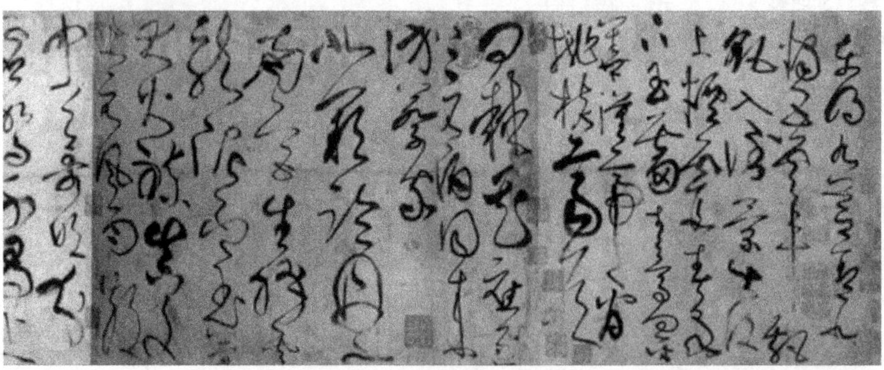

图 8-2　张旭《古诗四帖》

（3）颜真卿《多宝塔碑》

颜真卿，盛唐书法家。其书法以篆、隶笔法入楷，方严正大、拙朴雄浑、气势磅礴，人称“颜体”。《多宝塔碑》即《大唐西京千佛寺多宝塔感应碑》（图 8-3），立于天宝十一年

(752 年)四月二十日,岑勋撰文,颜真卿书,徐浩隶书题额,史华刻字,34 行,行 66 字,全碑 2100 余字,是颜真卿的早期代表作,现藏于西安碑林。

(4)柳公权《玄秘塔碑》

柳公权,晚唐书法家。其书法刚劲挺拔,结构严谨浑厚,笔力遒健,筋骨明显,有“颜筋柳骨”之说。《玄秘塔碑》,即《大达法师玄秘塔碑》(图 8-4),会昌元年(841 年)柳公权书并篆额,裴休撰文。此碑是柳氏代表作,气势峻朗,严整劲挺,特别是其细骨瘦干,间架挺拔,表现出强烈的结构观念和构筑意识,完全是一种崭新的面目,现藏于西安碑林。

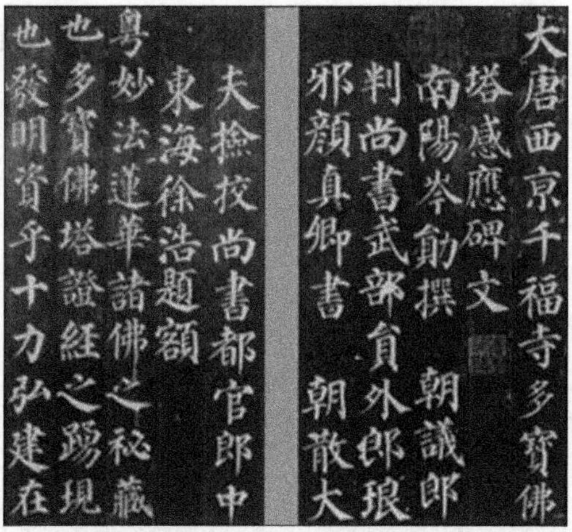

图 8-3　颜真卿《多宝塔碑》

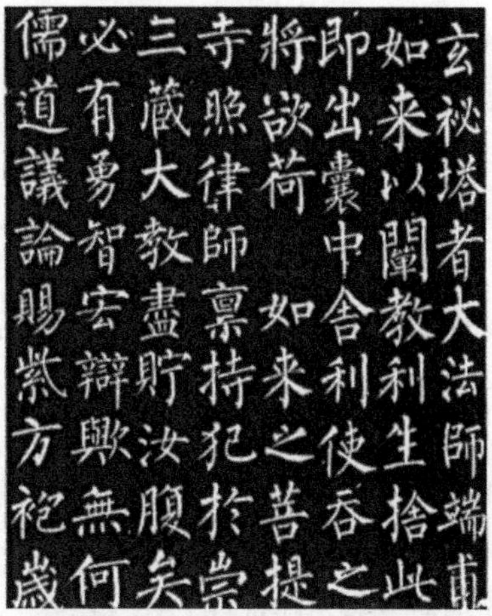

图 8-4　柳公权《玄秘塔碑》

## 二、绘画艺术

中国绘画艺术历史悠久,在世界美术领域中自成独特体系,是举世瞩目、极为珍贵的文化遗产。中国画简称“国画”,是中国民族传统的绘画,与西方绘画存在很大差异,有自己鲜明的民族艺术特色。国画以中国特有的毛笔、墨、砚、宣纸、帛等为工具和材料,有颜色的彩墨画和纯用水墨的水墨画两种主要表现形式。中国画大致可分为人物、山水、花卉、禽鸟、走兽、虫鱼等画科,而其中以人物为第一位,山水为第二位,花鸟草鱼为第三位。

### 1. 中国绘画艺术的特征

中国古代绘画

中国画的最大特征是追求神似,也就是说,无论是画人物还是画山水花鸟,都要充分掌握对象的神,即神韵和性格。因此,不讲求形式,采用散点透视法(西洋画一般运用焦点透视法),用动态的观点,从不同角度来描绘事物。此外,国画在画人物时,也不讲求人体各部分之间的比例关系,而是“以形写神”,透过外形之似探索人类无形灵魂的真实。

中国画的第二个特征是讲求象征性和意境。作者在绘画时,往往注入了自己的主观色彩。如画家笔下冰雪中的梅、松、菊象征着不畏严寒,敢于与险恶环境做斗争的精神,而山水画则常常同追求隐逸的思想体系。所谓意境是指画面所描绘的生活图像和画家所表达的思想感情融合一致而形成的艺术境界。

中国画的第三个特征是时空上的灵活性。它突破自然的界限,把不同时空的景物巧妙地安排在同一画面上。如五代南唐画《百花图卷》,把不同季节的四季花卉参差错综地组织在一张画幅上,突破了时间和空间的约束。

此外,中国画在绘画与诗文、绘画与书法篆刻之间相互影响、关系密切,在绘画工具即笔、墨、砚、纸、绢和画幅形式上,都有许多独到之处。

### 2. 中国绘画发展史

早在原始社会,先民们就开始了绘画创作。考古资料表明,仰韶文化彩陶和龙山文化黑陶在装饰与造型上已达到了较高的水平。彩陶的图案有鱼、鹿、鸟、兽、植物、人体等,已经初步具备了人类捕捉对象的特征,造型简洁,给人以生动活泼、自由流动的审美享受。黑陶以造型为主,别致秀美,庄重肃穆,纹饰雕刻更为简洁,自觉创作的特征更为明显。传说黄帝时期的大臣史皇"善画",可谓中国第一个画家。

商周时期,宫廷及其他建筑上已经有了壁画等绘画作品,而最能体现当时绘画水平的还是青铜器。商代青铜器造型庄重、典雅、古朴,民族特色显著,其纹饰有饕餮、夔龙、凤、虎、云雷等,造型奇诡,结构精巧华美。其代表作为安阳殷墟出土的后母戊大方鼎,四面都饰有龙形图案,鼎耳及鼎足上都有兽头装饰,图像逼真,风格庄重,充分体现了当时的造型艺术水平。

战国时期,以毛笔为工具、绘画于绢帛之上的中国画终于诞生了。这种以彩墨线条勾勒为主的技法奠定了传统绘画的基础。长沙战国楚墓发掘出的《人物龙凤帛画》和《人物御龙帛画》,为目前发现的最早的帛画。前者为一女性合掌而立,细腰长裙,身姿优美,空中一龙一凤飞舞翱翔,后者为一束冠佩剑男性持缰驾龙在空中飞驰,表现的都是向往神仙乐土的愿望。

秦汉时期,统治者大规模修建宫室皇陵,建筑绘画得以迅速发展。相传阿房宫内的装饰画奇美无比,可惜已不可见。咸阳秦宫殿遗址上的壁画,有人物、车马、建筑等。陕西秦始皇陵出土了大批彩塑兵马俑,形象十分逼真,气势格外壮观,让我们体会到秦代的伟大功业的同时,也直观地感受到了秦代造型艺术的卓越成就。

汉代壁画中,壁画占有显著地位。当时的宫殿、宗庙祠堂、官衙、住宅、墓室等,几乎均有壁画。麒麟阁、云台功臣像就是其中的代表,分别画西汉宣帝时 11 位功臣和东汉明帝时 28 位功臣。现存长沙马王堆汉墓出土的汉代帛画,上宽 92 厘米,下宽 47.7 厘米,全长 205 厘米,"T"形结构,用工笔重彩画天上、人间、地狱三界,构思奇特,图案复杂,色彩明快,技巧超群,显示了较高的艺术水平。另外,在今山东、河南、江苏发现的大量汉画像砖(石),造型生动、古朴真切地反映了当时人们的生产生活。

魏晋南北朝时期的绘画成就主要表现在:①以佛教为主要内容的绘画增多。②绘画理论著作出现,如顾恺之的《画论》《魏晋胜流画赞》、南朝谢赫的《画品》等。③山水绘画成为独立的画派。三国时东吴画家曹不兴技巧一流,精细逼真,相传他在画屏风时误落墨点,遂挥笔改成苍蝇,孙权看了竟挥手去赶。他擅长巨幅画像,曾在 50 尺的素绢上画人物,尤擅画佛像,被称为"佛画之祖"。这一时期影响较大的画家还有"六朝三杰"顾恺

洛神赋图

之、陆探微、张僧繇及北朝的曹仲达等。顾恺之(约348—409年),东晋无锡人,士族出身,才华横溢,有才、画、痴"三绝"之称。其画特别注重刻画人物的内心世界,注重人物的眼睛,"以形写神",标志着我国宗教画与人物画的成熟,被称为"自苍生以来未之有也",代表作有《洛神赋图》《女史箴图》。刘宋时期的陆探微善画名士肖像,所画人物面型清瘦,笔力刚劲,犹如刀割。萧梁时期的张僧繇也善画人物,用笔简练,概括力强。曹仲达以画佛像著称,所作人物衣衫下垂,有"曹衣出水"之称。

唐代绘画进入全面繁荣时期。唐代绘画内容阔大,宗教画、人物画、山水画、花鸟画各体皆备。唐代有记载的画家就有400多人,大画家、传世佳作层出不穷。人物画方面,敦煌莫高窟有唐代洞窟200多个,内中壁画人物众多,形态逼真,各具特色,令人叹为观止。画家有阎立本、吴道子、张萱、周昉等。阎立本的《历代帝王图》描写了13个帝王的形象,个个形象鲜明,体现了其高超的艺术技巧;《步辇图》记录了唐文成公主与松赞干布的联姻史实,具有重要的艺术价值和史学价值。吴道子是个产量颇高的画家,据说他一生画了300多间屋子的壁画,且绝无雷同,被后世尊为"画圣"。他以富于粗细变化的手法表现长裙飘带、衣袖宽大的丝绸衣服,世人称为"吴装"或"吴带当风"。可惜的是流传下来的仅有摹本《送子天王图》。张萱、周昉皆以画贵族仕女著称,张萱的代表作是《虢国夫人游春图》,周昉的代表作是《挥扇仕女图》。山水画代表人物有隋代的展子虔,世人称其画有"咫尺千里之势",代表作《游春图》是我国现存最早的山水画。唐代的李思训、王维、张璪也都以画山水著称。王维不但善诗,还开创了水墨写意画法,不施色彩,常题诗句,被称为"诗中有画,画中有诗。"花鸟画代表有薛稷鹤、边鸾的孔雀、刁光胤的花竹等,画面细致富丽,具有贵族情调。

宋代设立专门的画院,广泛选拔优秀画师,这有力地推动了绘画的发展,使宋代成为我国绘画发展的鼎盛时期。由于商品经济发达,宋代人物画倾向于风俗的描写,倾向于表现阔大的社会生活。风俗画中最有名的是张择端的《清明上河图》,该画为宽24.8厘米,长528.7厘米的巨制,描写了北宋首都汴梁(今开封)的繁华景象,收入了汴河两岸数十里的风光。宋代山水、花鸟画尤盛,著名画家有李公麟、梁楷、郭熙、米芾、马远、刘松年、崔白等。李公麟的《五马图》、梁楷的《泼墨仙人图》都堪称绝世佳作。另外,宋徽宗赵佶也是一个卓越的花鸟画家,其《芙蓉锦鸡图》《瑞鹤图》精妙生动,形神兼备。

千里江山图

元代文人画发展到极致。文人画"以形写神",肇始于王维,后经苏轼、米芾等倡导而大兴,元代成为绘画的重要形式。元代山水画有著名的"元四家"——倪瓒、黄公望、王蒙、吴镇,皆以泼墨山水著称。黄公望的代表作《富春山居图》以浙江富春江为背景,全图用墨淡雅,山和水的布置疏密得当,墨色浓淡干湿并用,富于变化,被称为"中国十大传世名画"之一。明朝末年传到收藏家吴洪裕手中,吴洪裕极为喜爱此画,临死前下令将此画焚烧殉葬,被吴洪裕的侄子从火中抢救出,但此时画已被烧成一大一小两段。较长的后段称《无用师卷》,现藏台北故宫博物院;前段称《剩山图》,现收藏于浙江省博物馆。另外,赵孟頫在元代画坛享有很高的地位,他画的山水、花草画也有很高造诣。当时,花鸟画中的梅、兰、竹、菊"四君子"画十分流行。

明代绘画多因袭前人,缺乏独创性。较有名气的有"浙派"画家戴进、"华亭派"董其昌、"吴派"唐寅、文征明、沈周、仇英,都擅长山水画。徐谓的大写意花鸟画洒脱、大气,独树一帜,其中代表作有《墨葡萄》等。

清代画家著名的有"扬州八怪",即郑燮、李鲜、黄慎、金农、高翔、汪士慎、罗聘、李方膺8位文人。其中最有名的是郑燮(1693—1765年),清代画家、文学家。名燮,字克柔,又号板桥,人称板桥先生,江苏兴化人。其一生主要客居扬州,以卖画为生。其诗、书、画均旷世独立,世称"三绝",擅画兰、竹、石、松、菊等植物,其中画竹成就最为突出。除文人绘画外,明清时代民间木版画盛行,出现了河北杨柳青、开封朱仙镇、山东潍坊、广东佛山等有名的年画中心。

### 3. 中国绘画艺术赏析

(1)人物画

人物画是以人物为主体的绘画统称,较山水画、花鸟画出现早。大体分为道释画、仕女画、肖像画、风俗画、历史故事画等。人物画力求人物个性刻画逼真、传神,气韵生动、形神俱备。其传神之法,常把对人物性格的表现,寓于环境、气氛、身段和动态的渲染之中。

五代南唐顾闳中,江南人,南唐画院待诏,善画人物。《韩熙载夜宴图》,传世品,绢本,纵28.7厘米,横335.5厘米,现藏于北京故宫博物院。全画为"听乐""观舞""歇息""清吹""散宴"共五段,记述了韩府夜宴的全过程(图8-5)。五段画面情节的间隔和相连,通过室内的屏风来分隔,既连续又独立,人物内心活动的刻画极为传神。在构图、造型、用笔、设色等方面都显示了画家的深厚功力和高超技巧,为中国人物画的鸿篇巨制。

图8-5 南唐·顾闳中《韩熙载夜宴图》(局部)

(2)山水画

山水画是以描写山川自然景色为主的绘画。魏晋南北朝逐渐发展,但大多作为人物画的背景;隋唐时开始独立,五代、两宋山水画兴盛,名家纷起,达到鼎盛;元代山水画趋向写意,侧重笔墨神韵,开创新风;明清及近代继续发展。山水画表现上讲究位置和表达意境。其传统分法有水墨、青绿、金碧、没骨、浅绛、淡彩等形式。

南宋米友仁,祖籍太原,米芾长子,世称"小米",能书善画,其山水画自成一格。《潇湘奇观图》(图8-6),传世品,纸本,纵19.8厘米,横289.5厘米,现藏于北京故宫博物院。画家着力描绘江山云雾变幻的奇景。作品主要运用泼墨法和破墨法,依仗水墨的晕染来塑造形象,很少用线勾勒,浓淡、虚实的墨色使景致时隐时现,忽明忽暗,迷蒙又富有变化。

图 8-6 南宋米友仁《潇湘奇观图》

(3)花鸟画

花鸟画是中国传统绘画中的一个画科，它是对以植物和动物为主要描绘对象的绘画的总称。根据描绘的内容，又可细分为花卉、翎毛、蔬果、草虫、畜兽等支科。其技法多样，以描写手法的精工或奔放，分为工笔花鸟画和写意花鸟画；又以使用水墨色彩上的差异，分为水墨花鸟画、泼墨花鸟画、设色花鸟画、白描花鸟画与没骨花鸟画。

图 8-7 宋徽宗赵佶《芙蓉锦鸡图》

宋徽宗赵佶，在位时广搜历代文物、书画，扩充并亲自掌管翰林图画院，擅长书画，其花鸟描绘工细入微，笔墨精妙，设色匀净，富丽典雅，造型生动，形神兼备。代表画作《芙蓉锦鸡图》(图 8-7)，绢本设色，现藏于故宫博物院。这幅画纵 81.5 厘米、横 53.6 厘米，笔法工细，设色艳丽。画上有芙蓉二枝，锦鸡一只。芙蓉枝叶繁茂，花朵盛开，蝴蝶翩翩起舞，锦鸡昂首挺立，一派生机盎然的景象，生动表现出锦鸡的动态和景物的呼应。

## 第三节 雕塑艺术

雕塑艺术是一种造型艺术，指利用各种可塑的或硬质的材料，通过雕琢或捏塑形成的造型艺术。中国雕塑传承五千多年的文化，在发展过程中，既继承传统又有每个时代的性格，汇聚成一种独特的、深邃的艺术语言，独步于世界艺坛。

### 一、中国雕塑艺术发展史

中国原始时期的雕塑艺术，大致可以追溯至公元前 4000 年以上。最初的雕塑可以从原始社会的石器和陶器算起，这是中国雕塑的序幕。造型多样的陶器，为中国雕塑的多向性发展奠定了基础。

中国古代雕塑艺术

随着旧石器时代向新石器时代的过渡，最早的雕塑萌芽出现在磨制石器上，有大量的精细石器具备了雕塑的性质。新石器时代后期，出现了陶器。它们造型丰富、纹饰多样，既是生活中的必需日常用器，也是可以欣赏的艺术品。从工艺手段上讲，大致可以分为以下几种:一是以动物外形为器皿,如仰韶文化遗址出土的陶质鹰鼎。二是装饰部分的雕塑,它们有的以配件的形式出现,如盖钮、把手等;有的以表面浮雕等形式出现,题材有动物、植物、人物;等等。三是小型动物或人物捏塑,信手捏制,形体小巧,带有浓厚的人情味。

与原始陶塑的性质一样,商、周时代的青铜器也并非实际意义上的雕塑,是用于祭祀、生活、乐器、兵器、工具等方面的实用器物。另外,在这个时期还有用石、玉、陶等材料制成的雕塑作品。这类雕塑的目的在于祭祀、日常生活用品、服饰等方面。其中以玉雕最为突出。另外还有一个重要的雕塑艺术范畴是建筑中使用的配件或装饰,如瓦当等,一般都有各种纹样的浮雕,以动物、云气、几何纹为主要内容。这一时期的雕塑者群体已开始明朗起来,随着手工业的发达,专门对铜、玉、石、古、木进行加工的行业明显比以前分工更细,并有专门管理"百工"的人员和机构。

秦代在雕塑方面有重大发展,最引人注目的就是秦始皇陵陪葬坑里的大型陶兵马俑和铜车马,1974—1976 年在陕西西安出土,主要以兵俑和马俑居多。体态与真人等大,数量众多,神态各异;自是有立、有跪,有驭手、射手;由军官、士兵之分。马俑形象写实,身材矫健,可见当时雕塑工匠对生活观察之细致、对塑造技术之精通。这些秦始皇百万大军的缩影都是用陶土烧制而成,不论是造型、塑造、烧制等各个环节,都是一件庞大的工程。作品注重面部形象刻画,据说万千兵马俑没有重样、雷同的,可用"栩栩如生"这个词来形容。秦兵马俑的出土,显示出我国在 2000 多年以前就有了很高的雕塑艺术水平,它是古代劳动人民智慧的结晶,秦代兵马俑对我们研究那一段历史、促进后代的雕塑艺术之进步,都是不可或缺的宝贵资料。

汉代是中国封建社会中最具魄力的一个时期,气势恢宏。如西汉名将霍去病墓前,至今还存有一批杰出的石雕艺术作品。其中的《马踏匈奴》,作者用隐喻的手法,借战马的形象来体现霍去病的威猛和战功卓著,充分体现出纪念性雕塑的象征性和纪念意义。整个雕塑浑然一体,四肢之间没留空间,增强了体、量的沉重感。这组石雕群是汉代雕塑艺术史上的光辉一页,给人们带来无穷的艺术享受和创作启迪。西汉的工艺装饰性雕塑也十分发达,如日常的铜镜装饰,另外金银嵌镶工艺也比较发达,最有代表性的一件作品为"错金银"博山炉。西汉的玉雕也是不可忽视的小型雕刻艺术之一,小中见大、选材精良、造型完整。

三国、两晋、南北朝时期,我国的雕塑艺术全面发展。佛教的盛行促使佛像艺术蓬勃发展,改变了中国雕塑史的面貌,人物雕塑更加成熟;以墓葬为目的的陵墓雕塑也走向繁荣。印度佛教传入我国以后,即被中国雕塑家所融会贯通,形成独特的中国佛像风格,使这种舶来艺术逐步具备了民族化特征。

隋代的雕塑艺术的主要成就,集中在石窟造像上,其中最有代表性的是敦煌莫高窟、麦积山石窟、济南玉函山石窟等处。这是一个过渡性发展时期,我国的雕塑艺术由隋代拉开了更加灿烂的序幕。

唐代的雕塑艺术,与前代的形式几乎相同,主要体现于宗教造像、陵墓随葬。这一时期,随着工艺技术之发展,在材料运用上更加丰富,除石雕、木雕、陶瓷外,还大量使用夹苎、铸铜等工艺材料。唐代的佛教造像数量非常之大,主要还是体现在石窟、摩崖石刻方面。其中规模最大、艺术特点最明显者，首推敦煌莫高窟和洛阳龙门石窟。而装饰性的建筑构件雕塑，也是隋、唐、五代十国时期的重要艺术分支。

北宋雕塑艺术的功用更加宽泛，不仅用于宗教、陵墓、明器，还深入日常家居生活当中，比如以浮雕山水来替代壁画风景，一时间颇为盛行。河南巩义为北宋皇陵所在地，百姓中流传着顺口溜“永裕陵的狮子、永泰陵的象、永熙陵的好石羊”，可以从一个侧面帮助我们了解宋陵石雕的代表作。

元、明、清三代，中国的雕塑艺术一直走着下坡路。前代繁荣发达的宗教雕塑、陵墓石刻、明器塑造等雕塑艺术形式，都走向尾声，甚至几近消失。值得一提的是手工艺雕塑、建筑装饰雕塑等。这种结局与前代的辉煌极不一致，尤其在清代，仅有的雕塑艺术品种也被淹没于烦琐的装饰、平庸的造型。因袭前人，仿制古物，效果却往往萎靡颓唐，即使有些新创，也有画蛇添足之拙劣。

近现代，中国雕塑艺术又焕发了勃勃生机，涌现了一大批优秀的雕塑家和雕塑作品。

## 二、中国雕塑艺术的种类

雕塑艺术是中国文化中的瑰宝，是造型艺术的重要门类。它分为雕刻和塑造。

### 1. 雕刻艺术

(1)玉雕

玉雕是在新石器晚期玉制工具基础上发展起来的。汉代以后，玉雕工艺水平不断提高，品种也愈来愈丰富，并逐渐形成具有独特艺术风格的玉雕产地，其中以苏州、扬州、北京、酒泉最为著名。玉雕的原料颇多，有翡翠、碧玉、玛瑙、水晶、珊瑚、松石、青金石等。产品种类各异，有人物、花卉、鸟兽、盆景、器皿等。玉器的雕刻工艺分为琢、磨、碾、钻、抛光等方法。镂空、活链、玉环等，是玉雕的绝技。中国被誉为世界三大著名玉器工艺品产地(中国、墨西哥、新西兰)之一，玉雕艺术品在国际上被誉为“东方艺术瑰宝”。

(2)石雕

石雕是雕刻艺术中影响最广的门类之一。中国石雕工艺多集中在帝王陵墓周围。石雕除人物外，主要有马、虎、狮、鸵鸟、独角兽等。明清时代，民用石雕也得到发展。自南北朝起，中国传统雕塑同佛教艺术相融合，形成了中国式的石窟艺术。其中敦煌莫高窟、云冈石窟和龙门石窟中的佛像石雕艺术举世闻名。浙江青田、福建惠安、寿山、河北曲阳的石雕产品最负盛名。青田石雕始于宋代，以缕雕见长，兼有圆雕、浮雕等，具有构图丰满、层次重叠的特点，富有浓厚的江南色彩。福建寿山石有百种以上，尤其以田黄石最佳，向有“一两田黄一两金”之说。寿山石雕以浮雕和圆雕为主，多雕刻花鸟禽兽和民间故事人物。因材施艺、巧用俏色是寿山石雕的特色。惠安石雕以龙柱、石狮、人物蜚声九州，石雕工艺分圆雕、浮雕、影雕三大类。曲阳汉白玉石雕始于汉代，多以神话故事和历史传说为题材，善于表现人物、动物的神采。

(3)牙雕

牙雕通常是在象牙上雕刻形象、花纹的艺术，也指用象牙雕刻成的工艺品。中国很早以前就有牙雕工艺品,商代的象牙雕刻就已很精巧了。至清代,牙雕工艺在品种、题材上更加丰富,包括龙舟、宝塔、花篮、牙扇、牙灯、牙席以及各种匣盒等。牙雕主要集中于北京、广州、上海等地。北京牙雕以人物圆雕见长,以各种仕女和艺术欣赏品为主。广州牙雕擅长牙丝编织,尤以象牙球最富特色。上海牙雕以小件人物著称,雕工精湛秀美。

(4)木雕

木雕是以黄杨木、樟木、龙眼木、紫檀木为主要用材,按一定的艺术设计而精雕细刻而成的工艺用品,多用于建筑、家具等,也用于装饰以及文具、摆设、神像、面具等雕刻。其中浙江东阳木雕、广东潮州木雕最为著名。东阳木雕主要用于建筑装饰(如屏风、壁挂)、家具装饰(如箱、橱)等,有浅雕、深雕、透雕、圆雕等技法,而以浮雕镂空等技法见长。潮州木雕以广东潮安、潮阳、揭阳、饶平、普宁、澄海等县最为发达,主要用于建筑装饰(如门窗、屏风)、家具装饰(如茶几、桌椅、橱柜)等。雕刻方法有浮雕、沉雕、通雕、圆雕等几种。潮州木雕雕刻以后磨光,层层上漆,最后贴金,作品金碧辉煌,富丽壮观,因此又称"金漆木雕"。

(5)微雕

微雕又称米雕、细刻,有牙刻、竹刻、发刻之分。这种雕刻,是在米粒大小的象牙片、竹片或在数毫米的头发丝上,镂刻书画诗词等内容,是中国传统工艺美术品中最精细的一门艺术。微雕工艺品的制作,需要艺人有相当高的书法功底和运用雕刻工具的熟练技巧。雕刻时,需要屏息静气,注意力高度集中,才能取得精细入微、笔法有致的艺术效果,历来被称为"绝技"。微雕工艺以苏州微雕为代表。苏州张毓基所刻的《枫桥夜泊》诗和《兰亭序》象牙米刻,字迹清晰,笔法苍劲,令人叹为观止。

(6)砖雕

砖雕是在特制的质地细密的土砖上雕刻物象或花纹的工艺,主要用于寺塔、墓室、房屋等建筑物的壁面装饰。战国时已有花砖,汉代画像砖更是闻名遐迩。但多为模印砖雕。唐代花砖在经模印后还加雕刻。宋时墓室砖雕盛行。明清砖雕表现内容丰富,技法更精湛,除单层浮雕外,还有多层浮雕、堆砖等技法。民间砖雕的一般制作程序是修砖(以砖蘸水磨平)、上样(在砖面上贴上图样)、刻样(用小凿描刻出花纹轮廓)、打坯(先凿出四周线脚,再凿主纹、次凿底纹)、出细(进一步细雕)、磨光(用糙石细细磨光)。如砖质有砂眼,还用猪血调砖灰修补。最后完成。

(7)竹雕

竹雕吸取了各种艺术形式的优点,主要有阴刻、镂雕、浮雕、拼嵌、烙画、着色、压烫、腐蚀等技法。最著名的邵阳竹雕很有特点,品种以盒、瓶、屏风、框架为主,另有盘、碟、筒、架以及大型挂屏100多种。

### 2. 塑造艺术

雕塑中的塑造艺术,在中国起源很早,新石器时代就已相当发达了,特别是秦始皇陵兵马俑的发现,更表明中国塑造技艺所达到的无与伦比的高度。

(1)泥塑

泥塑,也称彩塑,是在黏土里掺入少量棉花纤维,捣匀后,捏成各种形象的泥胎,阴干后，先上粉底，再施以彩绘。著名的泥塑有陕西彩泥偶、无锡惠山泥塑、河北白河沟泥塑、苏州泥塑，其中影响最大的是天津泥塑，代表人物有"泥人张"。

（2）瓯塑

瓯塑是浙江温州所产的著名雕塑工艺品，因温州旧称东瓯而得名。它是以特殊配制的各种油泥为原料，经堆、挑、刮、压、塑等工艺手法塑造而成。塑造的主要内容有风景、花鸟、鱼虫、走兽、人物等。

（3）面塑

面塑俗称"面人"，是用面粉、糯米粉为主要原料，加上色彩、石蜡、蜂蜜等，经过防裂、防霉变的处理，经手工制作，塑造出各种各样艺术形象和手工艺品。面塑表现内容十分广泛，人物、山水、花鸟以及历史传说和民间故事等，其主要技法有捏、搓、揉、掀等。代表人物有北京面塑艺术家汤子博，人称"面人汤"。

## 三、中国雕塑艺术的功能

中国雕塑艺术的功能，大致可分为实用性、宗教用途、陵墓随葬、赏玩陈设、公共雕塑及艺术创作等。

### 1. 实用性

在原始社会，雕塑还没有成为独立的造型艺术门类，而是作为图腾崇拜的对象或出于巫术礼仪要求而制作的具有雕塑性质的形象；或作为某种器具的附饰或构件而出现，主要不是作为审美对象而制作的。当时具有雕塑性质的作品多是陶器的盖纽、把手、附着物，或者器物的整体形象就是模拟鸟兽或人形。原始社会除出现陶器方面结合实用的雕塑外，也有一部分玉石工艺品，具有很高的雕塑价值（图 8-8）。

### 2. 宗教用途

原始社会及奴隶社会先后出现各种结合实用的雕塑之外，还有大量具宗教用途或带有宗教性质的雕塑，包括原始崇拜的图腾和神像，如商代三星堆青铜头像（图 8-9）。

图 8-8 仰韶文化人形彩陶罐

图 8-9 商代三星堆青铜头像

商代青铜器大都是用于祭祀、礼制和享用的奢侈品，具有浓厚的宗教、政治礼仪的意义。有一部分造型明显与原始社会流行的自然崇拜、图腾崇拜、祖先崇拜存在着联系。器物稳定庄严的造型，富丽神秘的雕饰，人兽巧妙组合的神化形象，体现了一种宗教与政治权力相结合的情感和理念。南北朝以后佛教传入，儒、释、道发展，由此出现的石窟与寺观，更成为宗教雕塑的主要园地。

### 3. 陵墓随葬

陵墓雕塑主要有神道瑞兽、俑、明器、纪功造像、仪卫雕塑等。古代统治者和贵族阶级曾以活人殉葬，后逐渐改用模拟人形的“俑”。俑以草扎或陶、木、金属等材料制作，男俑多为武士或侍从，女俑为奴婢、伎乐、舞女。随葬明器有镇墓兽以及其他石、木雕等。随着宫殿、苑囿雕造纪念性雕塑的同时，帝王陵前均放置石麒麟、石辟邪、石兽、石马之类的石雕，臣僚墓前亦置有石羊、石虎、石人、石柱等，作为墓地的像生，等同于生前之仪卫。

### 4. 赏玩陈设

宋元时期，大量出现专用于赏玩陈设的雕塑品。宋人喜爱泥、木、竹、石、陶瓷类的赏玩雕塑。每逢七夕，家家购买泥娃，取喻吉祥宜男，南宋都城杭州有专以善塑泥孩儿而出名的街巷；鄜州（今陕西富县）田氏作泥孩名满天下，这类泥塑今难以见到，但陶瓷娃娃没有出土。北方的磁州窑、钧窑、当阳峪窑，南方的景德镇窑、龙泉窑，都有玩赏性雕塑出土。明清时期，嘉定、金陵仍流行竹雕。在观赏雕塑中也有佛道题材的作品，以及动植物的观赏性雕塑。

### 5. 公共雕塑及艺术创作

近现代，随着美术教育事业的发展、兴盛，艺术家社会身份的独立和现代城市的出现，雕塑家艺术创作不断取得进展，随之出现了个人艺术创作和公共雕塑（又称环境雕塑）。特别是纪念碑性质雕塑的需要，促进了大型雕塑以及名人雕像的发展，成为重要的教育工具和旅游资源。如南京中山陵孙中山先生全身像、北京八达岭青龙桥车站詹天佑纪念像都是颇具代表性的作品。

## 三、中国雕塑的审美特征

雕塑是利用立体造型的特点来表现人与物，是立体的视觉艺术美。中国雕塑艺术，深刻反映了中华民族的审美理想，表现着中华民族的审美心理，展现出独具东方神韵的美学特征。

### 1. 写实与概括的完美结合

写实是雕塑艺术很重要的手段，但它不是唯一的表现方式，有时过度的真实，主次不分就容易造成琐碎或庸俗。雕塑家既要善于写实又要善于概括，这样作品才易于取得生动的效果。概括是写实的高度提炼，写实与概括两者的互相结合，是中国雕塑艺术的优秀传统。如秦兵马俑的高度写实与西汉霍去病墓前石雕的高度概括,表现手法不同,但都是出色的艺术作品。汉代四川陶俑造型简练却能达到活灵活现的效果。

**2. 注重意境的表达**

艺术品不仅要具有外在的形态,更重要的是要求能通过内在的气质感染观众,也就是雕塑作品要富有意境,中国雕塑善于捕捉对象内在的气质而运用雕塑造型去表现,使作品生动、感人,追求的是一种精神上的境界,也就是意境。山西大同市辽代下华严寺彩塑可以说是气质与意境并重,是辽代造像的代表作(图 8-10)。造像面容丰润,衣裳简劲,色彩沉着。菩萨或结跏趺坐,或亭亭玉立,均现身于净土莲池,而神情体态各不相同。有的虔诚合十,身微右倾,天衣临波飘动;有的凝眸下视,挺腹赤足立于莲上,如芙蓉出水。

**图 8-10 辽代观音菩萨彩塑坐像**

**3. 塑绘结合与线条表现**

中国宗教造像和民间雕塑则习惯在作品上涂以表现对象的原色,使之更接近真切的观感。所以塑绘结合在中国十分流行,并且也利用绘画的线条或线刻来补充圆雕的不足,以加强对象的动感与变化。其中晚唐的佛教彩塑以五台南禅寺、佛光寺和晋城古青莲寺的造像为代表。而明代双林寺彩塑,神态自如,为彩塑中珍品。汉、南朝、唐、宋的陵墓石雕,宋金墓室砖雕和居庸关的元代浮雕,其线刻都表现出动人的感染力。

## 第四节 戏曲音乐艺术

中国古典戏曲是中华民族文化的一个重要组成部分,她以富于艺术魅力的表演形式,为历代人民群众所喜闻乐见,在世界剧坛上也占有独特的位置,与古希腊悲喜剧、印度梵剧并称为世界三大古剧。

### 一、中国戏曲的美学特征

**1. 表演的程式性**

中国戏曲表演的程式性包括:文学剧本的程式,如上场引子、下场诗、自报家门等;戏曲音乐方面的程式,成套的声腔板式,以及打击乐的整套锣鼓经等;表演方面的程式,如在生活基础上概括起来,具有规范性的各种舞蹈化身段;舞台美术方面的程式,如一桌二椅等抽象的舞台装置和各种舞台装饰,以及服装的式样、色彩、头饰化妆、脸谱的分类等。

**2. 时空的流动性**

中国戏曲的演出形式,采用了绘画艺术"散点透视"的原理,在有限的舞台上,为了突破时间、空间的限制,展现出深远而广阔的生活内容,戏曲创造了对舞台时间、空间的一种特殊处理方法,即是把有限的舞台,当作一个不固定的、自由的时空,舞台时空,环境、地点、景物、时间随着演员的表演而变化。

**3. 舞台美术的装饰性**

中国戏曲艺术中形式因素占有特殊的地位,戏曲的舞台美术基本上是装饰性的,色彩丰富强烈,形象鲜明突出,如戏曲化妆和服饰最初只是描眉、画眼的艺术夸张,后来发展成为刻画人物性格的化妆手段,而"脸谱"这种面部化妆艺术,对人物性格有高度的概括能力,有惊人的艺术魅力。

## 二、中国戏曲音乐的发展史

中国戏曲音乐艺术的形成,经历了一个漫长的发展阶段。

相传,虞舜时有《韶》乐,孔子称赞其"尽美""尽善",甚至听之入迷,"三月不知肉味"。

商代,人们已经掌握了十二律乐律知识。周代,我国最早的乐理著作——《乐记》诞生。据说当时已经有70多种乐器。据《周礼》记载,周时的乐舞由大司乐掌管,当时有名的音乐有《云门大卷》《大夏》《大武》等。这种音乐主要是为宫廷宴饮服务的,被称为雅乐。与之相对的则是俗乐,主要指地方民歌。周时楚地音乐较为发达,并在风格上有较大差异,既有被认为是高雅音乐的《阳春》《白雪》。春秋时期的伯牙是一位杰出的音乐家,其作品有《高山》《流水》。战国时期的乐器除了编钟以外,还有萧、琴、竽、筝等。

秦汉时期有了专门的音乐机构"乐府",专门负责收集和整理民间音乐。这一时期音乐主要分为鼓吹曲和相和歌。鼓吹曲主要用于仪礼等比较正式的场合,其中吸收了许多少数民族的乐歌。相和歌源于各地民歌。此时中国各民族间接触增多,音乐也开始相互融合发展。如胡地乐器笳、角传入中原,西域的横吹、琵琶、鼓、笛等亦进入中原,这些乐器与中原乐器逐渐有了组合,对中国音乐的发展做出了巨大的贡献。汉代的"百戏",可谓中国戏剧的滥觞。

魏晋时期,嵇康的琴曲《广陵散》、桓伊的《梅花三弄》、祢衡的鼓曲《渔阳掺挝》都是名篇佳作。

隋唐时期,掌管音乐的机构叫太乐署、鼓吹署。隋音乐共分为九部,至唐则发展为十部,如宴乐、西凉乐、高丽乐等。这些音乐既有民乐,又有宫廷乐,既有少数民族音乐,又有来自国外的音乐,可谓兼收并蓄,反映了我国传统艺术很强的兼容力以及适应能力。隋唐时期的万宝常、祖孝孙、王长通、唐玄宗都是有名的音乐家。当时有名的乐曲有《春江花月夜》《霓裳羽衣曲》等。隋唐时代的"踏摇娘"和"参军戏"标志着中国戏曲的成熟。"踏摇娘"表现的是苏中郎因落魄而酗酒的事,内中有故事、有唱文、有舞蹈,已具备了戏曲的各种因素。唐代参军戏中，被戏弄的角色称为“参军”。参军戏任意取材，意在对某种事物加以调笑。演员讲究化妆，有了鼓和管弦伴奏，且结合了歌舞，已发展成为有故事、有科白、有歌舞的戏曲了。

宋代民间音乐大盛，音乐更多适合民间娱乐需要，随处可见的城市娱乐场所“勾栏”“瓦舍”之中，词曲歌乐此起彼伏。大批的民间艺人，不断对民间音乐进行创作或再创作，为音乐的发展做出了重要的贡献。各种表演伎艺兴盛，给戏剧注入了各种艺术因素在此基础上，杂剧形成。宋杂剧特指扮演人物和故事的戏曲演出，一般分为四段，角色的划分更加讲究，内容上多以滑稽调笑为主。

元杂剧又称北杂剧、北曲、元曲。元杂剧是在金院本和诸宫调的直接影响之下，融合各种表演艺术形式而成的一种完整的戏剧形式，并在唐宋以来话本、词曲、讲唱文学的基础上创造了成熟的文学剧本。主要代表作家有“元曲四大家”，即关汉卿、马致远、郑光祖、白朴等。主要代表作分别为《窦娥冤》《汉宫秋》《倩女离魂》《墙头马上》等。王实甫的代表作《西厢记》对后世影响深远。

明清时期，官方组织人力研究乐理曲谱，成果显著。明代万历年间著名戏曲家、文学家汤显祖，其戏剧作品《还魂记》《紫钗记》《南柯记》和《邯郸记》合称“临川四梦”，其中《牡丹亭》（又名《还魂记》）最为出色。康熙时的《律吕正义》不但记载了五线谱，还记载了欧洲音乐知识。随着昆曲、京剧、汉剧、湘剧、川剧、黄梅戏等地方戏的兴起，音乐的功能更为突出。自清中叶起，弋阳腔、秦腔、徽调、汉调、山西梆子、柳子腔等地方戏曲先后来到北京，在北京戏曲舞台上竞相争艳、各逞其能。百花齐放的环境之下，各戏曲艺术种类间相互学习、相互借鉴，终于诞生了一种博采众长、深为大众喜爱的新剧种——京剧。京剧形成后，以其卓越的艺术表现能力很快为统治者所赏识，并且于光绪年间进入“盛世”。此时，一大批优秀的艺术表演家活跃于京剧舞台：谭鑫培、汪桂芬、孙菊仙等擅演老生的，俞菊笙、黄月山等擅演武生，梅巧玲、余紫云等专长旦角。20世纪以后，经过一代代京剧艺术表演家的艰苦探索，传统京剧艺术不断发扬。

## 三、中国著名戏曲剧种

中国戏剧种类

### 1. 秦腔

秦腔也称“乱弹”，是现存最古老、最大的剧种，被誉为百戏之源，流行遍及中国西北地区的陕西、甘肃、青海、宁夏、西藏一带。表演朴实、粗犷、细腻、深刻，以情动人，富有夸张性。它的剧目，数目将近3000个，多取材于历史故事，如《列国》《三国》；也有神话、民间故事和各种公案戏（图8-11）。

图8-11　秦腔剧照

2. 评剧

评剧又名“平腔梆子戏”，俗称“唐山落子”“蹦蹦戏”，是中国北方地区的代表戏种之一，主要在华北、东北等地流行。它是在莲花落、蹦蹦戏的音乐基础上，逐步吸收并借鉴梆子、京剧的唱法形成的。传统剧种有：《花为媒》《牧羊圈》《打金枝》《杜十娘》《人面桃花》《玉堂春》《马寡妇开店》等，现代戏《小女婿》《刘巧儿》《金沙江畔》《祥林嫂》《江姐》《洪湖赤卫队》等。

3. 黄梅戏

黄梅戏原名黄梅调、采茶戏，是在皖、鄂、赣三省毗邻地区以黄梅采茶调为主的民间歌舞基础上发展而成。其唱腔委婉清新，表演细腻动人。代表剧目有：《打猪草》《夫妻观灯》《推车赶会》《天仙配》《女驸马》《罗帕记》《赵桂英》《三搜国舅府》等。

4. 昆曲

昆曲，又称昆剧、昆山腔，被联合国教科文组织命名为“人类口头遗产和非物质遗产代表作”。唱腔优美，在演唱上注重对声音节奏速度的控制，讲究咬字吐音，从而形成以缠绵婉转、柔曼悠远见长的独特风格，著名剧目有：《浣纱记——寄子》《宝剑记——夜奔》《鸣凤记——吃茶、写本》《牡丹亭》《渔家乐》《长生殿》等。

5. 京剧

京剧是中国的国粹，它是在徽戏班的基础上，广泛吸收了秦腔、昆曲、汉调等剧种的长处，并结合了北京语音之后形成的新的戏曲艺术表现形式。京剧表演讲究唱、念、做、打并重，常用虚拟动作，重视情景交融，声情并茂。京剧脸谱，是具有民族特色的、以人的面部为表现手段的图案艺术。京剧传统剧目有上千个，流行的有：《将相和》《群英会》《空城计》《贵妃醉酒》《三岔口》《拾玉镯》《打渔杀家》等（图 8-12）。

图 8-12　京剧剧照

6. 越剧

越剧流行于浙东地区，前身是浙江嵊县一带盛行的说唱艺术——落地唱书。越剧借鉴了昆曲、京剧中的舞蹈身段和程式动作，同时也吸收话剧、电影刻画人物性格、心理活动的表演方法，形成自我独特的写意与写实结合的风格。越剧有许多经典的剧目，如《梁山伯与祝英台》《祥林嫂》《西厢记》《红楼梦》等。新中国成立后，越剧还涌现了《五女拜寿》《汉宫怨》《胭脂》《春江月》《桐江雨》《花烛泪》等一批优秀剧目。

7. 粤剧

粤剧又称“广东梆黄”“广东梆子”“广东大戏”，是广东省地方代表戏曲之一。它结合广东本地民间曲调，吸取弋阳腔、昆山腔、秦腔、徽班等地方戏曲的优点，逐渐发展形成，流行于广东、广西、香港和澳门等地。优秀剧目有：《西河会》《双结缘》《雪重冤》《仕林祭塔》《黛玉葬花》《宝莲灯》《平贵别窑》和《赵子龙催归》等。

8. 豫剧

豫剧又称河南梆子、河南高调，俗名“靠山吼”。它是河南省的地方戏曲，流行于河南、陕西、甘肃、山西等地。唱腔吐字清晰、行腔酣畅、节奏鲜明，唱词口语化。常演不衰的剧目有：《对花枪》《三上轿》《提寇》《铡美案》《十二寡妇征西》《朝阳沟》等。

9. 汉剧

汉剧俗称“二黄”，又有“楚剧”“汉调”两种叫法。它为湖北主要的戏曲剧种。主要流行于湖北省境内长江、汉水流域以及河南、湖南、陕西、四川部分地区。现存汉剧剧目数有660多，多是历史演义故事和民间传说等。

10. 川剧

川剧是以昆、高、胡、弹、灯五种声腔为一体而构成的剧种。主要在四川、云南和贵州三省流行。川剧的表演特点是真实细腻，幽默风趣，乡土气息浓厚。川剧的剧目众多，有2000余种。代表剧目有“五袍”“四柱”和“四大本头”之说。

## 本章小结

本章介绍了中国旅游艺术的基本概念、内涵及其功能，并理清了中国旅游艺术的基本发展脉络，系统介绍了书法、绘画、雕塑和戏曲的审美特征和赏析，以及中国民间工艺文化的代表种类，让学生了解中国传统艺术和民间工艺的基本内容。

本章的重点：掌握中国主要传统艺术（书法、绘画、雕塑、戏曲）的艺术特色，使学生初步具备传统艺术品的欣赏。

本章的难点：理解中国艺术文化主要类型的发展历程以及发展现状。

## 思考题

1. 唐代书法艺术成就有哪些？
2. 简述中国古代绘画的主要成就。
3. 京剧为什么被称为中国的国粹？

实训

# 第九章

# 中国服饰文化

**学习目标**

**知识目标**

- 了解服饰的概念。
- 了解服饰的历史演变，掌握服饰演变的规律。
- 了解中国主要少数民族服饰，熟悉少数民族服饰特点特征。

**能力目标**

- 明确学习中国服饰文化的意义所在。
- 能通过不同时期服饰文化基本特征，研究其社会文化。

服饰是人类生活的要素，又是人类文明的一个标志，它除了满足人们物质生活的需要外，还代表着一定时期的文化。服装款式的演变，服装面料的选用，服装颜色的搭配，特定场合着装的选择，均记录着特定时期的生产力状况和科技水平，反映着人们的思想文化、宗教信仰、审美观念和生活情趣，也烙有特定时代的印痕。

## 第一节　中国传统服饰文化概述

服饰，即平时所说的“衣”，狭义的衣仅指身上所穿的，而广义的衣则指的是一切蔽体的织品，包括头衣、胫衣、足衣等。服饰是人类特有的劳动成果，它既是物质文明的结晶，又具精神文明的含意。

服饰是一种文化现象。中国传统服饰文化是中国传统文化的一个重要组成部分，是中华民族乃至人类社会创造的宝贵财富。数千年中国传统服饰文化历经了以原始社会为基础的“自然形态”时期、以阶级社会为基础的“制度形态”时期和以有阶级存在社会为基础的“自由形态”时期三个发展阶段；呈现出了“和谐统一性文化”“标示突出性文化”“种类多样性文化”三大内涵特征。

## 一、中国传统服饰文化演变的三个历史发展形态

中国属四大文明古国之首,素有“衣冠王国”之美誉。几千年来,中国各族人民在长期的生产活动和社会实践中,制造出了许多精美绝伦的服饰,为中华民族创造了光辉灿烂的文化。

以石器时代为基础的“自然形态”是中国传统服饰文化的最初形态。在漫长的原始社会,人们茹毛饮血,大多赤身裸体,不存在服饰。进入石器时代后,人们掌握了制造工具和使用工具的方法,发明了骨锥和骨针,从而创造了原始的服装。约在五千年前,中国出现了仰韶文化,产生了纺织,开始用石陶纺轮把采集来的野麻纤维捻成细线,织成麻布,制成服装。到了殷商时代,随着“蚕”的饲养,人们对丝织技术的熟练掌握和纺织机的进一步改进,“丝”“皂”的出现和提花装置的发明,制造出精美瑰丽的丝绸,服饰文化基本形成。在这一整个无阶级社会发展中,服饰文化的主要特征表现为“自然形态文化”,男耕女织,有什么做什么,做什么穿什么,穿什么是什么,所呈现的是一种简单的文化形式。

随着原始社会的解体,阶级社会的出现,衣冠服饰成了统治阶级“昭名分、辨等威”的工具。中国至西周起就产生了完整的冠服制度。自天子以至卿士,服制各有等差。同时,在统治机构中,还专门设立了“司服”一职,专门掌管服制的实施,安排帝王的穿着。春秋战国之后,随着封建社会的形成,冠服制度被纳入了“礼治”的范畴,成了礼仪的表现形式,“法治”与“德治”并举,自此,帝王后妃、公卿百官的衣冠服制更加详备,等级制度已日益严格。诸如东汉孝明皇帝汉代服制的确定、魏晋时期的法定服制、隋唐服制、宋太祖的新服制以及清顺治九年饬礼部制定的《服色肩舆永例》等,对不同级别不同行当官员的朝服及常服的样式、色彩、质料、图案、纹样等都有了详细的规定,有的还对耆老、兵民、商人的服装也都一一定明。尊卑贵贱,各有分别,制度形态成为这一历史阶段的主要特征。

随着辛亥革命帝制的废除和西方资本主义文化影响的日益扩大,“剪辫发,易服色”的“衣冠服饰”变革如火如荼。康有为的《戊戌奏稿》、民国政府的《剪辫通令》《服制条例》等,有力地推进了这项改革。20 世纪 30 年代后,随着海禁的开放,外国衣料的输入,各大媒体“服装专栏”的开辟,“服装表演”的纷纷举办,使中国服饰文化日新月异。特别是中华人民共和国的成立,人民的当家做主,社会主义的改革开放,以人为本科学发展观的实践,同发达国家的文化交流,使中国的传统服饰文化更加灿烂夺目。这一时代是中国服饰文化最辉煌的时代,其主要特征表现为自由形态的文化,它来源于自然形态,发展与制度形态,又高于自然形态和制度形态。

## 二、中国传统服饰文化的内涵

服饰是构成一个民族的外部特征,故而不同民族的服饰所反映的文化特征也各有差异。中国传统服饰文化历经数千年的光辉发展历程,其内涵是极其丰富多彩的。中国古

代服饰的发展和变化,受儒家思想影响极深,上层社会尤甚。就其文化内涵而言,儒家的伦理道德观念作为“礼”的重要成分,已经渗透到穿衣戴帽的许多细节中。无论是“君子”还是贵妇的服饰,无一不受这种观念的支配,而忠孝思想对服饰的影响几乎波及了社会各阶层。以上这些正是形成中国古代服饰独特风貌的原因之一。

### 1. 儒家礼乐思想

(1)上层社会的服饰礼制

第一,把穿着方式作为一种道德规范。《礼记·曲礼上》:“冠毋免,劳毋袒,暑毋褰裳。”就是说,男子在公开场合免冠、袒衣露体都是不道德的行为。即使天热,也不能把裳(下裙)撩起来。否则,就是常说的“衣冠不整”。古代男子 20 岁行隆重的冠礼,并有字,以示成人。而庶人只能用巾。因此,冠也是士以上阶层的身份标志,一般情况下均不能免冠。“劳勿袒”的袒是指打赤膊或露出上身,这比免冠还要不合规范。除了礼仪中规定的“袒割”、射礼和丧礼有解上衣露肩或臂的情况外,只有自责时才会袒衣,“负荆请罪”就是如此。

第二,视“奇装异服”为大逆不道,严加谴责和禁止。古时称奇装异服为“服妖”,被视为预示人事变乱的不祥之兆。《后汉书·五行志》说:“风俗狂漫,变节易度,则为剽轻奇怪之服,故有服妖”。所以,历代关于禁止服妖的记载时有所见,也有人因此而被杀。《礼记·王制》:“作淫声、异服、奇技、奇器以疑众,杀。”

第三,以服饰象征道德,把穿着与道德教化统一起来。某些服饰的形制或含意用道德标准来加以诠释,使之成为穿在身上的教科书,这可以说是中国的创造,也可从中看出道德教化的细致入微。服装中最典型的是深衣。深衣是一种上下连属的男服,上至君王下至庶人皆可穿着。古制的深衣形制上十分严格,《礼记·深衣》对此有详细规定和说明。服饰佩件中最典型的是佩玉。《礼记·玉藻》:“古之君子必佩玉”“君子无故,玉不离身”,这是因为玉有君子之德。玉佩是君子最重要的服饰之一。行走时,组佩相碰必然“锵鸣”,君子听到玉鸣的“正声”,就不会产生邪念。

(2)下层社会的服饰礼制

历代对民间服饰的禁令屡见不鲜,以形成等级和差别,而且管束很严。“闾有司观出入者,以复于里尉,凡出入不时,衣服不中,圈属群徒,不顺于常者,闾有司见之,复无时”。其中的“衣服不中”,即指衣服与身份不相符者。男子尚且如此,在男尊女卑的时代,对妇女在服饰方面的道德约束只会更加苛刻。

第一,把妇女的服饰与“节操”相联系,强调妇女对男子的从属地位。无论是孔孟还是道学家,都强调妇女的“节操”,甚至视为“妇女第一德”,将其提到与生命等同的高度。据《周礼·天官·内司服》,王后和诸侯夫人有“六服”。六服为尊贵之服,然形制有独特之处。它们都上下相连属,上下不异色,以示妇人“尚专一”。郑注:“妇人尚专一,德尤所兼,连衣裳不易其色。”

第二,以服饰掩盖妇女的形貌,达到“存天理、灭人欲”的目的。中国妇女服装自古代至近代多为宽松型,直线裁剪很难说合身不合身,为的是减弱身体的曲线。女子在酷暑季节也要穿三重衣,不露肌肤、不显轮廓、不能不露出来的头和脸面也要“拥蔽”。汉代有

“面衣”，唐代有幂离四、帷帽，主要是宫中女子外出时御寒、辟尘，也可“不欲途路窥之”。这种服饰逐渐传入民间，演化为“盖头”。到宋代，经司马光、朱熹等人的提倡，真正成了防止妇女抛头露面的工具。司马光在《家范》中要求：“妇人无故，不窥中门”“妇人有故出中门，必拥蔽其面。”男仆入中门，妇女要回避，来不及的用衣袖遮面。女仆出中门也要“拥蔽其面”。元夕观灯“幂首巾”，到医家看病“蒙首入门”，用盖头成了街头一景。朱熹任泉州同安县主簿知漳州时，见妇女无盖头大为不满，下令必须用花布兜面，人称“文公兜”。

第三，以“男女不通衣裳”进一步明确尊卑之分。一般认为，男用女装是极大的污辱，男子穿女装甚至被认为是“服妖”。《晋书·五行志上》所记：“尚书何晏好服妇人之服。傅玄曰，此妖服也。……服妖既作，身随之亡。”女子穿男子之服，更属不祥之兆。夏桀的宠妃末喜曾经戴男子之冠，被认为是亡国之兆：“末嬉冠男子之冠，桀亡天下。”“而桀之放也以末喜”。

第四，用“女功”将妇女约束在狭小封闭的生活圈中。女功也称妇功、女红，即纺织、刺绣、缝纫，是考察妇女是否贤惠的重要功课，列为“四德”之一。妇女自幼就不识字或识字很少，长期被关在家中习女功，否则就是不守本分。各阶层的妇女都以女红为美德，使七月七日“乞巧”的风俗久盛不衰。

### 2. 忠孝思想

除了上述的君子之德和妇人之德，在中国对各个阶层都有深刻影响的伦理道德观念是忠孝思想，它对服饰文化的渗透，可以说是最广泛、也是最深刻的。围绕“孝”和“忠”的观念，中国的服饰形成了许多独具特色的形式。有的是将忠孝观念渗透到文化内涵中去，有的则是将“忠孝”像标签般贴在服饰上，其广泛性是世所罕见的。

首先是维护发肤完整以尽孝道之义。《孝经》强调，身体发肤，受之父母，不敢毁伤，孝之始也。蓄发束发成为中原文化的标志之一，断发、披发、髡发的少数民族都被视为蛮夷等。这种蓄发束发的习俗随着汉民族的形成、发展而播扬到全国多数地区，并延续到明朝末年。清代初年满族朝廷强迫所有汉族男子剃发，形成了两种文化的巨大冲突。不少汉人为维护民族尊严而奋起反抗，引发了许多悲壮的事件，包括著名的江阴、嘉定两城起义，被清兵屠杀者无数。

其次形成完备的丧祭服制度。丧祭是礼的重点，因为人在一生中只能死一次，所以特别重要。根据服丧者与死者的亲疏关系，对丧服服制做出严格的规定，从最粗的生麻布到最细的熟麻布共有 5 个等级的差别，分别是斩衰、齐衰、大功、小功、缌麻，合称“五服”，它标志了直系血缘关系旁系血缘关系的亲与疏、尊与卑的差异。一般来说，服丧者与死者的关系越亲，服制越重，其丧服形式也就越粗糙，以表示悲痛的程度。祭服与丧服有所不同，多精美庄严，属吉服。死人入葬前的礼称奠，入葬后的礼才称祭。天子祭太庙穿冕服。孔子十分重视祭祀和祭服。《礼记》规定，祭器是可以借用的，祭服却不能借。有条件时，首先要做的是祭服。在这里，儒家把祭服与祭祀者视为同一，重视祭服也被认为是一种尽孝道的行为。

3. 等级观念

古语云“衣分三色，食分五等”“君臣士庶，服饰有制”，道出了服饰的等级特征。从夏商周开始，中国逐渐形成了冠服制度，到西周时已基本完善。从此，帝王后妃、达官贵人与黎民百姓，衣冠服饰都有一定的区别。中国服饰文化在质料与色彩上刻意追求，形制观念上严格限定，从而使中国服饰文化远远超出了其实用功能，成为政治伦理观念的承载符号和社会等级秩序的具象表征。

（1）颜色

中国服饰文化的深层意蕴，还表现在其对服制颜色的规定上。在中国古代社会，凡是一个新的王朝建立，都要据此确定本朝运用的历法和崇尚的颜色，以证明自己统治天下是顺承天意、合乎天德，史称这种举动为“改正朔，易服色”。

秦朝水德，“衣服节旗皆上（尚）黑”。西汉汉文帝崇尚土德，服色尚黄。东汉崇尚火德，服色尚赤。魏晋宋齐梁陈，各代服色皆尚黄，以后各代王朝，或沿或改，都有自己崇尚的颜色。隋朝初建，礼仪杂乱，“百官常服，同于匹庶，皆著黄袍，出入殿省。天子朝服亦如之，唯带加十三环以为差异”。唐朝建立之初沿袭隋制，皇帝以黄袍为常服，随后即禁止士庶着黄色服装，此后黄袍成为皇帝的专用服装。所以后来赵匡胤陈桥兵变，做了皇帝，俗称“黄袍加身”。唐代贞观四年（630 年）对服饰的颜色有了明确详尽的规定：一二三品穿紫色，四品穿深绯，五品穿浅绯，六品深绿，七品浅绿，八品深青，九品浅青，其他不入品的杂役、士卒、庶人、商贾等只能穿黑、白二色，从此正式形成了黄、紫、朱、绿、青、黑、白构成的服饰颜色序列，成了封建社会结构的等级标志。

（2）纹饰

传说早在尧舜时代，服饰就有“十二章”之制，即衣服上饰有十二种图案。据《尚书·益被》所说，天子的服装用 12 种图案，诸侯用 8 种，卿用 6 种，大夫用 4 种，士用 2 种，平民和奴隶则没有纹饰。在图案的使用上，上可以兼下，而下不能兼上，等级界限非常分明。帝王和百官参加典礼时都穿冕服，戴冕冠。冕服上衣是黑色，下裳为红黄色，加上五彩花纹。以朝廷冕服为主体的等级标志和文化象征是传统服饰文化的核心。

## 第二节　中国传统服饰发展史

### 一、夏商周服饰

中国古代服饰变迁史

战国时期的《吕氏春秋》《世本》及稍晚的《淮南子》均提道，黄帝、胡曹或伯余创造了衣裳。从出土文物方面考察，服饰史的源头，可上溯到原始社会旧石器时代晚期。在北京周口店山顶洞人（距今 1.9 万年左右）遗址中，发现有 1 枚骨针和 141 件钻孔的石、骨、贝等装饰品。证实当时已能利用兽皮一类自然材料缝制简单的衣服。中华服饰文化史由此发端。

距今约 1 万年，进入了新石器时代，纺织技术发明，服装材料从此有了人工织造的布帛，服装形式发生变化，功能也得到改善。贯头衣和披单服等披风式服装已成为典型的衣着，饰物也日趋繁复，并对服饰制度的形成产生重大影响。在纺织品出现之后，贯头衣已发展为一种定型服式，在相当长时期、极广阔的地域和较多的民族中普遍应用，成为人类服装的雏形。新石器时代除有笼统式服装外，还从一些陶塑遗物发现有冠、靴、头饰、佩饰。

夏商周时期，中原华夏族的服饰是上衣下裳，束发右衽。

殷商时期，从甲骨文中可见的象形文字就有桑、茧、帛等字样，可证明农业在当时的发展。又从出土的商代武器铜钺上存有雷纹的绢痕和丝织物残片等，可见那时的工艺水平的高超和精湛。衣冠服饰随着生产力发展和社会分工，开始打上了时代烙印，成了统治阶级"昭名分、辨等威"的工具。河南安阳出土的石雕奴隶主雕像，头戴扁帽，身穿右衽交领衣，下着裙，腰束大带，扎裹腿，穿翘尖鞋，大体反映了商代服饰的情况。

周代是中国冠服制度逐渐完善的时期。周初制礼作乐，对贵族和平民阶层的冠服制度作了详细规定，统治者以严格的等级服装来显示自己的尊贵和威严。深衣和冕服始于周代。随着等级制的产生，上下尊卑的区分，各种礼仪也应运而生。反映在服饰上，有祭礼服、朝会服、从戎服、吊丧服、婚礼服。王室公卿为表示尊贵威严，在不同礼仪场合，顶冠既要冕弁有序，穿衣着裳也须采用不同形式、颜色和图案。从周代出土的人形文物看，服饰装饰虽繁简不同，但上衣下裳已分明，奠定了中国服装的基本形制，被沿用于商周以后的两千余年封建社会中。

由商代到西周，是区分等级的"上衣下裳"形制和冠服制度逐步确立的时期。商代衣服材料主要是皮、革、丝、麻。由于纺织技术的进展，丝麻织物已占重要地位。商代人已能精细织造极薄的绸子，提花几何纹锦、绮，和绞织机的罗纱。衣料用色厚重。

西周时，等级制度逐步确立，周王朝设"司服""内司服"官职，掌管王室服饰。根据文献记载和出土文物分析，中国冠服制度，初步建立于夏商时期，到周代已完整完善，春秋战国之交被纳入礼制。

## 二、春秋服饰

春秋战国时期，各国间不全遵周制度。七国崛起，各自独立。其中除秦国因处西陲，与其他六国有差异外，其他六国均因各诸侯的爱好和奢侈，以及当时兴起的百家争鸣之风，在服饰上也各显风采。

春秋战国时期织绣工艺的巨大进步，使服饰材料日益精细，品种名目日见繁多。河南襄邑的花锦，山东齐鲁的冰纨、绮、缟、文绣，风行全国。春秋战国时期，不仅王侯本人一身华服，从臣客卿也是足饰珠玑，腰金佩玉，衣裘冠履，均求贵重。古人佩玉，尊卑有度，并赋以人格象征。腰间革带还流行各种带钩，彼此争巧。男女的帽更引人注目，精致的用薄如蝉翼的轻纱，贵重的用黄金珠玉，形状有的如覆杯上耸。鞋多用小鹿皮制作，或用丝缕、细草编成。冬天皮衣极重白狐裘，价值千金。女子爱用毛皮镶在袖口衣缘，还有半截式露指的薄质锦绣手套，异常美观。春秋战国时期的衣着，上层人物的宽博、下层社会的窄小，已趋迥然。

春秋战国时期在服装方面最重要的变化,是深衣的广泛流行和胡服的出现。深衣有将身体深藏之意,是士大夫阶层居家的便服,又是庶人百姓的礼服,男女通用。春秋战国时期的战争促进了汉族宽衣博带、长裙长袍服装的改革。赵武灵王为了军队的战斗力,冲破阻力,下令全国穿游牧民族的短衣长裤,学习骑射,终于使赵国强盛起来。这是中国历史上第一次服装改革,称为"胡服骑射",胡服从此盛行。胡服是指我国北方游牧民族的服装,他们为了游牧骑马的需要,多穿窄袖短衣、长裤和靴子。伴随胡服也传来了带钩,它是用于结束腰间革带的,由于它比革带的扎结方式更加便捷,因而很快就流行起来。

春秋战国时期的衣服款式空前丰富多样,不仅表现于深衣和胡服。此外,乐人有戴风兜帽的,舞人有长及数尺的袖子,有人还常戴鵔角或鹊尾冠,穿小袖长裙衣和斜露臂褶的下裳。这些都与多彩的社会生活相关。

## 三、秦汉服饰

秦代服制,服色尚黑。秦始皇规定的大礼服是上衣下裳同为黑色祭服并规定衣色以黑为最上,三品以上的官员着绿袍,一般庶人着白袍。秦代服制与战国时无大差别,保持深衣的基本形制。

汉代是传统冠服制的确立时期。这一时期的衣料较春秋战国时期丰富,深衣也得到了新的发展。秦汉服装面料仍重锦绣。绣纹多有山云鸟兽或藤蔓植物花样,织锦有各种复杂的几何菱纹,以及织有文字的通幅花纹。西汉男女服装,仍沿袭深衣形式。不论单、绵,多是上衣和下裳分裁合缝连为一体,上下依旧不通缝、不通幅;外衣里面都有中衣及内衣,其领袖缘一并显露在外,成为定型化套装。下着紧口大裤,保持"褒衣大裙"风格。足下为歧头履。腰间束带。汉代的裤是开裆的,裤,古称绔。《说文》:"绔,胫衣也。"《释名·释衣服》:"绔,跨也,两股各跨别也。"由此可见,当时的绔是开裆的,外罩以裳或深衣。后虽然出现满裆裤,但开裆裤仍长期存在。

汉代,随着舆服制度的建立,服饰的官阶等级区别也更加严格。史书列有皇帝与群臣的礼服、朝服、常服等20余种。服饰上的等级差别已十分明显,主要表现在:冠服在因袭旧制的基础上,发展成为区分等级的基本标识;佩绶制度确立为区分官阶的标识。

## 四、魏晋南北朝服饰

魏晋南北朝时期,是我国古代服装史上又一个大转变的时期。由于北方各族入主中原,将北方民族的服饰带到了这一地区。胡服成为社会上司空见惯的装束,一般平民百姓的服装,受胡服的影响最为强烈。他们将胡服中窄袖紧身、圆领、开衩等因素吸收到原有的服饰中来。汉族贵族也在胡服的基础上加以变化,方法是将其长度加长,加大袖口和裤口,改左衽为右衽。但礼服仍然是传统的汉族礼服形式。妇女的日常衣服仍以上身着襦、衫,下身穿裙子。襦、裙也可作为礼服之内的衬衣衫。

魏晋和南北朝时期,等级服饰有所变革,民族服饰大为交融。冠帽已多用文人沿用的幅巾代替，有折角巾、菱角巾、紫纶巾、白纶巾等。魏初，文帝曹丕制定九品官位制度，“以紫绯绿三色为九品之别”。这一制度此后历代相沿杂而用之，直到元明。晋代的首服（冠帽等），除幅巾为社会沿用之外，有官职的男子还戴小冠子，而冠上再加纱帽的称漆纱笼冠，流传民间且男女通用。

南北朝时，北方少数民族入主中原，各族人民错居杂处，政治、经济、文化风习相互渗透，形成大融合局面，服饰也因而改易发展。北方民族短衣打扮的袴褶渐成主流，不分贵贱、男女都可穿用。女子衣着“上俭下丰”。东晋末至齐、梁间，衣着多为襦裙套装，始于汉代，晋代时具有了上衣短小、下裙宽大的特色。足穿笏头履、高齿履（一种漆画木屐），流行一时。同时，大量民族服饰文化也影响和同化了北方民族的服饰。少数民族服饰受汉朝典章礼仪影响，穿起了汉族服装。鲜卑族建立的北魏于太和十八年（494 年）迁都洛阳后，孝文帝推行汉化政策，改汉姓，率“群臣皆服汉魏衣冠”，改革了鲜卑族以往穿着的夹领小袖衣服。史称“孝文改制”，使秦汉以来冠服旧制得以延续，推动了中华服饰文化的发展。

## 五、隋唐服饰

隋唐时期，中国由分裂而统一，由战乱而稳定，经济文化繁荣，服饰的发展无论衣料还是衣式，都呈现出一派空前灿烂的景象。彩锦，是五色俱备织成种种花纹的丝绸，常用作半臂和衣领边缘服饰。特种宫锦，花纹有对雉、斗羊、翔凤、游鳞之状，章彩华丽。刺绣，有五色彩绣和金银线绣等。印染花纹，分多色套染和单色染。

隋唐时期男子冠服特点主要是上层人物穿长袍，官员戴幞头，百姓着短衫。直到五代，变化不大。天子、百官的官服用颜色来区分等级，用花纹表示官阶。武则天当权时规定官服上绣花纹，文官绣飞禽，武官绣走兽。文官一品仙鹤，二品锦鸡，三品孔雀，四品云雁，五品白鹇，六品鹭鸶，七品鸂鶒，八品鹌鹑，九品练雀，未入流为黄鹂。武官一品麒麟，二品狮子，三品豹，四品虎，五品熊，六品七品彪，八品犀牛，九品海马。正因为官服绣有禽兽图案，后来老百姓管不给百姓办实事的官员叫“衣冠禽兽”。唐人善于融合西北少数民族和天竺、波斯等外来文化，唐贞观至开元年间十分流行胡服新装。

隋唐女子好打扮，女装富有时装性，争奇斗艳，又受西北民族影响而别具一格。当时妇女服饰名目繁多，有袄、衫、袍、腰巾、抹胸、裙、裤、膝裤、袜、鞋靴；等等。女子日常服饰，上身多着襦、袄、衫，下身束裙子。裙子以红色最流行，其次是紫、黄、绿色。最时兴的女子衣着是襦裙，即短上衣加长裙，裙腰以绸带高系，几乎及腋下。从宫廷流行开来的“半臂”，历久不衰，后来男子也有穿着的。当时还流行长巾子，系用银花或金银粉绘花的薄纱罗制作，一端固定在半臂的胸带上，再披搭肩上，旋绕于手臂间，名曰“披帛”。唐代妇女的发饰多种多样，各有专名。女鞋一般是花鞋，多用锦绣织物、彩帛、皮革做成。多将鞋头作凤形，尺码同男子相似。宫人侍左右者均着红棉靴，歌舞者也都着靴。

## 六、宋代服饰

宋代服饰大致有官服、便服、遗老服等三式。宋代官服面料以罗为主，宫廷因五代旧制，每年赐亲贵大臣锦缎袍料，分不同花色。官服服色沿袭唐制，三品以上服紫，五品以上服朱，七品以上服绿，九品以上服青。官服服式大致近于晚唐的大袖长袍，但首服是平翅乌纱帽，名“直脚幞头”，君臣通服，成为定制。宋代官服又沿袭唐代章服的佩鱼制度，有资格穿紫、绯色公服的官员都须在腰间佩挂“鱼袋”，袋内装有金、银、铜制成的鱼，以区别官品。“方心曲领”也是朝服的特征，即朝服项间套上圆下方的饰物。宋代官员公服、制服之外的日常便服，主要是小袖圆领衫和帽带下垂的软翅幞头，依然唐式，脚下却改着更便于平时起居的便鞋。宋代遗老的代表性服饰为合领（交领）大袖的宽身袍衫、东坡巾。袍用深色材料缘边，以存古风。东坡巾为方筒状高巾子，相传为苏东坡创制，实为古代幅巾的复兴，明代老年士绅还常戴用。

宋代民间首服，男子流行幞头、幅巾，女子则流行花冠和盖头。妇女发式和花冠，是当时对美追求的重点，最能表现宋代装束的变化。唐及五代的女子花冠已日趋危巧，宋代花冠再加发展变化，通常以花鸟状簪钗梳篦插于发髻之上，无奇不有。

总的来说，宋代的服饰比较拘谨保守，色彩也不及以前鲜艳，给人以质朴、洁净、淡雅之感，这与当时的社会状况，尤其是程朱理学的影响，有密切关系。

## 七、辽金元服饰

辽、西夏、金、元分别为契丹、党项、女真、蒙古族建立的政权，其服饰反映了在与汉民族进行长期文化交流中，各自发扬民族传统的发展轨迹。辽金元时期的服饰有一个共同的特点，既沿袭汉唐和宋代的礼服制度，又具有本民族的特色，各民族服饰再度交流与融合。

辽金男子的服饰多为圆领、袖的缺胯袍，着长筒靴或尖头靴，下穿裤，腰间束带。元代男子的服饰有汉族的圆领、交领袍，也有本民族的质孙服，其形制与深衣类似，衣袖窄瘦，下裳较短，衣长至膝下，在腰间有无数褶裥，形如现今的百褶裙，在腰部还加有横襕。领型有右衽交领、方领和盘领。下穿小口裤，脚穿络缝靴。服色以白、蓝、赭为主。此外，元代服饰在质料上发生了较大变化，由于棉花的广泛种植，棉布成为服饰材料的主要品种。

西夏的党项族妇女多着翻领胡服，领间刺绣精美。辽金男子一般穿窄袖圆领齐膝外衣，足下着长筒靴，宜于马上作战射猎；妇女穿窄袖交领袍衫，长齐足背，都是左衽，正与汉人相反。

辽金政权考虑到与汉族杂处共存，都曾设“南官”制度，以汉官治境内汉人，对汉族官员采用唐宋官服旧制。辽代以丝绸官服上山水鸟兽刺绣纹样区分官品，影响到明清官服的等级标识；金代则以官服上花朵纹样大小定尊卑，品级最低的用无纹或小菱纹的芝麻罗。契丹、女真男服因便于行动，也为汉人采用。

元仁宗延祐元年（1314 年）参酌古今蒙汉服制，对上下官民服色等做了统一规定。汉官服式仍多为唐式圆领衣和幞头；蒙古族官员则穿合领衣，戴四方瓦楞帽；中下层为便于马上驰骋，最时兴腰间多褶的辫线袄子（圆领紧袖袍，宽下摆、折褶、有辫线围腰），戴笠子帽。

元代是蒙古族入关统治中原的时代。其服饰既袭汉制,又推行其本族制度。元朝初建,也曾令在京士庶须剃发为蒙古族装束。蒙古族的衣冠,以头戴帽笠为主,男子多带耳环。然至元大德年间以后。蒙、汉间的士人之服也就各从其便了。妇女服饰,富贵者多以貂鼠为衣,带皮帽。一般则用羊皮和毳毡作衣冠材料。当时的袍式宽大而长,常作礼服之用。元末,因贵族人家以高丽男女的装束为美,又流行起衣服、靴、帽仿高丽式样。

## 八、明代服饰

明代的服饰,大体上沿袭唐制,但宋元服装形式中的某些式样也有保留。朱元璋推翻元朝,建立大明帝国后,先是禁胡服、胡语、胡姓,继而又以明太祖的名义下诏:衣冠悉如唐代形制。明朝的皇帝冠服、文武百姓服饰、内臣服饰,其样式、等级、穿着礼仪真可谓繁缛。崇祯年间,皇帝命其太子、王子易服青布棉袄,紫花布衣,白布裤、蓝布裙,白布袜、青布鞋,戴皂布巾,装扮成老百姓样子出面活动,印证了当时平民百姓的日常衣饰。

明代官员的公服用花来表示。一品官用圆径五寸的大独科花,二品用三寸的小独科花,三品用二寸没有枝叶的散花,四品五品用一寸半的小杂花,六品七品用一寸的小杂花。八品九品没有花。这是上朝奏事、谢恩时穿的。

“凤冠霞帔”是明代朝廷命妇的礼服,霞帔上的花纹根据命妇官位各不相同。明代规定民间妇女只能用紫色,不能用金绣。袍衫只能用紫绿、桃红及浅淡色,不能用大红、鸦青、黄色。带则用蓝绢布。明代的衣衫已出现纽扣。明代妇女的鞋式仍为凤头加绣或缀珠,宫人则着刺上小金花的云样鞋。

## 九、清代服饰

清代的服饰对近现代服装形式影响较大,清代男子服饰可分为三种:汉族传统服装、满族民族服装、外来西洋服装。清代袍的式样,是在汉族传统基础上加以变化,并吸取满族服装特点。清代男子的服饰以长袍马褂为主,此风在康熙后期雍正时期最为流行。妇女服饰在清代可谓满、汉族服饰并存。满族妇女以长袍为主,汉族妇女则仍以上衣下裙为时尚。清代中期始,满汉各有仿效,至后期,满族效仿汉族的风气颇盛,甚至史书有“大半旗装改汉装,宫袍截作短衣裳”之记载。而汉族仿效满族服饰的风气,也于此时在达官贵妇中流行。妇女服饰的样式及品种至清代也越来越多样,如背心、一裹圆、裙子、大衣、云肩、围巾、手笼、抹胸、腰带、眼镜……层出不穷。

清太宗崇德三年(1638 年)曾下令:“有效他国(指汉族)衣冠束发裹足者,重治其罪。”清代又实行逼令剃发易服,按满族的习俗制度实行剃发改服。服饰制度坚守旧制,尤其在男子服饰上,保持满族特点而延续极长的时期。尽管清代三令五申废除明代服饰,然其官服上的补子仍采用了明朝的样制。命妇冠上所缀的金凤、金翟也仍承前制。

清代的官服等级差别主要反映在冠上的顶子、花翎和补服上所绣的禽鸟和兽类。冠饰、束带、佩带物等都以不同形制作等级之分。如清朝冠顶上珠的多少有无,宝石的颜色大小,从皇子亲王到七品芝麻官,都按身份的尊卑贵贱有严格的规定。“顶子”是区别清朝官员品级的重要标识。顶珠的颜色及材料有多种，一品用红宝石，二品用珊瑚，三品用蓝宝石，四品用青金石，五品用水晶，六品用砗磲，七品用素金，八品用阴文镂花金，九品阳文镂花金。顶无珠者，即无品级。如果清朝官员犯法，就要把“顶戴花翎”拿下，表示解除他的一切职务。

清末西洋服装传入，我国的服装才起了重大变化，进入了近现代服装发展阶段。

## 十、近代服饰

辛亥革命结束了2000多年的封建君主专制，中华民族的服饰进入了新时代。西洋文化浸透着中国本土文化，许多沿海大城市，因华洋杂居，得西方风气之先，服饰也开始发生潜在的变革。早期，服装式样变异甚少，民间仍然是长袍马褂为男子服饰，女子则上袄下裙。之后，商业贸易日渐昌盛，洋货大量倾入，羽纱、呢绒、洋绸、花布等充斥市场，使传统的服饰穿着有所变动。外国衣料因价廉渐为人所欢迎，费工费时、工艺考究的滚、镶、嵌、绣等传统手工艺渐渐为衰落，西方缝纫方式开始流行起来。尤其是女性的时装，由于缝纫精制、款式合乎时代潮流，影响尤大。

旗袍的历史与演变

旗袍，脱胎于清代满族妇女服装，是由汉族妇女在穿着中吸收西洋服装样式不断改进而定型的。20世纪20年代至40年代末，中国旗袍风行了20多年，款式几经变化，如领子的高低、袖子的短长、开衩的高低，使旗袍彻底摆脱了老式样，改变了中国妇女长期以来束胸驼背的旧貌，让女性体态与曲线美充分显示出来，适合当时的风尚，为女性解放立了大功。当时作为领导服装潮流的十里洋场中摩登女郎、交际名媛、影剧明星等，在旗袍式样上的标新立异，也促进了它的发展。青布旗袍最为当时的女学生所欢迎，一时不胫而走，全国仿效，几乎成了20年代后期中国新女性的典型装扮。自20世纪30年代起，旗袍几乎成了中国妇女的标准服装，民间妇女、学生、工人、达官显贵的太太，无不穿着。旗袍甚至成了交际场合和外交活动的礼服。后来，旗袍还传至国外，为西方女子效仿穿着。

随着中外交流的加强，五彩纷呈的服装终于冲垮了衣冠等级制度。传统的袍、衫、袄、裤、裙越来越多地接受西方服饰影响，并被许多新品种新款式取而代之。改良主义者康有为于1894年、外交大臣伍廷芳于宣统初年，曾上书改革服制和服式；中国留学生也改穿西装。民国初年出现男子西装革履与长袍马褂并行不悖的局面。穿着中西装都戴礼帽，被认为是最庄重的服饰。20世纪20年代前后出现中山装，逐渐在城市普及。广大农村一直沿用传统的袄裤，头戴毡帽或斗笠，脚着布鞋。女装多为袄裤或袄裙套装。

新中国成立后，服饰崇尚简朴实用。20世纪50～70年代，中山装渐成男子主体服装，此外流行过军便装、人民装；女装受苏联影响，连衣裙风靡城市，此外还流行过列宁装等。改革开放以来，体现时代精神，具有中华民族特色的服饰如雨后春笋般发展起来，百花齐放。

## 第三节　中国少数民族服饰的特点

中华各民族是世界民族大家庭的一个组成部分，除汉族以外的55个民族都是少数民族。我国各民族的文化都有长期发展的历史传统，包括服饰文化在内。从现实的情况来考察，我国少数民族的服饰文化具有下列一般性特点：

第一，我国少数民族种类繁多，分布广阔，且广大少数民族地区长期以来交通不便，互相交流困难，因而民族服饰多姿多彩，服饰文化内容丰富，有取之不尽的服饰资源。

我国55个少数民族，居住在全国两千多个县中百分之七十的县，分布广阔。在这些少数民族中，有些民族又具有众多的支系，如苗族分为红苗、黑苗、白苗、青苗、花苗五大类，其中的花苗又包括了大头苗、独角苗、蒙纱苗、花脚苗等，皆以不同的服饰划分。不但各个民族具有不同的服饰，就是同一民族内也因支系的不同而具有不同的服饰。我国少数民族的服饰无论从质、色彩来看，也无论从式样、搭配来看，都是十分丰富的。

第二，由于自然环境的差异和民族风俗习惯、审美情趣的不同，中国少数民族服饰显示出北方和南方、山区和草原的巨大差别，表现出不同的风格和特点。中国的自然条件南北迥异，北方严寒多风雪，森林草原宽阔，生活在其间的北方少数民族多靠狩猎畜牧为生；南方湿热多雨，山地盆岭相间，生活在其间的少数民族多从事农耕。不同的自然环境、生产方式和生活方式，造成了不同的民族性格和民族心理，也造成了不同的服饰风格和服饰特点。生活在高原草场并从事畜牧业的蒙古、藏、哈萨克、柯尔克孜、塔吉克、裕固、土等少数民族，穿着多取之于牲畜皮毛，用羊皮缝制的衣裳、裤、大氅多为光板，有的在衣领、袖口、衣裳襟、下摆镶以色布或细毛皮。藏族和柯尔克孜族用珍贵裘皮镶边的长袍和裙子显得雍容厚实。哈萨克族的“库普”是用驼毛絮里的大衣，十分轻暖。他们服装的风格是宽袍大袖、厚实庄重。南方少数民族地区宜于植麻种棉，自织麻布和土布是衣裙的主要用料。所用工具多十分简陋，但织物精美，花纹奇丽。因天气湿热，需要袒胸露腿，衣裙也就多短窄轻薄，其风格多生动活泼，式样繁多，各不雷同。总之，风格的多种多样，不同的特点十分突出，构成了少数民族服饰文化的另一个特点。

第三，由于各种历史的、地理的、政治的、经济的原因，中国少数民族直到20世纪中期仍处于不同的社会发展阶段和相应的生产力水平上，由此而带来的差异十分深刻，至今仍未能完全克服，因而少数民族服饰中所表现出来的文化内容具有明显的层次性。

中国少数民族由于各种历史的、地理的、政治的、经济的原因，1949年前，有的已经具有了明显的资本主义萌芽，有的却仍停留在原始公社末期，表现了社会发展的极不平衡。在这方面，被民族学者称为“一部活的社会发展史”的云南省，可以作为一个典型的代表。新中国成立前，在云南24个少数民族中，白、回和部分彝族中资本主义因素已经相当发展；广大的壮、哈尼、纳西、白、彝等民族都已进入了封建地主制；傣族进入了封建领主制；小凉山彝族是比较典型的奴隶制；而相当一部分少数民族如基诺、布朗、景颇、独龙、怒、部分傈僳族、佤族等却仍然停留在原始公社末期；至今，永宁纳西族（摩梭人）仍保留着母系制残余。在别的少数民族聚居省区，这种情况也不同程度地存在，只不过不像云南这样完整和典型而已。这样，少数民族服饰所反映出来的文化内容也就具有层次性。同时,这一层次性还决定了少数民族服饰文化的层次性。有的人有一种误解,好像凡是少数民族服饰中的特出之处都具有“原始性”,都是原始文化的具体表现,是明显地不合乎事实的。对少数民族服饰的层次性,应根据实际情况做出具体分析。

第四,中国少数民族服饰面临着社会全面现代化进程的冲击和改革的要求,一些传统服饰已经发生变化,因此,一方面要抢救服饰资源,另一方面要有目的、有组织、有计划地引导服饰改革,努力做到既保持服饰的民族传统和文化特色,又能适应现代化的生产和生活需要。

新世纪商品经济的发展给原来封闭落后的少数民族山区注入活力,传来了多方面的信息,其中也包括许多现代新潮时装的信息。在这种情况下,中国少数民族服饰文化正面临着巨大的冲击。由于某些少数民族服装用料多,装饰烦琐,工艺复杂,制作困难,穿着不便,难于洗涤,很多少数民族青年人已改穿汉族服装,个别地区甚至已经见不到民族服装。针对这一情况,一方面要积极而紧迫地抢救少数民族服饰资源,以免出现某些富有特色的民族服饰文化的消失;另一方面还要主动地,有目的、有组织、有计划地引导少数民族群众进行服饰改革,组织一些专家学者和服装设计师在广泛听取本民族群众意见的基础上设计出新的民族服装,在保持基本的民族服饰特点的前提下力求大方,美观、简洁、适用,便于生产生活,便于今后组织大规模机器生产,以适应现代化建设的需要。可以说,这既是现阶段中国少数民族服饰文化所需解决的问题,也是现阶段中国少数民族服饰文化的一个特点。

第五,中国少数民族服饰文化长期以来缺乏科学而系统的研究,企盼着理论总结、理论概括、理论积累和理论突破。

长期以来,我国学术界在对民族问题的研究中,偏重民族历史、民族政治、民族经济和民族政策等问题的研究,总把对民族文化的研究当作是“第二性”的问题而予以忽视。对少数民族服饰的研究就更不用说了:或许,当识别民族需要时调查一下服饰;或许,讲道某个民族的生活方式时列举一下服饰;或许,个别研究者出于个人兴趣专门调查过服饰。这样一来,少数民族服饰文化处在一种直观、零散、无序的无理论状态,服饰资料虽多但缺乏归纳整理和理论升华,许多有关问题缺乏科学而系统的研究。因此,我国少数民族服饰文化正企盼着理论总结、理论概括、理论积累,从而出现某些理论上的创新和突破。这既是文化学、文艺学、美学、民族学、人类学、社会学、社会心理学等学科研究和建设的需要,而且也是社会主义现代化建设和服饰改革的需要。

## 本章小结

本章介绍了中国服饰文化,首先介绍中国服饰文化的演变经历了自然形态、发展与制度形态、自由形态发展,并详细阐述了历史不同阶段中国传统服饰的演变,以及中国主要少数民族服饰特点。通过本章学习,可以使学生了解中国丰富的服饰文化,增强学生对服饰文化的理解。

本章的重点:①基本掌握服饰文化的演变;②重点研究中国服饰文化发展

的影响以及中国服饰文化的功能。

本章的难点：综合影响服饰文化发展的因素。

## 思考题

实训

1. 中国服饰文化的演变经历哪几个形态？
2. 简述中国服饰文化历史演变过程及规律。
3. 中国主要少数民族的服饰有什么特点？

# 第十章

# 中国制度文化

**学习目标**

**知识目标**

●了解中国古代各个时期的中央职官制度。

●了解中国古代各个时期的地方官制。

●了解中国古代不同时期的选官制度及其社会背景。

●掌握明清时期科举制度的相关内容。

**能力目标**

●能将职官和选官制度内容应用到对历史知识的再认识,同时将其应用到人文景点的讲解与欣赏过程中。

●对中国古代的科举考试要有一个客观公正的评价。

中国古代制度文化内容十分丰富,包罗万象,包括婚姻制度、家族制度、丧葬制度、官制、兵制、选举及科举制度、礼仪制度、货币制度等,本章重点介绍的是中国古代的中央职官制度、地方职官制度和官吏选拔制度。

## 第一节 中央职官制度

职官是建立国家的必要条件,凡建国家者,必有职官。中央职官是国家政权体系中的首脑,负责制定法律、政策,号令全国。自夏、商、周三代至明、清,几经变化,较为复杂,各个历史时期的职官制度既有各自特点,又相互联系。

### 一、夏商周时期的中央官制

夏王朝建立国家后,也同时建立了与之相应的政权机构。夏王朝的最高统治者称为“后”。《史记·夏本纪》曰:夏“国号曰夏后,姓姒氏。”禹、启又分别称为夏后禹、夏后启。《说文》云:“后,继体君也,象人之形,从口。易曰后以施令以告四方。”后,就是向全国发布政令的国君。

夏代国家政权初创,故官制也比较简单。夏的内服官有三正、六事之人、啬人、太史、羲和等。

"三正"掌管政事,通常有两三个人。"六事之人",是协助夏王掌管军事之人,《尚书·甘誓》记载:启与有扈氏大战于甘,王曰:"嗟,六事之人,予誓告汝。"夏王朝的时期,军事和民事还没有分开,这些"六事之人"既管军事又管民事。啬人负责征收贡赋,太史负责记事,羲和掌管历法。

除这些国家的官员之外,还有一些直接为夏王服务的家臣。如御龙(负责养蛇)、车正(负责车辆)、庖正(负责饮食)、牧正(负责畜牧)等。

公元前21世纪,禹传子启,夏朝建立,世袭制代替了禅让制。夏朝是我国历史上第一个奴隶制王朝,它的建立,标志着我国的历史进入了文明时代。

商代,最高统治者仍称王,又称"一人""予一人",与后代帝王所自称的"寡人""孤"的意义相同,就是天下只有我一个人,再也没有第二个人像我一样有权势了,以表示其唯我独尊的地位。

商王之下,还有一整套的职官。《尚书·酒诰》记周公叙述殷朝官职时云:"越在外服:侯、甸、男、卫邦伯;越在内服,百僚、庶尹、惟亚、惟服、宗工,越百姓里君。"内服,就是在王朝服务的官职;外服,就是殷王畿外服役的职官。服,事也,即服王事之意。

商王朝的内服官,大体上可以分为三类,即:史官、文职官和武职官。

史官的名称有卜、多卜、作册、史等,主管占卜和祭祀。在商代的国家机构中,巫史的地位最为重要,他们被视为神的意志的体现者,对政事往往具有实际的决定权。

文职官的名称有尹、多尹、臣、小臣、多臣等。尹是商王之下地位最高、权势最大的官员。如伊尹,是辅佐商汤的重要官员。多尹是次于尹的高级政务官。多尹之下,有众多的臣,如王臣、小王臣等,多臣是其总称。王臣居王左右,而小王臣多在地方。

武职官的名称有马、多马、亚、多亚、射、多射等。马和亚是官职比较高的武官,和商王的关系比较密切,马负责征伐或狩猎,亚负责保卫商王的安全。射、多射主要是管理特种部队。

西周时期,周王又称"天子",是国家最高的统治者。既是内服百官——"卿事寮"的最高首领,也是外服官——"诸侯"的共主。在从理论上讲,周王具有至高无上的权威,居于宝塔式等级的顶端;但实际上,由于西周时期各种政治措施还不完善,专制主义还未形成,周天子的权力还未达到绝对专制的权威。

"内服",是西周王朝的实际控制区。内服官有卿事寮和太史寮两大系统。卿事寮是王朝卿士及下属百官。主要有三公:即太师、太傅、太保,合称"三公"或"师保"。保的地位非常显赫,既是周王的辅弼重臣,又是最高的执政官,周初的太保是召公奭;太师是一种军事长官,负责指挥军队、参加战争等,如太公姜尚就被尊称为"师尚父",《周礼》中的"太师"是乐官;太傅是教养太子以明君臣父子之道的官职。成王时,周公为太师,召公为太保,共同辅佐年幼的周王。

三公之下,主要的政务官有"三事大夫""三有司"。三事大夫指司徒、司马和司空。司徒掌管农业的和田地的分配等;司马掌军事;司空,即司工,掌管工程营建。他们是较高级的政务官,遇有战事,又成为统兵官。

太史寮包括史、卜、祝等官。周代的宗教职能在政权机构中大为削弱,史官的地位则有了很大的提高。史官有太史、内史、小史、外史等。太史掌管天文历法的观测制订,收藏和整理文献典籍,教育贵族子弟。内史负责起草诏令,成为周王的近臣。另有小史、外史等为辅政人员。太卜、太祝为负责占卜、祈祷的官员。

西周官制逐渐完善。三公六卿的设置,使西周王朝既有辅弼天子的重臣,又有管理国家军事、土地、工程、司法、官吏升黜、文书典册、祈祷占卜的重臣。这些大臣皆为周天子所任命,又必须为周天子竭诚服务。周天子通过这些重臣去控制全国的臣民。

西周王朝的职官是世袭的,如西周初年,周公、召公二人在王朝执政。《史记·周本纪》云:"召公为保,周公为师。"周公、召公各有长子分别被分封在鲁国和燕国为国君;除此以外,周、召二公各有后裔在周王朝世袭为师、为保,亦称周公、召公。《左传》中还常见东周王室的周公、召公的活动。见于《左传》的周公、召公是西周初年武王之弟周、召二公的后代裔孙。其他官职如太史、太祝、太卜及司马、司空、司徒等官职亦是世代相袭。

春秋战国时期是中国历史发生巨变的时代,各诸侯国逐渐由分封分权制向中央集权制过渡。春秋前期,各国的主要执政官和政务官统称为卿,平时负责政务,战时指挥军队。在官员的任命上,仍然实行世卿世禄制。到春秋后期,各国相继出现了文武分职,开始向官僚制度过渡。

战国时期,自魏国开始,各国都进行改革变法,废除世袭制,采取任用贤能的政策。国君世袭,而军功、事功大臣不世袭,这本身就是对国君权力的加强。战国时期,诸侯各国还用限制封君,限制贤能之士,控制军权、法律等形式加强国君的权力,从而使诸侯国的王权走向专制。

具体来看,各国都建立了以相将为首的一整套官僚机构。相,也称相国、丞相、宰相等,为百官之长,辅佐国君处理国家政务。将,又称将军、上将军或大将军等,统帅全国军队,地位仅次于相。如齐威王时,任邹忌为相,田忌为将。赵国的蔺相如为相,廉颇为将。秦国称相为大良造,楚国称相为令尹。在相将之下,设有负责专门事务的尉和御史。尉是次一级的武官,御史则相当于国君的秘书。战国中期,国君对各级官吏已经采取俸禄制,以一定数量的粮食作为官俸。俸禄制度的推行,有利于国君对各级官吏的控制,可以随时任免。

## 二、秦汉时期的中央官制

公元前221年,秦始皇统一六国,建立了中国历史上第一个封建中央集权制国家。秦始皇改"王"为"皇帝",自称"朕",命为"制",令为"诏",印称"玺",以及其他严格的礼仪、服饰、避讳制度,都表示他与普通人不同,被加以神化。作为新帝国的最高政治代表,皇帝从此拥有至高无上的权力。

秦中央机构是以丞相为首的官僚制。所谓的"三公九卿"各有自己的一套机构和职能以处理日常政务,都直接对皇帝负责,皇帝拥有最终的裁决权。这些官僚可由皇帝随时任免,概不世袭,是这一时期官僚制度的特点。秦代的中央行政机构主要由"三公"和

“九卿”组成。

“三公”即丞相、太尉和御史大夫。丞相为最高的行政长官，承天子之命，统率百官，执行政务，多设左右两员。太尉为武官之首，掌管武官的任命黜陟，但至于调兵权，则由皇帝掌握。御史大夫为丞相之副，辅佐丞相处理政务，同时负责监察“百官”，牵制宰相，是皇帝的耳目和心腹。

三公之下，又设“九卿”，主要有：奉常，掌宗庙祭祀礼仪；郎中令，掌宫廷警卫；太仆，掌皇帝舆马及苑牧；卫尉，掌宫门卫屯兵；廷尉，掌司法，为全国最高的审判机关；典客，负责处理少数民族事务及外交；治粟内史，管理国家钱谷、租税等财政的收入和支出；宗正，管理皇族亲族内部事务；少府，掌宫廷总务和山海池泽之税，以为君主私藏。

秦始皇设置的三公九卿，为建立中央集权的封建国家制度奠定了基础，对以后历代封建王朝的政治制度都产生了深远的影响。

西汉建立后，其中央政府机构大致沿袭秦朝，在中央也实行三公九卿制，只是个别职官名称有所变更。即将奉常改名为太常，郎中令改名为光禄勋，典客改名为大鸿胪，治粟内史改名为大司农等。

汉武帝时为加强皇权，选用一批地位较低的官吏作为自己的高级侍从和助手，参与朝政，替他出谋划策，发号施令。这些人被统称为“内朝官”，以与行政系统的“外朝官”相对。这样，由尚书、中书、侍中等组成的“内朝”成为实际的决策机构，而以丞相为首的“外朝”则成为处理一般事务的机关。内朝官的形成，削弱和取代了朝臣的一部分权力，使皇权得以进一步集中。

东汉时期，光武帝刘秀为加强中央集权，一方面削弱三公的权力，另一方面扩大尚书台的权力。尚书台原系掌管皇帝秘书事务，负责公文发放的机构，资浅任轻。但因尚书一职官卑品低，易于驱使，西汉末年逐渐得到皇帝的重用，至东汉演变成为处理国家政务的办事机构。尚书台置尚书令、尚书仆射各一人，下设尚书六人，分管六曹事务。从此，一切政务均由尚书台处理。“虽置三公，事归台阁（尚书台）。自此以来，三公备员而已”。秦汉以来无所不统的三公成为名义上的政府首脑，尚书台则成了皇帝发号施令的执行机构。

## 三、魏晋南北朝时期的中央官制

魏晋南北朝时期，是中国历史上第二次社会大动荡时期，政权更迭频繁，国家机构也经历一个大的调整，即由秦汉时期的三公九卿制逐渐向三省六部制过渡。

三国时期的中央职官，基本上是沿袭东汉，但也有一些变化。三国中以魏国的官僚体系比较系统。太尉、司徒、司空合称“三公”，但“希与朝政”，只是顾问咨询的机构。负责处理全国行政事务的是尚书台，以尚书令、左右仆射为长官。下设吏、左民、客、五兵、度支五曹，分管各方面的事务。各曹以尚书领之。尚书令、左右仆射、五曹尚书合称“八座”。又设“中书省”，以中书令为其长官，掌管机密。另设秘书省，负责艺文图籍，以秘书监为长官。从曹魏开始，御史台成为独立的机构，为中央监察机关，长官为御史中丞。

两晋时期，丞相为全国最高行政机构，由诸王或有权势的士族来担任。丞相以下，设有八公：太宰（太师）、太傅、太保、太尉、司徒、司空、大司马、大将军。但实际上处理中央政务的机关是尚书台，长官为尚书令、尚书仆射。下置五曹或六曹，分管各方面的具体工作。设中书省掌管机要，长官为中书监、中书令。又设门下省，以侍中、给事黄门侍郎为长官，为皇帝出谋划策，参与机密。

南北朝的中央官制大体上是沿袭汉魏和两晋旧制，三公九卿制已完全衰落，“三公”有职无权，“九卿”与尚书机构重叠，成为尚书的下属。三省六部制逐渐形成。中书省的长官为中书监、中书令各一人，主要职责是代皇帝起草诏书，出谋划策。门下省的长官为侍中，主要职责有两项：平决尚书奏事和复核诏书。尚书省为全国的行政中枢，长官为尚书令、尚书仆射，分领诸曹。

总的来看，魏晋南北朝时期的官制，行政机关重叠错杂，职官名称杂乱无序，反映了这一时期割据对峙的时代特点。

## 四、隋唐时期的中央官制

隋唐时期是三省六部制度确立的重要历史时期。

公元581年，北周丞相杨坚废掉年方8岁的周静帝，登基称帝，建立隋朝，对中央职官制度进行了重大的改革。宣布废除北周模仿《周礼》所置的六官，恢复汉魏旧制，设置三师、三公、五省等中央机构。三师三公用以待勋闲，五省中秘书省位高职闲，内侍省是管理宫廷内部事务的宦官机构。因此，真正担负国家政务的是尚书、内史、门下三省。尚书省为全国最高的行政机关，“事无不总”，长官为尚书令、左右仆射，下设吏、礼、兵、度支（后改为民部）、都官（后改为刑部）、工六部。吏部掌文官的选授、考课；礼部掌学校、礼乐；兵部掌军籍舆马；都官掌刑政司法；度支部掌财税出纳；工部掌工程营造。六部分掌全国政务，自此定型。内史省为决策机构，负责起草诏书，长官为内史令。门下省为审议机构，长官为纳言。三省长官都是宰相。

三省六部制度从汉以来逐步沿革而形成，到隋始定型，这是中国官制史上的重大变革，后虽几度改变，但其影响一直在封建社会后期的千余年间存在。

此外，还设有监察官、十一寺、国子监等，以及掌管禁卫兵的左右卫十二府，及勋爵、散官等制。

唐沿隋制，以三省六部为中枢政务机构，但也有所变革：①将内史省重新改为中书省，长官为中书令，并将门下省的长官纳言重新改为侍中，职责与前相同。②因唐太宗李世民曾担任尚书令，后来虽仍有此官名，但不实授。左、右仆射成为尚书省实际的行政长官。③为避太宗李世民的名讳，改民部为户部，职责相同。

三省六部制从汉代经南北朝的发展至隋朝定型，经历了长期发展过程，这一发展过程是皇权日益集中的表现。

唐代职官制度

唐初，三省长官在一起共议国政，议事的地方叫政事堂。因三省长官地位太高，不易控制，往往不轻易授人，唐初皇帝即常常指定自己信任的、品级较低的官员参加政事堂会议，这些品级较低的官员一般要给个“参知政事”，“同中书门下三品”，“同中书门下平章事”等名号，说明他们是真宰相。唐高宗以后，尚书左、右仆射也要加“同三品”名号，才能参加政事堂会议，否则就不再是宰相。这一趋势影响及中唐以后至北宋。

五代的官制基本沿袭唐代，相差无几。

## 五、宋辽夏金元时期的中央官制

960年，北宋建立，结束了五代十国的分裂局面。但宋的统一只是局部的，与两宋同时并存的还有契丹族建立的辽朝、党项族建立的西夏、女真族建立的金朝，以及后来蒙古族建立的元朝。

宋朝的官制十分复杂，既继承了隋唐以来的三省六部制，又创立了自己特有的官职差遣制。

宋朝建立之后，为加强中央集权，采取一系列的措施。首先是分割宰相的权力，在宰相之下设参知政事作为副职，与宰相合称"宰执"。宰执办公地点称政事堂，又称中书或中书门下，为最高行政机构。设枢密院为全国最高的军事机构，简称"枢府"，长官为枢密使、副使。政事堂和枢密院分掌政军大权，合称"二府"（政府、枢府）。设三司掌管财政大权，地位仅次于中书门下和枢密院，长官为三司使、副使，又称"计相"，下辖度支部、盐铁部、户部三部。枢密使、三司使的权力和宰相不相上下。这样，本来是"事无不统"的宰相，只剩下有限的权力，而且还要受到参知政事的牵制。

为加强对军队的控制，禁军不再设最高统帅，罢去殿前都点检、副都点检和侍卫马步军正副都指挥使的职位。禁军分为"三衙"（又称"三司"），即殿前司和侍卫马军司、侍卫步军司。三衙各设都指挥使、副都指挥使各一员，其将领任用一些资历较浅、容易驾驭的人来担任。这些将领虽然统率军队，但军队的调遣和移防等权力则归枢密院。同时，宋朝还实行"更戍法"，禁军的驻屯地点，每隔几年就更换一次，而将领却不随之调动，使得"兵无常帅，帅无常师"，从而结束了武人专横跋扈的局面。

宋朝的监察制度出现了台谏合流的趋势。御史台和谏院的官员，多以德高望重者充任，由皇帝亲自选拔，避免与大臣发生人事关系，动辄弹劾宰执百官，被皇帝视为耳目。

另外，宋朝的文官通常都具有官、职、差遣三种职衔。官，指三省、六部及寺监、节度使等各种官称，如尚书、中书舍人等，但这官称只有定禄秩、序位次的意义，并不管本机关的事务。职，指馆、阁、殿的学士、直学士、待制等，并不任实职，只是对有名望的高级官吏的荣誉称号。只有"差遣"才是官员实际担任的职务，差遣职务名称前通常都带有"判、知、同、提举、提点"等字，如无"差遣"，就成为只领俸禄而无职事的闲官。

契丹人建立的辽朝，采取"因俗而治"的方针，即"以国制治契丹，以汉制待汉人"。从朝廷到地方都设有两套平行的政权机构——北面官和南面官。北面官又称辽官，由契丹贵族担任，治理契丹本部和其他游牧、渔猎部族事务。南面官又称汉官，管理汉人和渤海人事务，长官由契丹贵族、汉人和渤海人中的上层担任。

1115年，女真人首领完颜阿骨打称帝，金国建立。建国之初，金还处于奴隶社会阶段，中央实行"勃极烈"制，"勃极烈"是女真语，意为"治理众人"，是女真族早期奴隶制政权带有氏族制残余的贵族议事制度。在皇帝之下，设勃极烈四人，组成最高统治机构。金国初期的勃极烈，权力极大，可左右皇帝的决定，皇帝的继位，也须由勃极烈拥立。

为加强中央集权，到金熙宗（1136—1149 年在位）时，对中央官僚机构进行改革，废除勃极烈制，改用汉官制度。在中央设尚书省，以尚书令、左右丞相、平章政事为宰相，尚书省下设六部，分理朝政；设御史台为最高监察机关，监察百官，长官为御史中丞。完颜亮即位时，设枢密院主管军事，中央集权得到进一步加强。

1138 年，元昊建立西夏时，尚保存有军事民主制的遗风。后在汉文化的影响下，逐渐向封建制转化。在中央设置中书省、枢密院、三司使司和御史台，分掌行政、军事、财政和监察。

元代中央行政机构主要分为四大系统：即管理政务的中书省，管理军事的枢密院，监察百官的御史台和管理宗教、吐蕃事务的宣政院。

中书省又称都省，为总理全国政务的最高行政机构，长官为中书令，一般由皇太子兼任。而实际执政的长官为左右丞相。下设平章政事 4 人，左右丞各 1 人，参知政事 2 人。中书省下辖吏、户、礼、兵、刑、工六部，各置尚书、侍郎，分掌各方面政务。

枢密院，简称枢府、密院，为中央最高的军事机构。设枢密院事（知院）为其长官，下设同知、副枢、佥院等官，分管院内外的军政事务。

御史台，又称中台、内台、宪台。为最高监察机构。长官为御史大夫，下设中丞、侍御史、治书侍御史等职，分管总台和所属各部门的监察事务。

宣政院，掌管全国佛教事务和西藏地方的行政事务，最高长官为宣政使，由“国师”，即西藏的大喇嘛担任。

## 六、明清时期的中央官制

明清时期，封建君主专制达到了顶峰，皇帝及其御用谋士总结了历代的统治经验，消除各种对皇权不利的因素，从而形成了高度中央集权的专制统治。

明初，仍沿袭元朝的制度，在中央置中书省、大都督府、御史台三大机关，分掌行政、军事、监察大权。中书省设左右丞相，总理吏、户、礼、兵、刑、工六部。为加强皇权，朱元璋采取了一系列的措施：

洪武十三年（1380 年），明太祖朱元璋废除丞相一职，把丞相的部分职权分给六部，政令由皇帝主持，皇帝集国家元首、政府首脑（总理）于一身。由于丞相的政务繁重，皇帝把本应丞相承担的事务包揽过来后，不得不抽调一些官员做秘书分担一些工作。于是又设立了内阁制度，挑选数名文人担任华盖殿、武英殿、文渊阁、东阁等殿阁大学士，协助皇帝批阅奏章，以备顾问。初期的内阁只是一个辅助性的办事机构，大学士为五品小官，不过是皇帝身边的文书工作人员而已。到明成祖朱棣统治时期，内阁以及大学士的职权发生了实质性的变化，虽然大学士的品秩仍不高，但开始参与机务。仁宗时，始用六部尚书、侍郎兼殿阁大学士，阁权始大，负责起草和批复奏章的“票拟”任务。到世宗嘉靖时，阁臣的地位进一步升高，而有宰臣、宰相、辅臣、宰辅之称。其职权已相当于以前的丞相。在内阁辅臣中，又有首辅、次辅和群辅之分，内阁首辅俨然就是汉唐时期的丞相。

明初最高监察机关为御史台，1382 年改称都察院，以左右都御史、左右副都御史为其正、副长官，负责弹劾百司。下设十三道监察御史，分别监察全国各地的官员。并不时派巡按御史监察地方，巡按御史官阶虽低，不过七品，但权力极大，大事奏裁，小事立断。又分设六科给事中，负责稽查在京各部。

明朝又设大理寺，负责司法案件的复审和重大案件的最后判决，与刑部、都察院合称三法司，三者互不统属，以防四方全被刑部所专，大理寺长官为大理寺卿，正三品。

清朝的中央机构多沿用明制，但也有自己的特色。

清初的最高权力机构是议政王大臣会议，又称“国议”，权力极大。创立于清统治者入关前，由八旗旗主和总理旗务大臣组成。凡军国大政，皆由议政王大臣会议讨论和决定。随着入关后形势的变化和发展，“国议”的存在不利于皇权的加强，康熙帝时在宫内设南书房，以削弱议政王大臣会议的权力。最终于乾隆年间裁撤。

清雍正七年(1729 年)，为处理西北紧急军务，雍正在宫中设立军机房。1732 年，正式改称军机处，军机处的成员为军机大臣，由皇帝在满、汉大学士和各部尚书、侍郎中选派亲信担任，完全听命于皇帝，承旨办理机务。军机大臣成员若干人，为首者称首席军机大臣，亦称“领班”“首枢”。其他成员有军机大臣、军机大臣上行走、军机处上行走、军机章京等。皇帝通过军机处拟订、下发谕旨，直接下达地方督抚的，叫作“廷寄”，交给内阁、部、院的，叫作“军机处”军机处的设立，使皇帝集大权于一身，这表明封建君主专制主义的中央集权制度达到了空前的高度。

清初，曾仿明制，在中央设立内三院(内国史院、内秘书院、内弘文院)，1658 年，改内三院为内阁，为全国最高行政机关，设内阁大学士满、汉各二人，协办大学士满、汉各一人。其职责一如明朝，不过权力要比明朝小得多。

清朝中央政府的其他机构和明朝设置一样，吏、户、礼、兵、刑、工六部为中央政府的执行机关，职责与明朝基本相同。只是另设理藩院，专门掌管蒙古、西藏和新疆各地少数民族事务；内务府，专管宫廷事务，长官为总管大臣，由满族贵族王公大臣担任。

第二次鸦片战争后，1861 年，根据恭亲王奕䜣等的奏请，正式设立“总理各国事务衙门”，简称“总理衙门”，负责对外通商和交涉事务。其官职仿军机处体系，其组织为：①领班一人。②总理大臣无定员，由军机大臣兼。③下属章京若干人。1901 年《辛丑条约》签订后改名为“外务部”，班列六部之首。

清代新设内务府，掌管皇帝家务。其长官为总管内务府大臣，由满族贵族王公担任。历代皇帝家务皆由宦官管理，清代这一改革，排除了宦官对皇权的干扰，杜绝了宦官专权之祸。

## 第二节　地方职官制度

### 一、夏商周时期的地方官制

关于夏代地方职官制度，由于史料缺乏，因此我们在此暂不进行介绍。

商代，在王畿外，商王派有侯、甸、男、卫、邦伯外服官进行统治。侯、甸、男、卫、邦伯多是臣服于商王朝的部族方国首领，都有自己的土地和人民，领地世袭，拥有武装力量。

对商王有进贡、纳税、服役、随军出征的义务。见于记载的殷代侯，如《史记·殷本纪》有“鄂侯”“九侯”“应侯”“崇侯虎”；伯，有“西伯”，周文王曾为“西伯”。周季历曾为“殷牧师。”“甸”，徐中舒先生认为，金文《矢令彝》和《大盂鼎》皆作“田”，实指田猎而言。“甸”服必须向殷商王朝献纳猎获物，同时还要兼营粗耕农业。“男”，又与南通，指殷商王朝以南的臣服方国。“卫”“为王捍卫也”，指殷王的禁卫军。商代的统治阶级，主要就是依靠外服官来维护对被征服地区的统治。

西周灭商以后，对中央王朝直接控制以外的广大地区——“外服”，分封给亲族、功臣等做诸侯。诸侯国主要可分为：同姓，即姬姓诸侯国；姻亲，即和周王朝有婚姻关系的诸侯国；先代之后，即夏商及尧舜的后裔；还有一些是原来就存在的方国部落，或在殷商末期就投靠周族，周王朝因其故地而封的诸侯国。诸侯将部分封地作为“采邑”分封给卿大夫。卿大夫再将其采邑的一部分作为“食地”分封给属下的士。天子、诸侯、卿大夫、士之间有着严格的隶属关系，此即《左传·桓公二年》所说的：“故天子建国，诸侯立家，卿置侧室，大夫有贰宗，士有隶子弟。”西周时期，王室对于诸侯有很大的权威，诸侯要定期朝见天子，担负着镇守地方、缴纳贡赋、朝觐谒见等义务。如果诸侯不履行自己的义务，轻者受到谴责，重者则要被处死，收回封地。

到春秋后期，地方行政机构逐渐由采邑制变为郡县制。最初是县大郡小，如《左传·哀公二年》记载：赵简子在作战前动员时说：“克敌者，上大夫受县，下大夫受郡。”郡主要设立在边境地区，担负着防戍的责任。县郡的长官由君主直接任命，军队也由君主统一调动。到战国时期，郡县制得到普遍推行，郡逐渐成为县以上的地方行政机构。郡的长官叫“太守”，以武官充任；县的长官为县令，下设丞、尉，分管民政、军事。郡县制得到普遍建立，加强了国君对地方的控制，标志着中央集权制的最终形成。

## 二、秦汉时期的地方官制

秦的地方行政彻底废除分封制，全面推行郡县制。郡的最高行政长官为郡守，掌管一郡的民政、监察、财政和武事等。郡守之下，设郡尉，辅佐郡守掌管军事；又设监御史，隶属于御史中丞，是中央监察地方之官。郡尉和监御史并不是郡守的下属，都直接听命于中央。

郡下设县，万户以上的县设县令，不足万户的设县长。县下设乡，乡设啬夫、三老和游徼等职官。啬夫负责征收租税和征发徭役；三老掌教化；游徼负责巡察盗贼。乡之下有亭、里。亭设亭长，里有里正，里之下还有什和伍，是秦朝进行统治和剥削的最基层的社会组织。

西汉初年，在地方上曾实行分封制，形成郡国交错的局面。汉武帝为加强对地方的控制，把全国划分为13个监察区域，叫十三州（部），每州设刺史一人。刺史每年8月巡视所辖区，以“六条问事”之权监察地方。刺史“位卑而权重”。十三州（部）刺史的设立，加强了中央对地方的控制。

东汉地方政权机构的变化，将州的地位由监察区域变为郡以上一级的地方政权，成为地方上最高的行政机构，刺史由原来的监察官变为州一级的地方长官。刺史处理地方政务，不通过三公，直接上报给皇帝，使地方郡县直接置于皇帝的统治之下。

## 三、魏晋南北朝时期的地方官制

魏晋南北朝时期的地方行政机构为州、郡、县三级。州置刺史，郡置太守（京师所在的郡称“尹”），这时期的州郡长官，大都兼领军事。县大者置令，小者置长。县下设乡，三国时魏国大乡置有秩、三老，小乡置啬夫。两晋时五百户为一乡，三千户为二乡，五千户置三乡，万户以上置四乡，乡置啬夫一人。

## 四、隋唐时期的地方官制

隋初地方上分州、郡、县三级。583年，隋文帝下诏废除“郡”级建制，改行州、县二级制，同时大力合并州、县数额。合并以后，全国设190州、1255个县，每郡约辖六七县。这有助于节约开支，提高行政效率。炀帝时又改州称郡。

为了加强中央对地方的控制，隋朝废除了汉魏时地方长官自行任免属官的制度，在北齐北周的基础上，规定全国范围内“大小之官，悉由吏部”，史称，“自是，海内一命以上之官，州郡无复辟署矣”（《通典》）。而且推行乡贯回避制，县佐（即县丞）以上地方官员须“尽用他郡人”。这是我国历史上第一个明确规定副县级以上官员回避在本地做官的法令。同时还规定：州县的主要属官实行定期轮任制，一般三年或四年一替，目的是防止地方官员在家乡任职，或久居一地带来的任情废法等危害。地方官还不许携带父母及15岁以上儿子赴任。这些都有助于防止地方豪强把持本地政务。

实行中央统一任命地方官员，并运用“上考课”（汇报工作，又称“朝集”）、派使巡察等考核评估制度进行赏罚，这些对限制地方豪强势力，整顿吏治及加强中央对地方的控制，是有重大意义的，其改革措施对后世产生了深远影响。

唐仍实行州、县两级制（玄宗时一度改州为郡）。州设刺史、县设县令。县下设乡，乡下有里。为加强对地方的控制，唐太宗时，根据山川地理形势，把全国分为关内、河南、河东、河北、山南、陇右、淮南、江南、剑南、岭南十道。唐玄宗时，又将全国划为十五道，皆为监察机构。皇帝经常派巡察使、按察使等官员巡视各道、州、县等，监察地方，又在边境地区，集数州为一镇，设节度使一职。道在唐朝中后期演变为行政机构，成为高于州的一级行政机关。每道皆置观察使，雄藩重镇则带节度使，掌管地方上军政、民政、财政、司法等大权。原来的州县二级建制实际上变成了道（镇）、州、县三级建制。

## 五、辽宋夏金元时期的地方官制

宋代的地方行政系统，分为路、州（府、军、监）、县三级制。路，由唐代的道演变而来，为地方最高一级政权，全国共分为十五路（后有增加），主要机构为四司，即安抚司，简称“帅司”，长官为安抚使，负责军事指挥；转运司，简称“漕司”，长官为转运使，负责财政；提点刑狱司，简称“宪司”，掌管司法，以提点刑狱公事为长官；提举常平司，简称“仓司”，掌管常平仓和盐铁茶专卖,长官为提举常平使。四者之间互不统属,各自对皇帝负责。将地方最高权力一分为四,以防止揽权自重。在四司当中,除安抚司为军事机构外,其余三司皆由文官担任,又有“监司”之称,有行政监察职责。

府、州、军、监为同级的地方行政组织。长官分别为知府事(知府)、知州事(知州)、知军事(知军)、知监事(知监)。首都、陪都称府,要冲之地设军,监多设在矿区,其他地方设州。除主要长官之外,为限制其权利,宋代另设通判,权力很大,可以直接向皇帝奏事,既分知州职权,又是皇帝的耳目,因而有“监州”之称。县设“知县”,其他官员有县丞、主簿、县尉等。

辽的地方行政组织,除“南面官”和“北面官”系统外,还实行“头(或称‘投’)下军州制”。这种州县是为战争中掳掠的渤海、汉族人口而设置的,民户少则千人,多则四五千人,被称为“头下户”,分给辽的宗室、外戚、大臣和所属部族首领中有战功的人。一面依附本主,一面依附辽政府。他们从事生产,既要向主人缴纳赋税,又要向辽政府纳税。后随着中央集权的加强,这些“头下军州”就逐渐变成中央政府控制下的州县。

在汉文化的影响下,西夏在地方上也实行州县二级制,其直接统治下的有22个州,州设州主、通判等。

金国建立之初,在地方上推行“猛安谋克制”。猛安谋克原是女真人在氏族社会末期的部落组织,规定300户为一谋克,十谋克为一猛安,实行“壮者皆兵”、兵民合一的制度,成员平时生产,战时出征。金朝建立后,变成军政合一的社会基层组织,既是军事组织,又是地方行政组织。

元朝在地方上设立行中书省,简称“行省”或“省”。除“腹里”(指山东、河北、山西)归中书省管辖,吐蕃由宣政院管辖外,全国共设立了岭北、辽阳、河南、江浙、江西、湖广、陕西、四川、甘肃、云南、征东等11个行省,掌一方钱粮、兵甲、屯种、漕运等军国政事。各省设丞相、平章政事、左右丞、参知政事等职。行省的建立,有效地防止了分裂,是我国政治制度史上的一项重要变革,对后世产生了巨大的影响。

行省下设路、府、州、县四级,长官均称“达鲁花赤”。达鲁花赤是蒙古语,意为镇压者、制裁者,由蒙古人担任,掌管并监察辖区的行政。除达鲁花赤外,路设总管、同知、治中、判官各一员。府设知府或府尹、同知、判官等。州设州尹、同知、判官等官。县设县尹、丞、主簿、尉、典吏等官。重要的地方设立巡检司,如澎湖巡检司辖澎湖、流球等地。在少数民族和边疆地区,设立宣慰司、宣抚司、招讨司等,由少数民族首领担任。

## 六、明清时期的地方官制

明朝地方行政系统为省、府(州)、县三级制。洪武九年(1376年)改行中书省为承宣布政使司,但仍习惯称省。当时除南、北直隶外,全国共分十三布政使司,即十三省。布政使司设左右布政使为长官,主管一省民政和财政。同时还设提刑按察使司,以提刑按察使为长官,掌管一省司法刑狱,纠劾不法;设都指挥使司,以都指挥使为长官,掌管一省军事,统领全省卫所。布政使、按察使、都指挥使合称三司,三权鼎立,虽可避免地方专权,但又不易相互配合,所以朝廷又往往派遣监察御史和部院大臣以总督、巡抚、巡按等名义去协调各方，解决问题。

省下设府，相当于宋元时的路。京师的顺天府和南京的应天府以府尹为其行政长官，其余诸府则以知府为长官。府下设县或州，以知县、知州为长官。另有直隶州，地位与府等同，直接隶属于布政使司。

此外，在西南少数民族聚居区还设有土司，管理当地事务，如宣慰司、宣抚司等以及土知府、土知州、土知县等，都由当地头人任正职，并且世袭。这些特区相当于唐宋的羁縻府州。

清朝的地方行政机构一般可分为省、府（州、厅）、县三级。总督和巡抚，在明朝为临时派遣的机构，在清代为省级最高行政长官。总督又称“制军”“制台”，为正二品官，一般统辖一省、两省或三省的军政大权。各省均设巡抚，巡抚又称“抚军”“抚台”，为从二品官，为一省的最高军政长官。因职责重大，总督、巡抚习惯上又有“封疆大吏”之称。

督、抚之下设布政使，专管一省的财政、民政和人事，别称为藩台、藩司。设按察使，主管一省的司法、刑狱和监察。别称臬台、臬司。府设知府（又称太守、太尊）。与州平行的还有直隶州，长官称知州。县设知县，与县级别相同的还有散州，隶属于府，但辖区较县为大。长官也为知州。县以下，清朝通过里社和保甲两种基层组织来对民户进行管理。

清朝的地方行政机构一般可分为省、府（州、厅）、县三级。

省一级的最高军政长官为总督、巡抚。总督和巡抚在明朝都是属于都察院的差遣职官，在清朝则成为正式的地方高级官员了。总督一般管辖两省至三省，但四川总督就只管四川一省。总督兼兵部尚书和都察院右都御史衔，这就使他掌握了数省的行政、军事、监察大权。总督又可称为“制军”“制台”。巡抚为一省的最高军政长官，兼兵部侍郎、都察院有副都御史衔，这样便有权统管全省的行政、军事、监察等大权了。巡抚又可称为“抚军”“抚台”。

督、抚之下设布政使，掌管一省的财政赋税、民政。布政使又可简称藩台、藩司。又设按察使，掌管一省的司法、监察以及驿传事务。按察使又可简称臬台、臬司。清代对于督抚、布政使、按察使，可合称三大宪。

清初，布政使下设左右参政、参议，驻守在某一地方，称为守道；又按察使下设副使、佥事等，可去分巡某一地方，称为巡道。乾隆时裁撤上述参政、副使等官，专设分守道、分巡道，带兵备衔，管辖府州，成为省和府州之间一级机构，叫作道员。在名义上，道应是省的派出行政机构。清朝还设立一些专业道员，如负责河务的，负责盐、茶、粮等。

省下设府，以知府为行政长官，掌管一府的政务及所属州、县的赋役、诉讼等事。此外，顺天府和奉天府，分别是京城和陪都，地位较一般府要高，设府尹为其长官。还有与府同级的直隶州，直属于省，以知州为其长官。有属县。又在少数民族地区设立有直隶厅，直属于省，以同知、通判为长官。

府下设县和散州。县是地方行政的基层组织，长官为知县。散州多是因地而特设的，也以知州为其长官。

## 第三节　中国古代选官制度

中国古代的选官制度,自三代(夏商周)到明清,形成了一个十分完整的发展序列。对此,历史上不少学者做过总结,苏轼曾指出:“三代以上出于学,战国至秦出于客。汉以后出于郡县吏,魏晋以来出于九品中正。隋唐至今出于科举。”这一总结有一定的道理。

### 一、夏商周时期的选官制度

原始社会还没有所谓的官民之分,社会公共事务由成年的氏族成员共同管理,重大事务由氏族大会讨论决定。部落首领只是部落事务的管理者,也是经过民主选举产生,此即《礼记 · 礼运》所说的:“天下为公,选贤与能。”原始社会末期著名的尧、舜、禹“禅让”的故事,就属于这一类的性质。

公元前 21 世纪,大禹死后,他的儿子启继位,由继承制代替了禅让制,夏王朝建立,中国从此进入了阶级社会。

夏商周在官吏的选拔和任命上,实行世卿世禄制。官吏主要靠世袭而来,奴隶主贵族享有特权,不仅帝王世袭,而且官吏也世袭。

在“世卿世禄制”下,也有“选贤任能”的现象,比如商汤重用伊尹、武丁擢拔傅说,文王起用姜尚,周公“吐哺握发”;等等。但这种选贤任能未能打破世卿世禄制的基本原则,只是较为个别的“破格”现象。

春秋时期,选贤任能成为流行风尚。如齐桓公纳鲍叔牙之谏,重用同他有一箭之仇的管仲,委以军国要务,奠定了东方大国的基础。秦穆公在用人上不拘一格,把来自敌国的丕豹、少数民族的由余、五张羊皮换来的奴隶百里奚,统统网罗在自己麾下,成为西方霸主。越王勾践重用范蠡和文种,卧薪尝胆,灭吴复仇。整个春秋时期,选拔优秀人才的故事不绝于书。但是,这时的选贤任能,属于一种“伯乐相马”式的人治方式,只是对世卿世禄制形成了较大的冲击,并没有形成规范化的新制度。

战国时期在官吏选拔上广泛推行了军功制和养士制。

军功制就是把功劳大小作为选拔官员的基本条件。魏文侯任用李悝变法,规定“食有劳而禄有功”(《说苑 · 政理》)。燕昭王宣布用人的原则是:“不以禄私其亲,功多者授之;不以官随其爱,能当者处之。”(《战国策 · 燕策二》)特别是秦国,商鞅变法时明确规定:“宗室非有军功,论不得为属籍。”(《史记 · 商君列传》)真正做到了如同商鞅所说的那样:“利禄官爵专出于兵,无有异施也。”(《商君书 · 赏罚》)这种军功制的实行,已经有了计算功劳的标准、方法以及升迁等次规定。

养士制就是由执政的高级官员豢养一批具有特殊知识或技能的士人,作为人才储备,为己所用。“士”在战国时期已经成为在政治上具有重大影响和作用的社会群体,是当时新型职业官员的主要来源。秦的相国吕不韦,门下也有食客数千。李斯初入秦时,就是吕不韦的门客。有的国家,还由政府直接建立机构养士,如齐国的稷下学宫就是一例。

军功制和养士制的推行，彻底打破了世卿世禄制。同春秋时期的选贤任能相比，选官不再是因人而异的“相马”，而是制度化的“赛马”。即所谓“明主以法择人，不自举也；使法量功，不自度也”。军功制对于提高军队的作战力和国家的竞争力有着重大作用。秦国实行军功制最为彻底，它的军队享有“虎狼之师”的威名，它的政府行政效率和管理能力也在七雄中最为突出。养士制则完全打破了血缘宗法关系，战国士人大量为异国效力，“朝秦暮楚”，正是摆脱了宗法血缘束缚的写照。

## 二、秦汉时期的选官制度

秦汉时期官吏的选拔方式多种多样，主要是察举制和征辟制。

(1)察举制

察举制就是根据国家的不同需要，由中央政府的三公九卿和地方政府的郡国守相向皇帝推荐能够担任官职的人才。察举制度在秦朝已经开始实行，汉高祖刘邦登基不久，下诏求贤，对象是具有治国才能之人。惠帝、高后时，都曾诏举“孝悌力田”。文帝曾经两次诏举“贤良方正能直言极谏者”，著名的政论家晁错就是通过诏举入朝为官的。到汉武帝以后，成为一种比较完整的选官制度。

察举的具体科目主要有孝廉、茂才、贤良方正等。

孝廉即孝子廉吏，武帝时，令“郡国举孝、廉各一人”，从而孝廉一科成为入仕的正途。从被举荐人的资历看，大多为州郡属吏或是通晓经书的儒生。从入仕后的情况看，大多升迁较快，并被委以重任。两汉时期的名公巨卿中多是孝廉出身。

茂才，即秀才，东汉为避刘秀的名讳而改称为茂才，和孝廉一样为两汉重要的察举科目。茂才始于汉武帝，最初属于特举，东汉时，变成岁举。由于孝廉属郡举，而茂才属州举，故茂才出身的官员较孝廉为少，因而更受重用。

贤良方正始于汉文帝统治期间，汉文帝前元二年(公元前 178 年)诏令从士子和现任官员中举“贤良方正能直言极谏者”，始设立贤良方正科，目的是为了广开言路，听取各方面的意见，以纠正自己的过失。

孝廉、茂才为常举，贤良方正虽非常举科目，但在两汉是常见的。此外，还有明经、明法、尤异、勇猛知兵法、阴阳灾异等一些特殊规定的科目：明经，就是选拔通晓儒学经典的人才；明法，即选拔通晓法律的人才。汉代治国，儒法并用，故把明晓律令文法作为察举的科目之一，被举者多担任司法部门的官吏；尤异，汉代将治绩突出的官吏称为“尤异”，治绩最好者称为“第一”，是对忠于职守的官吏的一种鼓励；勇猛知兵法科，即选拔通晓兵法，勇猛善战的军事人才；阴阳灾异，汉代盛行“天人感应”之说，每当国家社会动荡，天灾不断，阴阳不调之时，皇帝即下诏举荐通晓“阴阳灾异”之士以安定人心。

以上为察举诸科，实际上分为岁举和特举。岁举是常制，特举由诏令临时规定，二者都是自下而上推选人才的制度。

(2)征辟制

征辟，是一种自上而下的选拔官吏的制度。征辟又分“征召”和“辟举”两种。征召比较特殊，是皇帝对特殊人才直接聘任的选官制度。秦始皇时就有了征召，如叔孙通以文学被征。汉代所征，多为学术名士或道德楷模。但除王莽时期外，征召都是个别进行的，在选官中占的比例不大。

辟除是长官直接聘任部下的一种方式。汉代用人，中央只任命行政长官，其部下掾属（佐治的官吏）则基本由长官自行聘任。按规定，二百石以上的官员，均由中央任免，辟除的掾属，一概都是百石。上至三公九卿，下到郡守县令，他们的下属吏员大都为自行辟除。被辟除的掾属，与其长官结成连带责任关系。由于他们是长官亲选，所以多执掌实际事权，而中央任命的辅佐官员，尽管级别较高，却往往没有实权。

汉代以察举和辟除为主体的选官制度，解决了战国以来军功制和养士制不适应治理国家的问题，有力地扩大了封建统治的基础。更重要的是，这种选官制度从武帝以后以儒家思想作为基本准则，统一了官吏的价值标准，并由此而产生了一批以文人为主的职业官吏，适应了当时的大一统王朝治理国家的需要。但是，这种制度也有它的缺陷。察举作为一种自下而上的举荐方式，会造成用人权的下移，辟除是直接下放用人权。推行时间一长，使中央集权受到了严重冲击。累世三公的豪门名族和盘踞一方的州牧郡守，"门生故吏遍天下"，形成了私人势力集团。另外，察举和辟除都侧重于名声，越到后来沽名钓誉现象越严重。汉末民谣："举秀才，不知书；察孝廉，父别居；寒素清白浊如泥，高第良将怯如鸡。"（《抱朴子·审举》）就是这一弊端的写照。

以上两种选官途径，一般来说，还体现了任人唯贤的原则。除此之外，两汉的入仕之途还有任子、纳赀等科。

任子，即荫举制度。秦代就有，称为葆子，意为保子。汉代规定：二千石以上的官吏视事满三年可以保任子弟一人为郎，充当皇帝的扈从侍卫人员，易被重用。如霍光依其兄霍去病而为郎官，后官至相位。两汉时期，任子制日益发展，东汉尤盛。任子制度是封建统治者给予官僚贵族子弟的一种政治特权，是他们踏入仕途的捷径。因不是靠本人的真才实学，只是凭借父兄的政治地位取得官位，只能导致吏治的败坏。而且，任子制度的推行使得官僚贵族可以世代为官，垄断高官显位。到东汉后期，任子制度进一步发展，甚至扩大到门人、家人、随从。如《后汉书·邓骘传》记载：汉顺帝任邓骘"兄弟子及门人十二人悉为郎中"。这对东汉以后形成世官士族起了促进作用。任子制度作为一种封建官僚集团的特权，被历代封建王朝沿袭下来。

纳赀，即直接卖官。秦汉之际可纳赀得爵。汉武帝时期，由于战争不断，财政吃紧，朝廷开始采取入物补官的临时应急措施，即所谓纳资授官，武功爵最高级为30余万。但在当时并不普遍，东汉前期，公开卖官的事例也不多见。到了后期，皇帝带头公开卖官，汉灵帝甚至设卖官专署，"公千万，卿五百万"。

## 三、魏晋南北朝时期的九品中正制

东汉末年，天下纷争，为士子们提供了一个施展才能的机会。曹操为笼略人才，提出了"唯才是举"的方针，一时出现了"猛将如云，谋士如雨"的盛况。魏文帝曹丕称帝后，为取得士家大族的支持，接受了吏部尚书陈群的建议，制定了九品官人法，即九品中正制。

九品中正制就是由司徒选择在中央任职的士族门阀，让他们担任本州郡的大中正或中正官，负责访评当地的的士人，综合他们的门第、德才定出“品”和“状”。品分为上上、上中、上下、中上、中中、中下、下上、下中、下下九等。状是根据士人的德才作一个简短的评语。品和状都要上报吏部，作为朝廷选官的依据。九品中正制在推行的初期，还比较重视士人的德行。但到曹魏后期，状成为可有可无的东西，九品中正制开始被势力雄厚的门阀士族所把持，中正官由他们任命或直接担任，选拔官吏只看门第出身，不论真才实学，以至出现“上品无寒门，下品无士族”的局面。九品中正制的推行，为门阀士族的形成奠定了基础。

由于九品中正制只重家世，不求真才实学，使士族地主垄断高位，堵塞了庶族地主做官的道路。他们大多不学无术，又不理事，完全成为社会的废物。隋朝建立后，为进一步加强中央集权，扩大政权的阶级基础，将官吏的选拔权力收归中央，废除九品中正制，而代之以科举制度。

## 四、隋唐时期的科举制度

科举是中国古代封建统治者为选拔人才资源而设置的一种考试制度，让读书人参加的人才选拔考试，学而优则仕的一种制度。与以往选官制度的不同点在于，无论门第出身，均可以参加考试。科举制度是中国古代选官的一个重大变革，它打破了魏晋以来士族门阀垄断朝政的局面，为一般中小地主进入仕途敞开了大门，有利于封建国家更广泛地吸收、笼络人才，为统治阶级的长治久安服务。

隋文帝即位后，正式废除了魏晋以来的九品中正制，开皇三年(583 年)，诏举贤良。开皇十八年(公元 598 年)，“诏京官五品以上，总管、刺史，以志行修谨、清平干济二科举人。”到隋炀帝时，置“明经、进士二科”，以“试策”取士，即通过考试来选拔官吏，这标志着科举制正式诞生了。

隋代是科举制度的草创时期，还不够成熟。唐朝建立后，继续实行开科取士，从而使这一制度逐步完善起来。

唐代参加科举考试的考生大致有 3 种：①生徒，朝廷所设的国子监、弘文馆、崇文馆和各地方州县的官办学校学生，经考试合格者送至京城参加考试，这种考生称为“生徒”；②乡贡，不在学校学习，或就读于私塾，或自学成才者，可以在当地的州县报考，经考试合格后，送至尚书省参加考试，被称为“乡贡”；凡是被举送参加省试的考生，皆可称为举人。③是皇帝临时下诏选拔的“非常之才”，这是以皇帝的名义征召名士，由文武官员举荐，在京城应试，应试者的身份不限，可以是平民，也可以是现任官员。平常所说的“常举”，乃是指“生徒”和“乡贡”而言。

唐代的科举分常举和制举两种。常举是每年进行的考试。常举的科目分秀才、明经、进士、明法、明书、明算、诸史、道举、童子等。武则天时又增加武举科。在常举考试中以明经、进士科最为重要。

明代经科考试的内容有帖经、经义和试策等，以帖经为主。所谓帖经是从所试经书中录出千言，而将其中一些文句空缺出来，考生以记忆所及，应一字不漏地将缺字补齐。此科虽容易考中，但考试单纯靠死记硬背，内容枯燥乏味，唐中期以后，地位渐落。

进士科着重于诗赋和时务策。在唐代,中明经易,中进士难,以至有“三十老明经,五十少进士”的说法。如唐代著名诗人孟郊,年四十六中进士,但在《登科后》一诗中仍是意气风发:“春风得意马蹄疾,一日看尽长安花。”时人皆将进士登科视为“登龙门”。故进士科为士人所重,成为众多知识分子所追求的目标,当时人曰:“缙绅虽位极人臣,不由进士者,终不为美”“其有老死于文场者,亦无所恨。”

明代法科考法律知识,选拔司法人才;明书科,也称“明字科”或“书科”,考核的是文字、训诂知识和书法;明算科考核数学理论和算数技术。

制举是由皇帝临时订立名目,随时下令考试的。考试时间及内容都由皇帝临时决定。考试科目名类繁多,士人和官吏均可参加考试。制举是皇帝亲自网罗人才的一种办法,考生一旦考中,地位和待遇都很高。但制举不常举行,且录取名额较少,制举出身的在当时并不被视为正途,被戏称为“杂色”,所以在科举考试中并不占重要地位。

常科考试最初由吏部考功员外郎主持,后改由礼部侍郎主持,称“权知贡举”。进士及第称“登龙门”,第一名曰状元或状头。同榜人要凑钱举行庆贺活动,以同榜少年二人在名园探采名花,称探花使。要集体到杏园参加宴会,叫探花宴。宴会以后,同到慈恩寺的大雁塔下题名以显荣耀,所以中进士又称“雁塔题名”。常科登第后,还要经吏部考试,叫选试,合格者,才能授予官职。唐代大家柳宗元进士及第后,以博学宏词,被即刻授予“集贤殿正字”。如果吏部考试落选,只能到节度使那儿去当幕僚,再争取得到国家正式委任的官职。韩愈在考中进士后,三次选试都未通过,不得不去担任节度使的幕僚,才踏进官场。

唐代取士,不仅看考试成绩,还要有各名人士的推荐。因此,考生纷纷奔走于公卿门下,向他们投献自己的代表作,叫投卷。向礼部投的叫公卷,向达官贵人投的叫行卷。投卷确实使有才能的人显露头角,如唐代白居易初入长安,向顾况投诗《赋得古原草》,受到前辈的极力称赞。但是弄虚作假,欺世盗名的也不乏其人。

武则天进一步发展科举制度,创立了武举科,又开创了科举中的殿试。不过唐代殿试只是在特殊情况下才举行,并没有成为制度。为保证科举考试的公平性,她曾命令把在吏部复试者的名字糊掉而进行暗考,开了后世为防作弊而采取的“糊名”的先河。玄宗时,规定凡参加科举考试者,须到中央和地方官办学校学习。这样,到唐朝中期,科举制度已经发展成为完备的制度。

科举制度在隋朝初立,在唐朝经百余年的演变,至开元年间,已趋于完善。它不看门第出身,重视人的学识和才干,这无疑是一种比九品中正制更优越的选官制度。为广大的庶族地主参与政权创造了条件,有利于加强中央集权,巩固封建统治。这也正是科举制度在中国能够维持1300年的重要原因。

## 五、宋元时期的科举制度

宋代的科举,大体同唐代一样,有常科、制科和武举。宋代“重文轻武”,所以也很重视科举考试,但后期导致选官过冗过滥。宋朝考试的科目、内容和形式则方法多样,较唐朝有了进一步的发展,相关考试制度也日趋严密。

第一，宋代的科举放宽了录取的范围，增加了录取名额。宋代进士分为三等：一等称进士及第；二等称进士出身；三等赐同进士出身。由于扩大了录取范围，名额也成倍增加。唐代录取进士，每次不过二三十人，少则几人、十几人。宋代每次录取多达二三百人，甚至五六百人。对于屡考不第的考生，允许他们在遇到皇帝策试时，报名参加附试，叫特奏名，也可奏请皇帝开恩，赏赐出身资格，委派官吏，开后世恩科的先例。

第二，宋代确立了三年一次的三级考试制度。宋初科举，仅有两级考试制度。一级是由各州举行的取解试，一级是礼部举行的省试。宋太祖为了选拔真正踏实于封建统治而又有才干的人担任官职，为之服务，于开宝六年(973 年)实行殿试。自此以后，殿试成为科举制度的最高一级的考试，并正式确立了州试、省试和殿试的三级科举考试制度。殿试以后，不须再经吏部考试，直接授官。宋太祖还下令，考试及第后，不准对考官称师门，或自称门生。这样，所有及第的人都成了天子门生。殿试后分三甲放榜。南宋以后，还要举行皇帝宣布登科进士名次的典礼，并赐宴于琼苑，故称琼林宴，以后各代仿效，遂成定制。宋代科举，最初是每年举行一次，有时一两年不定。英宗治平三年，才正式定为三年一次。每年秋天，各州进行考试，第二年春天，由礼部进行考试。省试当年进行殿试。

第三，从宋代开始，科举开始实行糊名和誊录，并建立防止徇私的新制度。从隋唐开科取士之后，徇私舞弊现象越来越严重。对此，宋代统治者采取了一些措施，主要是糊名和誊录制度的建立。糊名，就是把考生考卷上的姓名、籍贯等密封起来，又称“弥封”或“封弥”。宋太宗时，根据陈靖的建议，对殿试实行糊名制。后来，宋仁宗下诏省试、州试均实行糊名制。但糊名之后仍可以认识笔迹，后将考生的试卷另行誊录。考官评阅试卷时，不仅不知道考生的姓名，连考生的字迹也无从辨认。同时，朝廷建立锁院制度，考选期间，考官必须与外界隔离，不得和家人见面。此外，还规定高官子弟必须参加复试，“食禄之家有登第者，礼部具姓名以闻，令复试之”，复试合格才可赐第。

第四，宋代科举在考试内容上也做了较大的改革。宋代科举基本上沿袭唐制，进士科考帖经、墨义和诗赋，弊病很大。王安石任参知政事后，对科举考试的内容着手进行改革，取消诗赋、帖经、墨义，专以经义、论、策取士。所谓经义，与论相似，是篇短文，只限于用经书中的语句作题目，并用经书中的意思去发挥。王安石对考试内容的改革，在于通经致用。熙宁八年，宋神宗下令废除诗赋、帖经、墨义取士，颁发王安石的《三经新义》和论、策取士。并把《易官义》《诗经》《书经》《周礼》《礼记》称为大经，《论语》《孟子》称为兼经，定为应考士子的必读书。规定进士考试为四场：一场考大经，二场考兼经，三场考论，最后一场考策。殿试仅考策，限千字以上。王安石的改革，遭到苏轼等人的反对。后来随着政治斗争的变化，《三经新义》被取消，有时考诗赋，有时考经义，有时兼而有之，变幻不定。

元代建立后，把全国的居民划分为四个等级，即蒙古人、色目人、汉人和南人，国家的显要官职由蒙古人和色目人担任。元代的科举考试，仿行宋制，分乡试、会试和御试三级，每三年举行一次。乡试于八月举行；会试于乡试次年二月举行，御试于三月举行。考试时，蒙古人和色目人与汉人、南人分开考试。蒙古人和色目人考两场，首场考经义，次场考策论。而汉人和南人则须考三场，首场经义，次场诗赋和诏、诰、表，三场策论。发榜时，蒙古人、色目人为一榜，称“右榜”，汉人、南人为一榜，称为“左榜”。虽然赴试的汉人、南人士子的人数远在蒙古人、色目人之上，但录取的名额却是一样的。得中进士，委派官职，蒙古人、色目人较汉人、南人为优。

元朝科举考试的内容有重大的变化，重经义而轻诗赋，经义须在《大学》《中庸》《论语》《孟子》内出题，并以朱熹《四书集注》为准。规定考生答题必须以程朱理学的观点和说教作为指导思想。以《四书集注》试士，是从元代开始。

## 六、明清时期的科举制度

明清时期是我国科举制度的进一步发展和完善时期。明代在沿袭唐宋的基础上，继续完善和发展科举制，清代几乎全部袭用明制。

明清科举的正式考试分为三级：乡试、会试和殿试。但在乡试以前，不在校的考生还要经过院试。士子在未通过县试之前，通称童生。童生先后参加由知县主持的县试和由知府主持的府试，再参加由学政主持的院试，这三次考试总称小考或童试。院试合格者，取得生员的资格，即俗称的秀才。只有取得生员资格，才能参加三年一次的乡试。

乡试是科举考试常科的乙级考试，由南、北直隶和各布政使司举行的地方考试。地点在南、北京府、布政使司驻地。每三年一次，又叫乡闱。考试的试场称为贡院。考期在秋季八月，故又称秋闱。凡本省科举生员与监生均可应考。主持乡试的有主考二人，同考四人，提调一人，其他官员若干人。考试分三场，分别于八月九日、十二日和十五日进行。乡试考中的称举人，俗称孝廉，第一名称解元。明代唐寅乡试第一，故称唐解元。乡试中举叫乙榜，又叫乙科。放榜之时，正值桂花飘香，故又称桂榜。放榜后，由巡抚主持鹿鸣宴，席间唱《鹿鸣》诗，跳魁星舞。

常科的甲级考试分两步进行，先举行会试，每三年举行一次，在乡试的次年春天举行，故又称为“春闱”。会试由礼部主持，又称“礼闱”，主考官共四人，一正三副，称“总裁”，须是翰林出身，由礼部提名，皇帝任命。会试也是三场，分别在二月九日、十二日、十五日举行。考试地点在顺天府贡院。会试合格者取得贡士的资格，会试第一名称会元。会试放榜时，正值杏花开放，故又称“杏榜”。

殿试在会试后当年三月份举行，应试者为贡士。贡士在殿试中均不落榜，只是由皇帝重新安排名次。殿试由皇帝亲自主持，只考时务策一道。殿试毕，次日读卷，又次日放榜。录取分三甲：一甲三名，赐进士及第，第一名称状元、鼎元；第二名榜眼；第三名探花，合称三鼎甲。二甲赐进士出身，三甲赐同进士出身。二三甲第一名皆称传胪。一二三甲通称进士。进士榜称甲榜，或称甲科。进士榜用黄纸书写，故叫黄甲，也称金榜，中进士称金榜题名。

乡试第一名叫解元，会试第一名叫会元，加上殿试一甲第一名的状元，合称三元。连中三元，是科举场中的佳话。明代连中三元者，仅洪武年间的黄观和正统年间的商辂二人而已。

中国古代科举考试“连中三元”有多难

殿试之后，状元授翰林院修撰，榜眼、探花授编修。其余进士经过考试合格者，叫翰林院庶吉士。三年后考试合格者，分别授予翰林院编修、检讨等官，其余分发各部任主事等职，或以知县优先委用，称为散馆。庶吉士出身的人升迁很快，英宗以后，朝廷形成“非进士不入翰林,非翰林不入内阁”的局面。

明清的科举考试采用的是排偶文体,即“八股文”。八股文是明清两代用于科考的一种特殊文体,它以四书、五经命题,每篇文章的字数、句式和段落结构都有严格的规定。每篇文章都由八个部分组成。开头叫“破题”,点明题目要旨;次为“承题”,承接破题进一步发挥说明,起承先启后的作用;三是“起讲”,开始议论;四是“入手”,用简短的语言引入本题。之后是“起股”“中股”“后股”“束股”四部分,这是文章的主要部分。作为正式的议论,其中每一部分都有两股排比对偶的文字,共计八股,故称八股文。八股文的每部分之间,都要用固定的虚词“今夫”“苟其然”“也乎哉”等连接。

八股文形式死板,内容空洞,千篇一律,使考生毫无发挥的余地。同时,考试的命题多是从四书中抽取的,且须以朱熹的《四书集注》为准绳。无论内容,还是形式,都禁锢了知识分子的思,诱使人们读死书,死读书。不务实学,不问国事,缺乏实际的才干,成为迂腐的奴才。所以,有识之士对这种坑害人的科举考试进行猛烈的抨击。如著名思想家顾炎武曾经激愤地指出:“八股之害,甚于焚书”,八股取士比秦始皇的焚书坑儒更厉害,后者只坑埋了400余名儒生,而八股文几百年来坑害的读书人又何止千万?

清代的科举制度与明代基本相同,但同时又夹杂民族歧视政策。满族人享有种种特权,做官不必经过科举途径。清代科举在雍正前分满汉两榜取士,旗人在乡试、会试中享有特殊的优待,只考翻译一篇,称翻译科。以后,虽然改为满人、汉人同试,但参加考试的仍以汉族人为最多。

范进中举

科举制发展到清代,日趋没落,弊端也越来越多。清代统治者对科场舞弊的处分虽然特别严厉,但由于科举制本身的弊病,舞弊越演越烈,科举制终于消亡。从隋开始的科举制度,在中国沿用了1300年,到清光绪三十一年(1905年),正式废止。

## 本章小结

本章叙述了中国古代职官和选官制度的演变,中国古代职官制度发展的过程,也是中央集权不断加强的过程。中国古代的选官制度依次经历了先秦时期的世卿世禄制、秦汉时期的察举征辟制,魏晋南北朝时期的九品中正制,隋代以后一直实行科举制。而由选举制到科举制的选官制度改革是社会的一大进步,表明重视人才是社会发展的方向,但也有较大的弊端。

本章的重点:中国古代官职和选官制度的演变过程。

本章的难点:中国古代官职制度变化的社会背景,中国古代科举制度的影响。

## 思考题

实训

1. 简述夏商周时期的职官制度。
2. 简述秦汉时期的职官制度。

3. 简述宋代的职官制度。
4. 简述元代的职官制度。
5. 试述唐代的科举制度。
6. 什么是九品中正制？它的弊端是什么？
7. 什么是三省六部制？这一制度的建立标志着什么？
8. 为了加强中央集权,明朝官制的重要改革是什么？
9. 试述清代的职官制度。
10. 试述明清时期的科举制度。

# 参考文献

[1]石云霞.中国旅游文化概要[M].天津:南开大学出版社,2013.
[2]徐日辉.中国旅游文化[M].北京:清华大学出版社,2014.
[3]刘霞.中国旅游文化及其发展研究[M].北京:中国水利水电出版社,2016.
[4]秦良杰.中国文化区域旅游文学作品选[M].北京:清华大学出版社,2014.
[5]毛晓雯.诗说中国 行旅卷:行吟天下[M].西安:陕西师范大学出版社,2018.
[6]毛晓雯.诗说中国 园林卷:明月松间[M].西安:陕西师范大学出版社,2018.
[7]沈福煦.中国建筑文化简史[M].北京:中华书局,2010.
[8]曹林娣.园庭信步——中国古典园林文化解读[M].北京:中国建筑工业出版社,2018.
[9]居阅时.中国建筑与园林文化[M].上海:上海人民出版社,2014.
[10]毛晓雯.诗说中国 饮食卷:人间有味[M].西安:陕西师范大学出版社,2018.
[11]柯玲.中国民俗文化(第二版)[M].北京:北京大学出版社,2017.
[12]董强.中国民俗文化丛书(婚嫁卷)[M].合肥:安徽人民出版社,2013.
[13]董强.中国民俗文化丛书(节庆卷)[M].合肥:安徽人民出版社,2013.
[14]毛晓雯.诗说中国 民俗卷:诗语年节[M].西安:陕西师范大学出版社,2018.
[15]王春林.儒释道与中国文化[M].郑州:中州古籍出版社,2015.
[16]方立天.中国文化与中国宗教[M].北京:中国人民大学出版社,2012.
[17]赵会生,燕泥.图说中国文化——形象与艺术篇[M].长春:吉林人民出版社,2015.
[18]孙机.华夏衣冠——中国古代服饰文化[M].上海:上海古籍出版社,2016.
[19]张志春.中国服饰文化(第3版)[M].北京:中国纺织出版社,2017.
[20]刘文瑞.中国古代政治制度(上下)[M].北京:中国书籍出版社,2018.